交科智丛·技术类

城市共享出行

理论与实践

尹志芳　吴洪洋　张晚笛　郝　萌　编著

人民交通出版社股份有限公司

北京

内 容 提 要

本书由交通运输部科学研究院"城市共享出行"创新团队编写，全面论述了国内外共享出行各模式的内涵特征、关键技术、实践案例等，并预测了未来共享出行技术领域的发展趋势。全书由八章组成：第一章绪论；第二章互联网租赁自行车；第三章汽车分时租赁；第四章私人小汽车合乘；第五章需求响应型公交；第六章定制客运；第七章共享停车；第八章技术展望。

本书可为城市政府和交通运输行业主管部门制定城市及交通发展政策提供参考，也可供相关规划、设计、科研等单位学习、参考。

图书在版编目(CIP)数据

城市共享出行理论与实践/尹志芳等编著. —北京：人民交通出版社股份有限公司, 2020.11

ISBN 978-7-114-16887-1

Ⅰ. ①城… Ⅱ. ①尹… Ⅲ. ①城市交通运输—交通运输管理—研究 Ⅳ. ①F57

中国版本图书馆 CIP 数据核字(2020)第 195692 号

交科智丛·技术类

Chengshi Gongxiang Chuxing Lilun yu Shijian

书　　名：**城市共享出行理论与实践**
著 作 者：尹志芳　吴洪洋　张晚笛　郝　萌
责任编辑：姚　旭　杨丽改
责任校对：孙国靖　宋佳时
责任印制：刘高彤
出版发行：人民交通出版社股份有限公司
地　　址：(100011)北京市朝阳区安定门外外馆斜街 3 号
网　　址：http://www.ccpcl.com.cn
销售电话：(010)59757973
总 经 销：人民交通出版社股份有限公司发行部
经　　销：各地新华书店
印　　刷：北京印匠彩色印刷有限公司
开　　本：787×1092　1/16
印　　张：18.25
字　　数：386 千
版　　次：2020 年 11 月　第 1 版
印　　次：2020 年 11 月　第 1 次印刷
书　　号：ISBN 978-7-114-16887-1
定　　价：160.00 元
(有印刷、装订质量问题的图书由本公司负责调换)

《交 科 智 丛》

编 委 会

赞助单位：中华环境保护基金会绿色出行专项基金

联合编写单位：中国公路学会城市交通分会　滴滴出行　嘀嗒出行　哈啰出行

摩拜单车　智享单车　华夏出行

序

PREFACE

我们当前生活的时代,科技正以人类历史上前所未有的速度发展。人们的衣、食、住、行等因科技进步所发生的深刻变化,其中尤其以出行的变化最为突出。当今社会,出行已经不再单纯是人的空间移动,而被赋予了更多深层次的需要:集约、共享、高效、便捷的理念已经渗入出行的各个环节和方式中。

伴随着科技的发展、文明的进步、理念的创新,使得以往的不可能变为可能,因而共享交通模式有了丰富的展现舞台,也为解决城市交通问题提供了新思路。共享汽车、共享单车等共享出行方式自诞生后,逐步成为现有城市公共交通的必要补充,并扮演了越来越重要的角色。以此为突破口,伴随着“互联网+出行”的理念,小汽车合乘、共享停车、需求响应型公交、定制客运如雨后春笋般兴起。

城市交通运行效率和资源利用得到提高,在一定程度上促使城市交通系统反作用于共享出行,使之相互适应、相互融合、相互协调。而上述出行新业态的产生有着怎样的内在动因和外在社会条件?有着怎样的技术支撑和社会需求?上述种种又将如何引导未来的共享出行发展?通过对共享出行发展趋势的梳理和存在问题深入分析,可以促进共享出行健康发展,实现共享出行的商业价值和社会价值,为未来行业管理提供理论依据。本书对政府政策制定、企业开展共享出行业务、科研院校开展科研工作具有一定的参考价值。

本书特点:第一,具有一定的理论基础。编者们基于多年工作经验和理论钻研，具有较丰富的积累，使得理论研究得以通过文字、案例、图表等多种方式深入浅出的展现。第二，研究具有较强的现实意义。本书从读者身边的案例入手分析，引用一线数据，从现实的角度展开介绍，对了解和研究共享出行大有裨益。

交通运输部科学研究院院长：

2020 年 8 月 20 日

前 言

FOREWORD

我国城镇化快速发展使越来越多的城市面临着交通系统难以满足不断增长的出行需求等方面的挑战,小汽车保有量迅猛增长,导致城市交通拥堵、交通污染等问题日益突出,严重影响着居民出行的效率和健康。随着经济社会的发展,人民群众对交通出行的便捷性和舒适性不断提出更高的要求,不再仅仅满足于“走得了”,而是更加期望“走得好”“走得舒心”“走得满意”。伴随着移动互联网和其他新技术的迅速发展,互联网租赁自行车、汽车分时租赁、网络预约出租汽车、定制公交等交通运输新业态出行方式诞生后,为社会公众提供了多样化的运输服务,满足了差异化的出行需求,弥补了现有城市交通运输网络的不足,极大带动了居民使用其他公共交通工具的积极性,提高了城市交通运行效率和资源利用效率。这为城市交通绿色转型升级提供了大好机遇。

在中华环境保护基金会绿色出行专项基金资助下,交通运输部科学研究院“城市共享出行”创新团队编写成本书。全书由吴洪洋负责统稿,第一、二章由尹志芳编写,第三章由郝萌、罗薇编写,第四章由张晚笛编写,第五章由赵海宾编写,第六章由魏领红编写,第七章由尹怡晓编写,第八章由李超、陈征编写。

由于编者水平有限,编写时间较为仓促,书中难免存在疏漏和错误之处,欢迎广大读者提出宝贵意见。

编著者

2020 年 8 月 10 日

目 录

CONTENTS

第一章 绪 论

第一节 共享出行内涵

一、共享经济

“共享出行”一词是在共享经济的浪潮下产生的,因此,谈共享出行,避不开“共享经济”。“共享经济”这个术语最早是在1978年由美国得克萨斯州立大学社会学教授Marcus Felson和伊利诺伊大学社会学教授Joel Spaeth提出的。共享经济的主要特点是包括一个由第三方创建的、以信息技术为基础的市场平台。个体借助这个平台,交换闲置物品,分享自己的知识、经验。但在2000年之前,共享经济主要体现在信息的共享方面。2000年,Zipcar在美国成立,标志着互联网技术背景下实际物品共享时代的开启。共享开始从纯粹的无偿分享、信息分享走向以获得一定报酬为主要目的,基于陌生人且存在物品使用权暂时转移的“共享经济”。2010年前后,Uber、Airbnb等一系列实物共享平台借助移动互联网技术涌现,影响着人们的生活方式和思维方式,人们不再把“拥有”一件物品看得那么重要。“共享经济”推动着人类社会从工业时代走向互联网时代的巨大变革。

被称为“共享经济”鼻祖的罗宾·蔡斯女士(Zipcar创始人)提出,共享经济=产能过剩+共享平台+人人参与。最初的可利用资产或资源可以理解为相对过剩的产能,事实上,不只是资源或产能的过剩催生了共享经济,应该说更大程度上是资源分配不平衡导致的稀缺性促成了共享经济的发生。互联网技术的发展,尤其是移动互联网时代的到来,使得线上线下互通连接,人与人之间互通连接,通过互联网技术可以将分散的可利用的资源整合起来，分割资源的使用权与所有权，并且可以将使用权按时间或空间分配给不同的用户，由此萌生了“平台经济”，例如汽车分时租赁 Zipcar 和共享房间 Airbnb 等平台。共享平台将实体物品的片段时间或特定空间的使用权进行转移，进而大大提高了资源利用效率。此外，随着共享经济的进一步发展，“人人参与”更多地体现共享平台通过用户需求数据可以对供给进行动态改进，也就是说，用户需求与资源供给间存在着反馈机制。共享实体物品的用户同时又可以是共享物品的提供者。因此，共享经济的三大要素可以表述为可利用资源、共享平台和用户参与供给。国家发展改革委等八部委联合发布的《关于促进分享经济发展的指导性意见》(发改高技〔2017〕1245 号)(简称《指导性意见》)中指明：分享经济强调所有权与使用权的相对分离，倡导共享利用、集约发展、灵活创新的先进理念；强调供给侧与需求侧的弹性匹配，实现动态及时、精准高效的供需对接；强调消费使用与生产服务的深度融合，形成人人参与、人人享有的发展模式。

二、共享出行

共享出行是共享经济发展浪潮下产生的新型交通业态。这就意味着不包括传统业态下具有“共享”特征的公共交通，比如公共汽电车、地铁等。随着基于位置的服务(Location Based Service，LBS)，如全球移动通信系统(GSM)、全球定位系统(GPS)等信息通信技术与物联网(IoT)技术的进步和广泛应用，人人互联，万物互联，人们可以在接入网络的前提下获取各种物体、设备或系统的位置、状态等信息，并进行预定或者租用，线上与线下的界限进一步模糊。交通工具等资源与物联网和移动通信技术的融合催生了共享出行新业态。从国内外已出版的文献来看，2000 年以来，与共享出行相关的关键词的多样性逐年扩展，意味着共享出行领域研究的不断扩大和深化。总体来讲，共享出行的本质是强调交通工具的使用权和所有权的分离，以互联网为实现媒介，以提高交通工具、空间资源等利用效率为特征，对闲置交通资源进行整合再利用。

关于“共享出行”这一术语，目前为止，尚未有准确的定义，有研究者认为“共享出行”是指共同使用机动车辆、自行车或其他低速模式的车辆完成出行(《中国共享出行发展报告(2019)》)。这一笼统的定义将“共享”与“公共”混淆了，“共同使用”这一用语限定了在同一时间段内的使用，似乎在专指公共交通和班车等模式。要想对“共享出行”进行准确定义需要从其产生的背景出发,“共享出行”是具有“共享经济”时代特征的。因此,共享出行,是指以互联网等信息技术为依托构建服务平台,通过服务模式、技术、管理上的创新,整合供需信息,使得用户能够按需在短时间内获得出行服务,共享使用汽车、自行车或其他交通工具完成出行。

从广义上来讲,只要符合共享经济三大要素(可利用的资源、共享平台和用户参与供给)特征的交通出行即为共享出行模式,包括当前中国城市存在的几种交通新业态,共享单车、网络预约出租汽车(简称网约车)、定制公交、定制客运、汽车分时租赁等都属于共享出行的范畴。但是,八部委的《指导性意见》提出“倡导共享利用、集约发展、灵活创新的先进理念”要求,而道路资源在中国具有一定的稀缺性,稀缺的道路供给在短时间内无法改变,网约车的大量供给,进一步加剧了道路资源的稀缺性,因此,在当前发展阶段下,网约车中除顺风车(私人小客车合乘)外的模式不能算是真正意义上的“共享”,而近期出现的停车位的共享使用则使得有限的空间资源集约高效利用。因此,笔者认为,在中国当前发展阶段下,“共享出行”范围应包括互联网租赁自行车、汽车分时租赁、私人小客车合乘、定制公交、定制客运和共享停车等。城市共享出行新业态与传统城市交通方式的关系如图 1-1 所示。

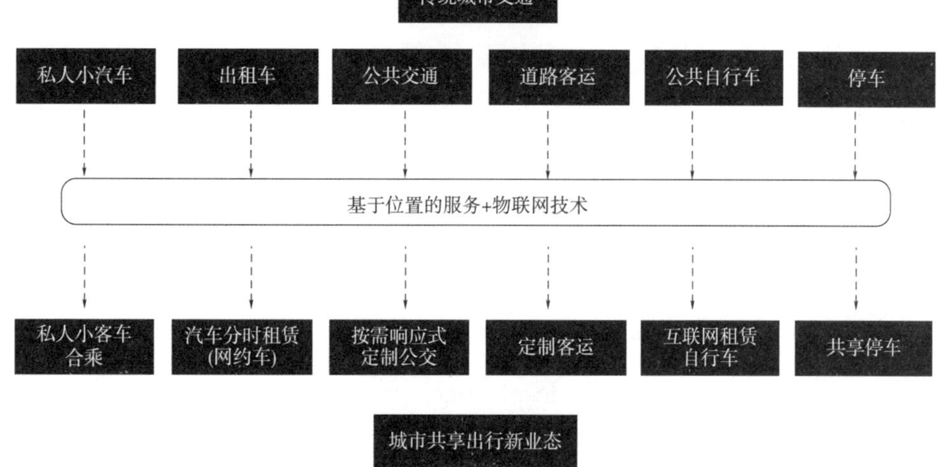

图 1-1 城市共享出行新业态发展图谱

三、共享出行相关术语

1. 共享出行(Shared Mobility)

共享出行指机动车辆、自行车或其他低速模式的车辆借助互联网等信息技术手段达成与用户在空间或时间上的高效匹配，实现车辆供用户共享使用的模式。

2. 出行新业态(New Mobility Service)

出行新业态指以互联网等信息技术为依托构建服务平台，通过服务模式、技术、管理上的创新，整合供需信息，从事交通出行服务的经营活动。

3. 互联网出行平台(Transportation Network Platform,TNP)

互联网出行平台也称交通服务提供商(Mobility Service Provider,MSP)，提供预先安排或按需响应的服务，通过手机应用程序(Application,App)将驾驶员或车辆与用户联系起来，并匹配供需双方的企业。平台用户可通过智能手机App来实现预订、评价以及电子支付。

4. 互联网租赁自行车(Free-floating Bicycle Sharing)

互联网租赁自行车俗称"共享单车"，是分时租赁营运非机动车，是移动互联网和租赁自行车融合发展的新型服务模式。互联网租赁自行车是城市绿色交通系统的组成部分，是方便公众短距离出行和公共交通接驳换乘的重要方式。

5. 汽车分时租赁(Car Timeshare Rentals)

汽车分时租赁俗称汽车共享，是以分钟或小时等为计价单位，利用移动互联网、全球定位等信息技术构建网络服务平台，为用户提供自助式车辆预订、车辆取还、费用结算为主要方式的小微型客车租赁服务。汽车分时租赁是传统小微型客车租赁在服务模式、技术、管理上的创新，改善了用户体验，为城市出行提供了一种新的选择，有助于减少个人购车意愿，一定程度上缓解城市私人小汽车保有量快速增长趋势以及对道路和停车资源的占用。

6. 私人小客车合乘(Private Car Pooling)

私人小客车合乘也称拼车(Ridesplitting)、顺风车(Carpooling)，是由合乘服务提供者事先发布出行信息，出行线路相同的人选择乘坐合乘服务提供者的小客车、分摊部分出行成本或免费互助的共享出行方式。

7. 共享汽车(Car Sharing)

共享汽车主要包括汽车分时租赁和私人小汽车合乘。

8. 共享停车(Shared Parking)

共享停车也称停车共享，指在一定区域内利用一天中不同时段的停车特性在各种用地性质的停车场间共同使用停车位的停车组织形式。

9. 定制公交(Bus Customization)

定制公交指城市内一种利用互联网技术手段聚集用户并实现按需调度,为用户提供相对灵活的路线、停靠站点和服务时间的交通方式,车辆通常为公共汽电车或轻型客车。这类运输模式接近于公共交通方式,因此称为定制公交。

10. 需求响应型公交(Demand Responsive Transport,DRT)

需求响应型公交指以吸引私家车通勤者或拟采用私家车通勤的乘客为目的而设计的一种公共交通方式,并通过集合个体出行需求,为出行起讫点、出行时间、服务水平需求相似的人群提供量身定制的公共交通服务。

11. 定制客运(Passenger Transport Customization)

定制客运指利用互联网手段聚集用户并实现按需调度,为用户提供相对灵活的线路、停靠站点和服务时间的城际间或城市郊区到主城区的交通方式。

12. 一站式出行服务(Mobility as a Service)

一站式出行服务旨在深刻理解公众的出行需求,通过将各种交通模式全部整合在统一的服务体系与平台中,以充分利用大数据决策,调配最优资源,满足出行需求的大交通生态,并以统一的平台来对外提供服务。

13. 人工智能(Artificial Intelligence)

人工智能即由机器表现出来的智能,与人类和其他动物表现出来的自然智能形成对比。人工智能是研究、开发用于模拟、延伸和扩展人的智能的理论、方法、技术及应用系统的一门新的技术科学。

14. 新能源汽车(New Energy Vehicle)

新能源汽车是指采用非常规的车用燃料作为动力来源(或使用常规的车用燃料,但采用新型车载动力装置),综合车辆的动力控制和驱动方面的先进技术,形成的技术原理先进、具有新技术和新结构的汽车。

15. 新一代支付体系(New Generation Payment System)

新一代支付体系基于电子支付和网上交易的移动支付方式,以移动终端设备为载体,通过移动通信网络实现的商业交易,产生货币支付和资金转移行为,从而实现移动支付功能。

16. 区块链(Block-chain)

区块链本质是一个分布式存储数据库,信息加密后通过点对点的传输实现分布式存储,各节点通过对加密信息的验证和维护共同实现信息的存储。

第二节　共享出行特征与要素

共享出行作为共享经济的最大板块,充分体现了共享经济的可利用资源、共享平台和用户参与供给的三大要素。"使用而不拥有"交通工具实现交通出行是共享出行的核心特征。共享出行实现的基本过程是:分割使用权和所有权,通过互联网平台智能化整合匹配资源并向公众开放。由此,共享出行的技术特征是互联网技术,并伴随着权属关系变化,大众参与门槛低,出行成本降低,集约高效,倡导"不求拥有,但求所用"的理念等明显特征。

1. 互联网技术

离开互联网,现代意义的共享经济将不复存在,比如,传统的汽车租赁、自行车租赁以及公共交通等都不能称为共享出行。唯有基于互联网技术,平台企业才能使海量的、分散零碎的供给方与需求方信息在短时间内迅速集聚,并实现供需双方的快速匹配。

2. 权属关系变化

从产权的角度来分析,产权一般包括所有权、占有权、支配权、使用权、收益权和处置权。共享出行通过交通工具等交通资源的使用权与所有权的分割,采用以租代买,使得拥有所有权的一方让渡交通工具或服务的部分使用权,从而实现共享。

3. 参与门槛低

在信息技术的作用下,互联网出行平台为了吸引更多的参与者,将参与门槛设得尽可能低,参与个体能够以快速、便捷、低成本、多样化的方式满足个性化出行需求。

4. 出行成本降低

与传统出行方式相比,共享出行方式一定程度上缓解了出行交易的"不自由"。传统的出行服务,不论是公共交通还是出租汽车、公共自行车,都需要人到站点或者街上等特定的地点才能实现交易，具有较强的空间约束性，但是共享出行使用移动互联网技术，将用户的交易决策由街面移动到手机 App 上，可以提前预约，一定程度上缓解了空间上和时间上的约束，降低了出行的交易成本和时间成本，提高了出行效率，改善了出行体验。

5. 集约高效

共享出行平台将海量的、零碎分散的交通资源整合起来，并重新按时间或空间分配给尽可能多的个体使用，发挥交通工具、道路、停车位等资源的最大效用，满足日益增长的多样化需求，与传统行业相比是集约高效的。

第三节 共享出行的意义

近些年，中国经济发展已经步入新常态，人口红利也将在 2030 年完全消失，资源环境的约束性也愈发明显，社会转型和可持续发展的需求日益迫切。当前，城市发展中痛点较多，尤其是城市交通拥堵、空气污染这一“城市病”的迅速蔓延，对民众基本出行和生活质量，城市经济运行以及公共健康等造成严重危害，已成为社会关注的重大热点问题。

互联网技术引领的共享出行给中国城市交通发展带来了难得的、重大的转型发展机遇，无疑是一种创新。共享出行新业态的发展，对于以创新驱动推进供给侧改革、培育新经济增长点、建设交通强国等方面具有重要的现实意义和特殊意义。

1. 以创新驱动提升资源配置效率

共享出行新业态是一种技术、制度和组织的组合创新方式，通过互联网技术对交通资源的使用权进行分割，使更多的人参与并享用，相当于在不增加交通资源消耗或占用的前提下增加了交通资源供给；能够大幅降低交易过程中供需双方的相互寻找、讨价还价、安全保障等成本，提升资源配置效率。

2. 成为交通行业新的经济增长点

近几年，共享出行新业态的发展催生了大量市场估值数亿美元的“独角兽”企业，带动了生产制造、物流配送、运维服务等多个传统产业发展；吸引着越来越多的劳动者根据自己的兴趣、特长、时间和资源以多种方式参与进去，成为交通运输行业新型的、弹性就业的一个重要增长点。

3. 推动交通行业向更绿色的方向发展

共享出行新业态发展将互联网、大数据、人工智能与交通运输深度融合，是"创新、协调、绿色、开放、共享"五大发展理念的最佳实践，也是十九大报告提出倡导简约适度、绿色低碳的生活方式的重要抓手。共享出行新业态的发展对于缓解交通拥堵、节约能源、减少污染和温室气体排放具有重要的意义，成为推动交通出行结构优化，推动交通运输业的转型升级，服务交通强国建设的新动能。

4. 促进更好地满足公众多样化、多层次需求

随着人们消费理念的转变和对美好生活的追求，共享出行新业态借助互联网、移动支付等新技术将加速向其他生活领域渗透，并成为促进全方位生活消费升级的重要环节，对于提升运输服务供给质量和改善群众出行体验发挥着积极作用。

5. 借助新技术推动社会信用体系建设

共享出行新业态应用大数据、云计算、人工智能等技术，在身份核验、内容治理、辅助决策、风险防控、服务评价、网络与信息安全监管等方面提供支撑，促进行业数字化、智慧化；随着区块链技术在共享出行领域的渗透应用，海量的信息、数据得到真实的记录和共享，将推动全社会信用体系的建设步伐。

第四节　国际共享出行

一、发展现状

作为共享经济的发源地，共享出行新业态在美国、欧洲等地发展较早。总体分析，国外共享出行发展可分为 3 个阶段：萌芽扩展阶段（2000—2008 年）、稳定发展阶段（2009—2014 年）和指数发展阶段（2015—2018 年）。2000—2008 年，汽车分时租赁和私人小客车合乘（C2C）分别在美国、德国、英国和法国涌现，并不断扩大运营地区。2009—2013 年，因北美和欧洲大力发展公共交通，共享出行持续稳步发展。2015 年以来，受中国互联网租赁自行车迅猛发展的影响，国外一些公共自行车或自行车租赁企业开始对车辆进行改造升级，并涌现出互联网租赁自行车的初创企业，且与中国类似，逐渐被大型互联网公司收购。国外共享出行企业情况见表 1-1。

国外主要共享出行企业信息 表 1-1

共享出行模式	公司	总部	成立时间	业务覆盖
互联网租赁自行车	Nextbike	德国	2004	26 个国家(以欧洲为主)的 200 余个城市
	JUMP	美国	2010	9 个国家的 29 个城市
	LimeBike	美国	2017	以北美及欧洲地区为主的 30 个国家
共享汽车	Zipcar	美国	2000	欧美等 7 个国家,覆盖超过 50 个城市
	DriveNow	德国	2001	全球 105 个国家将近 4100 个网点
	Entreprise CarShare	美国	2005	美国 35 个州、加拿大、英国
	Hertz 7/24	英国	2008	英国(主要城市 100% 覆盖)
	Car2go	德国	2008	欧美等 11 个国家,覆盖超过 60 个城市
	Turo(C2C)	美国	2010	全球 56 个国家的 5500 个城市(美、加、英、德等)
	Getaround(C2C)	美国	2011	全球超过 300 个城市
	Autolib	法国	2015	欧美 3 个国家的 5 个城市
	Maven	美国	2016	欧美 20 个城市
私人小客车合乘	BlaBlaCar	法国	2006	22 个国家(以欧洲地区为主)
	Carma	爱尔兰	2007	美国(西雅图、洛杉矶等大型城市)
	Gojek	印度尼西亚	2010	5 个国家(以东南亚地区为主)的 207 个城市

续上表

共享出行模式	公　　司	总　　部	成立时间	业务覆盖
私人小客车合乘	Grab	新加坡	2012	8个国家(以东南亚地区为主)的336个城市

注:相关资料来源于《中国共享出行发展报告(2019)》。

二、研究关注重点

在全世界范围内,共享出行正在改变着人们对交通运输的认知,新的商业模式不断出现,也影响着个人的出行决策和出行行为,而且这些变化是动态和不断演化的。国际上对共享出行的研究主要集中在以下几点:

1. 出行行为特征及其影响

从个体出行时间、出行距离、出行目的等出行行为特征、影响指标以及出行大数据的应用等方面进行了重点研究。从已有的文献来看,研究方法主要集中在大数据分析模型、信息平台建立,出行行为影响指标和分析方法等方面;出行大数据应用研究主要集中在共享出行模式带来的便利性、城市交通效率提升,共享出行不同模式的交通管理、网络优化等与共享出行直接相关领域以及城市功能区识别、城市规划、政策评价等间接相关领域。

2. 不同交通方式间的竞争与合作

共享出行的便利性影响着人们的出行方式和生活方式,并催生了不同出行方式之间新的竞争合作关系。国外研究主要集中于共享出行方式对传统出行方式的替代效应和新旧模式结合对城市交通系统可持续发展的促进作用等方面。例如,研究发现,使用共享模式的人越多,就越有可能使用公共交通工具,拥有汽车的数量越少,在交通中的花费也就越小(TCRP,2016)。谷歌设在加拿大的Sidewalk 实验室,通过开展未来出行城市示范,将共享出行与传统交通方式相融合,建立一个便捷、低廉、清洁的交通系统,降低私家车出行分担率和拥有率,提升慢行交通和公共交通出行分担率。

3. 经济影响评估

共享出行被广泛认为对用户、企业和社会具有明显的经济效益。国外研究主要集中于共享出行对用户和社会的经济影响评估等方面。比如,从用户的角度来看,与私家车相比,使用汽车分时租赁可以节省出行成本;与熟人拼车相比,通过互联网平台的与陌生人拼车(私人小客车合乘)不会显著增加出行成本。从社会角度来看,互联网租赁自行车为城市经济带来的经济效益与公共交通计划的投资相衬(Bullock、Brereton 和 Bailey,2017)。

4. 环境影响评估

目前,国际上关于共享出行带来的环境效益评估研究主要集中于共享出行通过改变人们的出行及其他行为模式带来的减少碳排放、减少汽油消耗等方面的环境效益。共享出行模式与传统出行模式之间的竞争带来环境效益,如使用共享汽车可以减少私人小汽车的购买和使用,从而实现环境效益。共享出行带来的便利性也带来环境效益,如减少机动车空驶里程、减小道路交通压力、缓解交通拥堵,也将带来节能减排效益。

5. 社会影响评估

共享出行的社会影响主要包括对交通安全、社会公平、用户隐私的影响等方面。共享出行的安全性得到了学者们的广泛认可,例如,Fishman 和 Schepers 发现互联网租赁自行车在自行车安全事故中的风险比私人自行车要小。在社会公平方面,一些学者认为共享单车的低成本有利于社会公平。虽然与共享出行相关的大数据为交通发展提供了便利,但存在侵犯用户隐私的风险,因此,Caballerogil 和 Friginal 等开发了用于保护用户隐私的拼车系统。

三、政策法规关注重点

国外的研究重点表明,共享出行带来了许多亟待关注的问题,如安全和社会问题、运营商之间以及不同交通方式之间的竞争加剧,挑战着政府管理、公共空间停放权的分配问题、数据共享及隐私问题等。这些问题必然会引起城市和地区政府在法律法规、政策规划、标准等方面的重新考虑。

1. 健康、安全和消费者保护

美国的一些州政府和公共机构通过立法或颁布行政法规引导和规范共享出行服务商。在健康安全方面,要求运营服务商提供保险、驾驶员健康状况等关键信息,以保证共享出行服务的透明度,防止传播不准确或误导性的信息,旨在保护用户的安全和福利。例如,针对汽车分时租赁,2011 年 6 月,美国俄勒冈州立法机构通过了个人车辆共享立法(HB3149),要求车主的保险单应包括人身伤害保护和第三方保险;P2P运营商应为每辆汽车购买保险,如果车主在没有驾驶车辆时被指定为民事诉讼中的被告,那么P2P运营商“有责任为车主辩护并补偿车主”(Shaheen,2016)。此外,为保护消费者利益,确保公平交易行为,开放竞争和市场信息的准确性,对运营商服务定价进行规定,内容主要包括付款方式、公布特殊折扣和高峰定价信息,禁止在自然灾害等特殊情况下的加价行为。

2. 停车和通行权

2017年9月,德国联邦层面颁布的《共享汽车优惠法》正式生效,该部法律肯定了共享汽车模式对环保的积极作用,允许汽车分时租赁运营商提供的车辆在公共道路及街道上停车,并提出各级地方政府和社区有权自主决定是否给予分时租赁汽车降低费用或减免费用的优惠。美国一些州和地区为鼓励出行方式整合,在公共交通站点、枢纽或停车场提供共享自行车或共享汽车的停放服务(Shaheen,2016),如洛杉矶市政府与地铁公司合作,在市中心投资建设共享自行车停放系统。

3. 数据共享、隐私和标准化

公共机构和运营商合作开展数据标准化、数据共享以及隐私保护等工作,对于评估共享出行的影响、研究制订相关政策规划、社会管理等至关重要。国外机构在数据共享、公开过程中,会特别重视个人隐私数据的保护和数据的兼容性。一般通过协会或政府颁布行业标准来保证数据格式的清晰一致性。例如,北美的Bikeshare协会宣布采用开放式标准,承诺以标准格式提供实时数据,这样数据可以很容易地纳入智能手机的App中(Fried,2015)。针对用户隐私保护,芝加哥市政府要求共享单车运营商在车辆投放前,必须将其与用户签订的协议和隐私保护政策提交城市政府审查和批准。在运营期间,运营商如在服务条款、用户协议或隐私保护政策方面作出任何变更,必须向芝加哥市政府正式发通知。此外,2018年5月,欧盟开始施行的《通用数据法案》(GDPR)对于“个人数据”“个人敏感数据”“数据控制者”“数据处理者”“数据接受者”等进行了明确定义和分类,并对各方权利进行了明确界定。

4. 可达性和公平性

美国交通部联邦高速公路管理局(FHWA)认为,共享出行提供的便捷经济的出行方式可以更容易地满足低收入等弱势群体的交通出行和可达性需求,大大提高弱势群体的生活质量。共享出行服务商被要求遵守《民权法案》《美国残疾人法案》和禁止歧视的法律,来保障残疾人、老年人等特殊群体能公平的获取服务。一般通过公私机构合作的模式,共享出行服务能够满足特殊需要群体的要求,包括奖励、税收抵免、折扣、试点项目等。在旧金山湾区,城市共享汽车公司(City Carshare)与非营利机构 NextVillage 合作,为老年人提供服务,为每个季度为社区义务服务超过 12 个小时的人员提供为期一年的免费共享汽车会员资格,用以推动老年市民生活质量的提升。

5.与其他交通方式的整合

美国、欧洲认为,在共享出行与公共交通等其他交通方式整合过程中,需要政府机构的政策指导来破除传统交通系统中的技术壁垒和一体化出行的障碍。政策指导通常体现在两个方面:一方面是在票价联合支付、联合营销等票价和信息技术性服务维度的整合,另一方面是将共享出行纳入市政总体规划和区域规划。这包括在路线设计、站点的一体化衔接、交通规划模型的搭建等方面将共享出行集成到交通运输系统中去,以提高交通运输系统的安全性、运营效率、一体化和连通性。

本章参考文献

[1] 罗宾·蔡斯.共享经济:重构未来商业新模式[M].王芮,译.杭州:浙江人民出版社,2015.

[2] 中国互联网协会分享经济工作委员会,中国分享经济发展报告(2016)[R].北京:中国互联网协会分享经济工作委员会,2016.

[3] 中华环境保护基金会绿色出行专项基金,北方工业大学,国家信息中心分享经济研究中心.中国共享出行发展报告(2019)[M].北京:社会科学文献出版社,2020.

[4] 国家信息中心分享经济研究中心.中国共享经济发展年度报告(2019)[R].北京:国家信息中心分享经济研究中心,2019.

[5] Bullock C,Brereton F,Bailey S. The economic contribution of public bike-share to the sustainability and efficient functioning of cities[J]. Sustainable Cities & Society,2017(28):76-87.

[6] Fishman E,Scheper P. Global bike share:What the data tells us about road safety

[J]. Journal of Safety Research,2016(56):41-45.

[7] Caballerogil C,P Caballerogil,J Molinagil,et al. Trustbased cooperative social system applied to a carpooling platform for smartphones. [J] Sensors, 2017, 17(2):245.

[8] Friginal J,S Gambs,J Guiochet,et al. Towards privacy-driven design of a dynamic carpooling system[J]. Pervasive and Mobile Computing,2014,14:71-82.

[9] Shaheen S,Shen D,Martin E. Understanding Carsharing Risk and Insurance Claims in the United States [J]. Transportation Research Record: Journal of the Transportation Research Board,2016,2542(1):84-91.

[10] Shaheen S A,Cohen A P,Roberts J. Carsharing in North America:Market Growth, Current Developments,and Future Potential[J]. Transportation Research Record: Journal of the Transportation Research Board,2005,1986:116-124.

[11] Fried B. Bike-Share Open Data Standard Clears the Way for Better Trip Planning Apps [EB/OL]. [2015-11-25]. http://www. streetsblog. org/2015/11/25/bike-share-open-data-standard-clears-the-way-forbetter-trip-planning-apps/.

[12] EU. General Data Protection Regulation (GDPR)[EB/OL]. 2016. https://gdpr-info. eu/.

[13] City CarShare. A Unique Partnership to Promote Elderly Independence[EB/OL]. [2015-03-07]. https://citycarshare. org/newsletters/july-2014-a-unique-partnership-andmore-referral-credits/.

第二章　互联网租赁自行车

第一节　定义与内涵

一、定义

互联网租赁自行车俗称“共享单车”，是自行车分时租赁的一种形式，自 2016 年 4 月在我国大城市投入运营以来，为广大人民群众的出行提供了便捷，可以说是传统公共自行车系统的历史性变革。

2017 年 8 月 2 日，经国务院同意，交通运输部联合中央宣传部、中央网信办、国家发展改革委、工业和信息化部、公安部、住房和城乡建设部等十部门联合出台了《关于鼓励和规范互联网租赁自行车发展的指导意见》（交运发〔2017〕109 号）（简称《指导意见》），对共享单车给出了官方名称和定义。即“互联网租赁自行车”俗称“共享单车”，互联网租赁自行车是分时租赁营运非机动车，是城市绿色交通系统的组成部分，是方便公众短距离出行和公共交通接驳换乘的交通服务方式。

二、发展背景

新中国成立以来，我国自行车交通经历了 4 个阶段。第一阶段为 20 世纪 50—90 年代的逐渐发展阶段，我国城市居民出行逐渐由步行为主过渡到以自行车为主，城市道路也基本按“三块板”标准建设。到 20 世纪 80 年代末，我国被誉为“自行车王国”。随着经济的发展，机动化程度不断推进，自 20 世纪 90 年代中期开始，我国的自行车交通进入了迅速衰落期，自行车保有量不断下降（图 2-1）。自行车交通受到机动化干扰的现象愈发严重,甚至一些城市在道路建设中取消了自行车道,让位给机动车,骑行人的安全越来越得不到保障,汽车尾气污染时刻危害着骑行人的健康,由此,自行车在城市交通中的分担率迅速下降。与此同时,自行车在欧美国家得到推广和复兴,一些城市逐渐推行公共自行车项目。

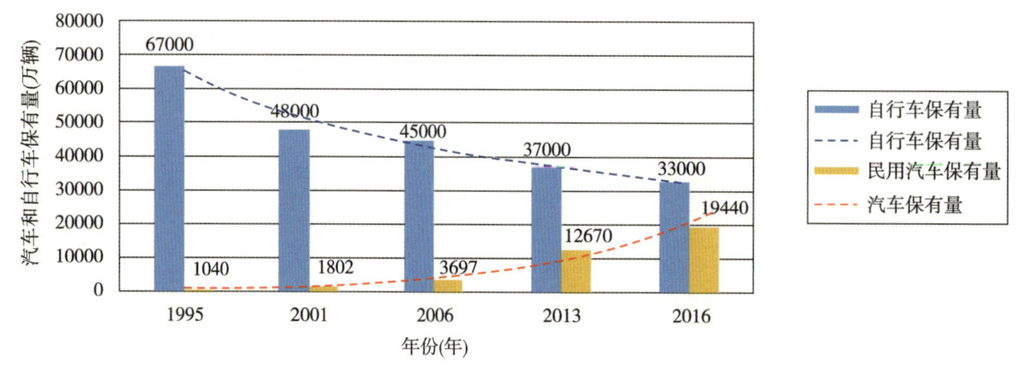

图 2-1　我国自行车与汽车保有量变化

2008—2015 年,是我国公共自行车推广阶段。2008 年杭州市率先推出公共自行车系统,随后武汉、太原、上海、银川等城市也纷纷推行公共自行车服务。公共自行车系统以其绿色、低碳、环保的特点为自行车交通提供了发展良机并得到城市认可。据测算,2013 年杭州、太原的公共自行车出行分担率达到了 5%。截至 2015 年底,全国已有两百多个城市正在实施公共自行车项目,车辆数量达到 40 万辆以上。针对公共自行车运营,浙江、山西、北京等地出台了地方标准,随后国家标准《城市公共自行车交通服务规范》(GB/T 32842—2016)发布,对公共自行车的规范运营提出具体要求。公共自行车的推广在一定程度上延缓了自行车出行分担率的下降。但纵观我国公共自行车走过的 10 年历程,要么政府背上沉重的财政负担,要么负责运营的企业入不敷出、难以为继。交通运输部科学研究院在 2014 年进行的北京市公共自行车出行意愿调查显示:80% 的被访者知道有公共自行车,但是经常租用的只占 1.4%。与实际使用情况不同的是,接近 60% 的被访者表示愿意使用公共自行车,这说明公众对公共自行车的接受程度较高,公共自行车在居民中有很大需求。但是为什么实际使用率那么低呢?调查发现,办理借还手续麻烦、需缴纳押金、担心使用时出现故障、借还站点少等,成为影响使用公共自行车的主要因素。

2016 年以来,互联网租赁自行车的投放开启了我国自行车复兴之路。在互联网技术和共享经济的背景下,民营资本的注入催生了互联网租赁自行车。智能手机和智能锁的应用使其摆脱了锁桩限制，简略了借还程序，一经投放即受到广大市民尤其是年轻人的喜爱，迅速成为部分城市居民短距离出行的重要交通工具。截至2019年底，近2000万辆公共自行车在超过360个城市运营，注册用户数达3~4亿，日均订单量为4700万辆。互联网租赁自行车的迅速普及，推动着越来越多的城市为自行车腾出行车和停车的空间。为鼓励和规范互联网租赁自行车的运营和使用，2017年8月，经国务院同意，交通运输部联合国家发展改革委、公安部、住房和城乡建设部等十部委印发《关于鼓励和规范互联网租赁自行车发展的指导意见》(交运发〔2017〕109号)。针对互联网租赁自行车的投放和停放，部分城市政府将互联网租赁自行车管理纳入当地新修定的非机动车管理、道路交通安全管理、文明行为管理、市容和环境管理等地方性法规或政府规章。同时，一些城市政府在运营服务质量考核、规范停放秩序、行业信用管理方面出台具体文件。

三、内涵特征

互联网租赁自行车通过技术变革改变了传统公共自行车的运营模式，是通信技术、定位技术和移动互联网技术融合发展的结晶。互联网租赁自行车主要包含四大技术要素：车辆技术、用户端应用程序(App)、线上运营管理系统和线下运维管理技术。

1.车辆技术

互联网租赁自行车在车身上配有智能锁。智能锁一般内置卫星定位芯片、通信和数据芯片、开关锁感应器、移动报警模块、用户交互模块以及电源管理模块等六大模块。车辆通过智能锁和智能管理平台建立联系，形成车联网。用户通过使用智能手机上的App扫描车身或智能锁上的二维码开锁用车。安装了智能锁的每一辆车都是一个双向通信节点，车辆可以实时向后台服务器上报自身数据(位置信息、速度信息、电量信息、环境温度、故障等)，后台服务器通过在MCU(中央处理器)运行的嵌入式软件系统实现远程开关锁、精准卫星定位、云端数据通信、低功耗电源管理等多种功能，实现对车辆的远程控制和升级。

2.用户端应用程序

互联网租赁自行车用户端应用程序一般由登录模块、使用模块和车锁控制模块组成。登录模块的主要功能是注册和登录，注册时，本地校验是否为正确的手机号或账号(微信、支付宝等)，并向云服务器验证是否注册过，经验证后向用户手机发送验证码,用户填写验证码进行注册,一经登录,下次使用时 App 会自动登录。用户使用模块主要通过与数字地图 API 集成,调用数字地图的定位功能,为用户提供搜寻车辆和行程记录功能。车锁控制模块通过移动网络或蓝牙建立手机与车锁之间的通信通道,手机通过 App 扫码后与车锁建立通信,并同时向云服务器发送 HTTP 请求,通过解析返回的 JSON 数据,拿到“钥匙”,从而对车锁进行开关控制(王凤雷等,2018)。

3. 线上运营管理系统

运营企业一般通过线上运营管理系统对车辆进行后台管理和调度指挥。线上运营管理系统主要包括客户端服务系统、车辆运营监控平台和远程网络管理维护调度控制中枢等。一般通过云服务器为管理人员和用户手机 App 提供信息服务并响应管理人员和用户的操作。一方面通过通信和定位技术对车辆进行实时监测和远程控制,另一方面通过运维端应用软件对线下运维人员进行指令发送,实现实时运维管理。在客户端,通过实名注册、信用积分、推送 App 信息等管理制度对用户行为进行引导。线上运营管理平台大数据主要包括用户注册信息、骑行起始点、骑行时间、骑行次数、骑行轨迹等,通过骑行大数据分析,可以判断用户需求热点区域、骑行密集区,为城市交通决策和相关的规划提供数据支撑。

4. 线下运维管理技术

线下运维管理技术主要包括车辆调度、维修和停放管理技术。车辆调度和维修一般是由线上车辆调度管理系统与线下运维人员共同组成,主要借助车辆定位系统,结合骑行大数据热力图、闲置车辆 KPI 考核指标以及车辆维修情况,实现单车高精度的灵活运维。

针对车辆停放问题,运营企业试图通过电子围栏技术来规范停放。目前应用较为广泛的电子围栏技术主要有两种:一种基于卫星定位系统,另一种基于蓝牙技术。

1)基于卫星定位系统的电子围栏

具体是通过 App 指引用户查找附近的停车位,当用户骑行结束时,单车进入停车位;App 接收到电子围栏信号的信息,提示用户可以停车;App 没有接收到电子围栏信号,根据卫星定位信息判断是否在停车位,并提示用户是否可以停车;用户上锁结束行程,App 和车锁上报停车相关数据(含卫星定位数据);服务器记录用户上传的电子围栏信息,判断用户是正常停车还是违停,如果用户违停,系统通过多种渠道提醒用户(手机推送、智能锁语音提示、短信、电话等)。

2)基于蓝牙技术的电子围栏

该技术需要车辆装有具备蓝牙模块的智能锁,通过智能锁发射蓝牙信号,由地钉式停车桩接收信号,传输到网关,再由网关上传到后台管理系统。该电子围栏精度最高可达1m以内,不会产生漂移,缺点是需要在地面安装地钉式停车桩,成本较高。

第二节　发展特征分析

一、发展定位

互联网租赁自行车以灵活便捷的优势使得原本下降迅速的自行车出行分担率有所回升,逐渐成为公共交通等城市其他出行方式的补充。互联网租赁自行车的投放运营促使城市政府不断优化骑行环境,配套停放点位,改善自行车与公共交通等交通方式的接驳换乘条件,探索与公共自行车的融合发展模式。成都市中心城区互联网租赁自行车日均服务200万人次,其中40%的骑行是与公交、地铁接驳。杭州市探索“单车直运”进小区、写字楼、大学校园和地铁商圈,与公共交通等其他交通方式形成互补关系。随着互联网租赁自行车的普及,服务人次不断增加,逐渐形成与公共交通、公共自行车等交通方式的既竞争又合作的协同发展模式,成为城市居民继地铁、公交后的第三大出行方式,渐渐融入城市综合交通体系。

二、基本使用特征

基于互联网租赁自行车骑行大数据,对使用人群、骑行距离、骑行时长等基本使用特征进行全面分析。

1.使用人群特征

互联网租赁自行车使用人群男女比例分别为57%与43%,男性比例高于女性。

从年龄分布看,18~45岁居民是互联网租赁自行车的主要使用人群,占比超过85%。其中,18~22岁用户占比最高,其次为35~45岁用户。只有18~22岁这一年龄层中的女性用户高于男性用户。具体如图2-2所示。

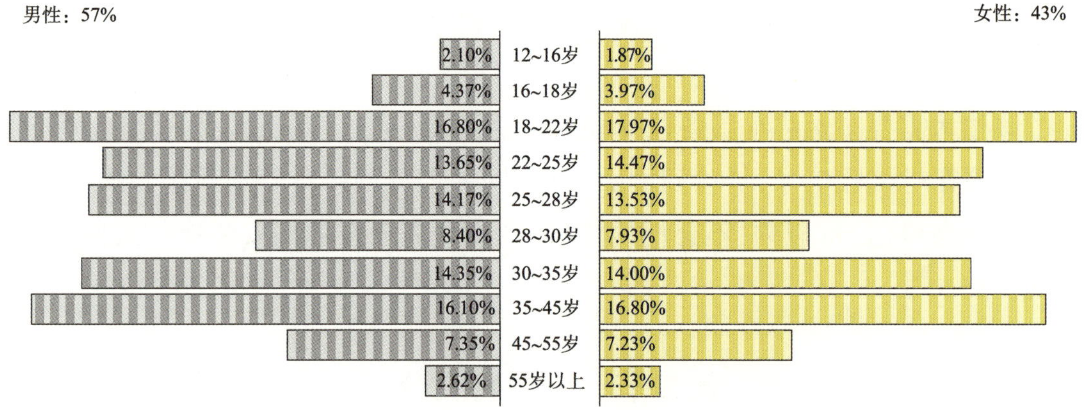

图2-2 互联网租赁自行车用户性别年龄分布

2. 骑行距离分布

全国城市居民中，70%左右的骑行距离在2km以内（具体骑行距离分布如图2-3所示），主要满足“最后一公里”出行需求，并且各城市之间差异较小。由此可以看出，互联网租赁自行车在居民出行中主要用于短距离出行、接驳，是中长距离出行的有效补充。

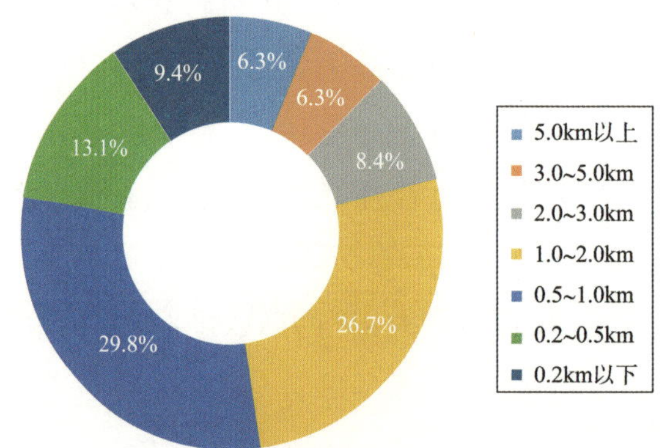

图2-3 全国主要城市互联网租赁自行车骑行距离分布

3. 骑行时长特征

从骑行时长上看，北京、上海、广州、深圳等一二线城市的用户平均骑行时间在15min左右。与其他城市相比，一线城市的互联网租赁自行车的使用时间较短，主要用于与公共交通的接驳。如图2-4所示。

4. 对居民出行的影响

互联网租赁自行车为居民带来最直接的影响是为居民提供了绿色、便捷的出行方式选择，扭转了部分城市自行车出行分担率持续下降的趋势。自互联网租赁自行车出现后，北京市自行车出行分担率提升了 1.6%，如图 2-5 所示。

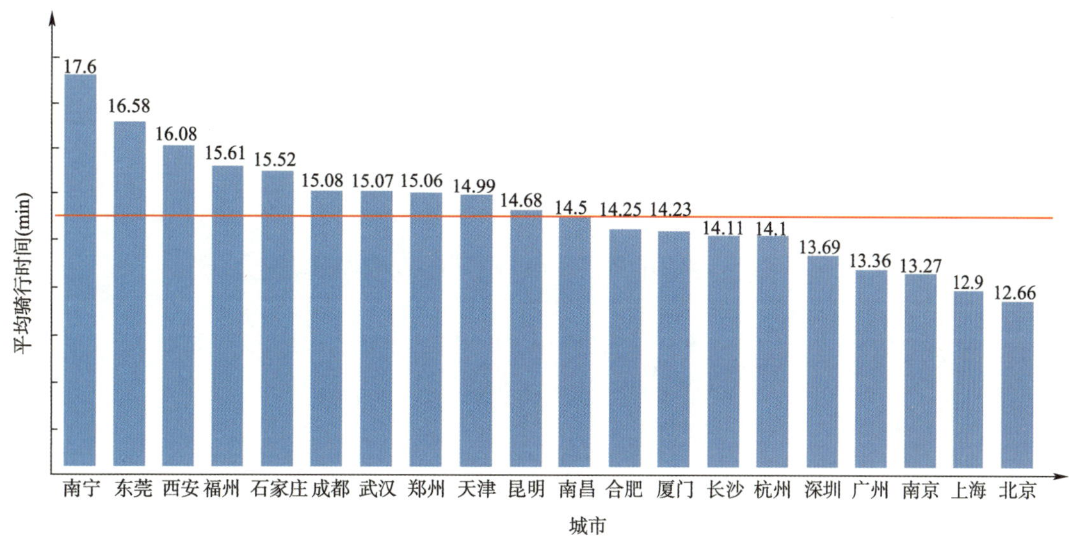

图 2-4　全国主要城市互联网租赁自行车平均骑行时间

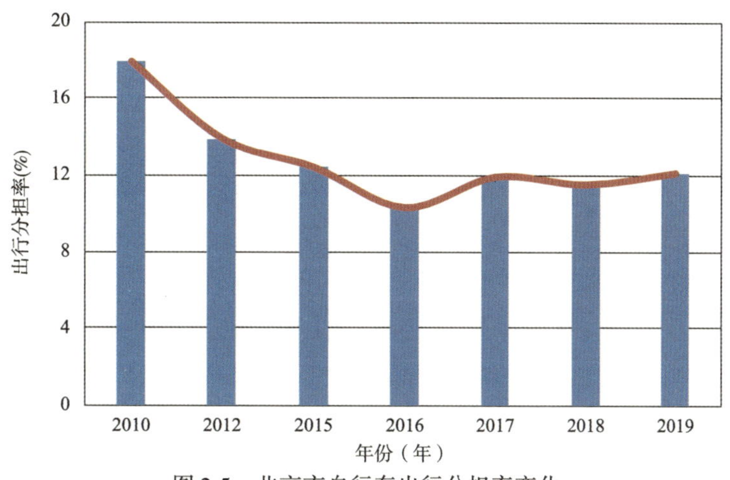

图 2-5　北京市自行车出行分担率变化

天津市第五次综合调查居民出行专项报告显示，互联网租赁自行车的出现使天津市自行车出行分担率上升了 6%（由 2016 年的 29% 上升至 2017 年的 35%，其中互联网租赁自行车分担率为 11%），私人小汽车出行分担率降低了 1%（由 2016 年的 18% 下降至 2017 年的 17%）。

另外，网络问卷调查显示，超过 85% 的居民表示互联网租赁自行车对出行带来较大的影响(图 2-6)。互联网租赁自行车代替了 10% 以上的私家车和出租汽车出行、30% 的公交车出行以及 83.5% 的步行，影响了 50% 以上的地铁出行(图 2-7)。

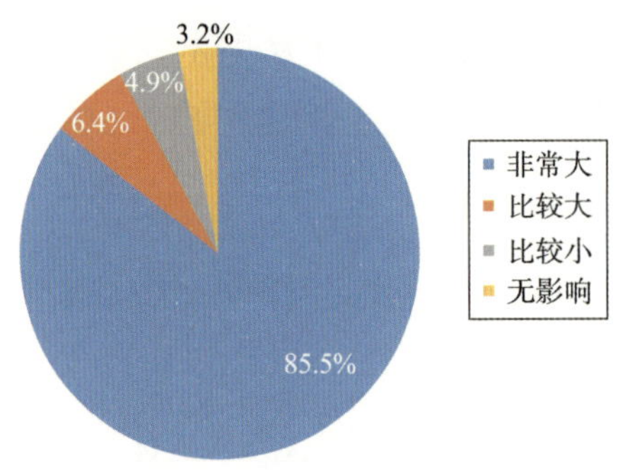

图 2-6　互联网租赁自行车对居民出行方式影响程度

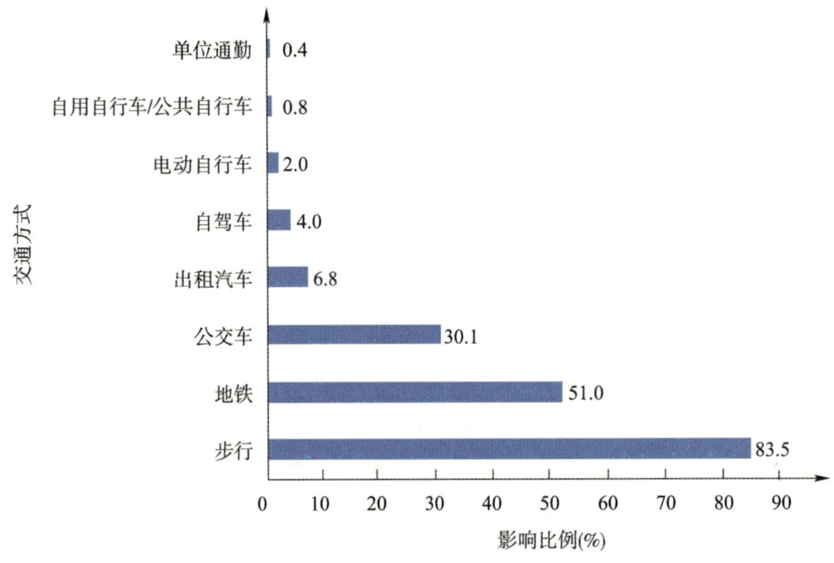

图 2-7　互联网租赁自行车对城市交通方式的影响

三、时空分布特征

选取某互联网租赁自行车运营企业的真实用户订单数据分析互联网租赁自行车使用的时空分布特征。研究地理范围为北京市五环路内，数据产生的时间为 2018 年 4 月 1—30 日。原始骑行数据内容包括订单编号、用户编码、车辆编码、骑行标识号、骑行开始时间、起点坐标、骑行结束时间以及终点坐标等，经过数据清洗、与地图匹配等程序，与用地、气象等数据进行融合分析。

1. 时间分布特征

1) 日间骑行量分布规律

对 2018 年 4 月互联网租赁自行车日骑行量进行统计，并将工作日、周末、节假日(2018 年 4 月有两个节假日,分别为清明节 4 月 5—7 日,劳动节 4 月 29—30 日,4 月 8 日、28 日上班)的骑行数据进行比较,如图 2-8 所示。总体上,工作日的互联网租赁自行车骑行量分布较为稳定,日均可达到 80 万次以上。大多数工作日互联网租赁自行车骑行量远高于周末和节假日,说明互联网租赁自行车是通勤出行的重要组成。4 月 3 日(东北风四级)、4 月 4 日(雨夹雪天气)、4 月 13 日(小雨天气)3 个工作日的骑行量低于周末骑行量,说明天气对自行车使用存在一定影响。节假日骑行量与周末相似,平均骑行量约 45 万人次,其中劳动节假期的骑行量明显高于清明节假期。

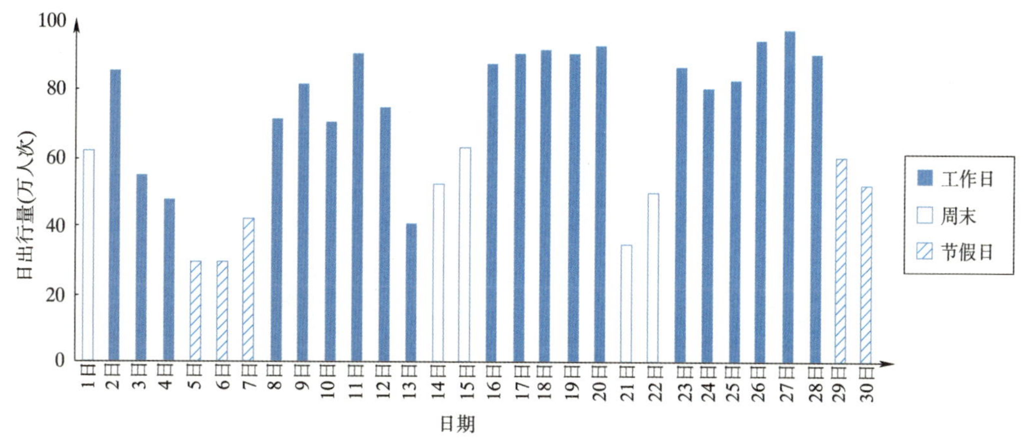

图 2-8　北京市 2018 年 4 月某品牌互联网租赁自行车日骑行量数据

2)逐时骑行量分布规律

对 2018 年 4 月工作日、周末、节假日的日均每小时骑行量进行统计,如图 2-9 所示。可以看出,工作日、周末和节假日的 23:00 至次日 6:00 均为骑行量最小时段,与用户处于休息阶段相吻合,用户出行需求少。工作日有明显的早晚高峰时段,分别为 7:00—9:00 和 17:00—19:00,与通勤时间相吻合;在 12:00—14:00也出现一个小高峰,但是骑行量增加不明显;工作日的各小时骑行量分布总体呈 M 形。周末和节假日没有明显高峰现象;6:00—8:00 骑行量明显增加,8:00—19:00 骑行量随时间推移缓慢增加,呈现较小的出行变化,19:00 后骑行量开始减少。

2. 空间分布特征

用 ArcGIS 软件中的核密度分析工具分析互联网租赁自行车的空间维度上的骑行分布规律。主要分析工作日早、晚高峰时段用户骑行起点位置和终点位置的分布。其中,早高峰时段(7:00—9:00)骑行分布如图 2-10 所示。可以看出,骑行终点比骑行起点更加集中,骑行热点主要出现在金融街、国贸(CBD)、亮马桥、中关村、望京等商务办公地点,以及商务区、居住区附近的地铁站点,例如西直门、阜成门、亮马桥、三元桥、国贸、朝阳门、四惠等,这与居民通勤时空特征相吻合。

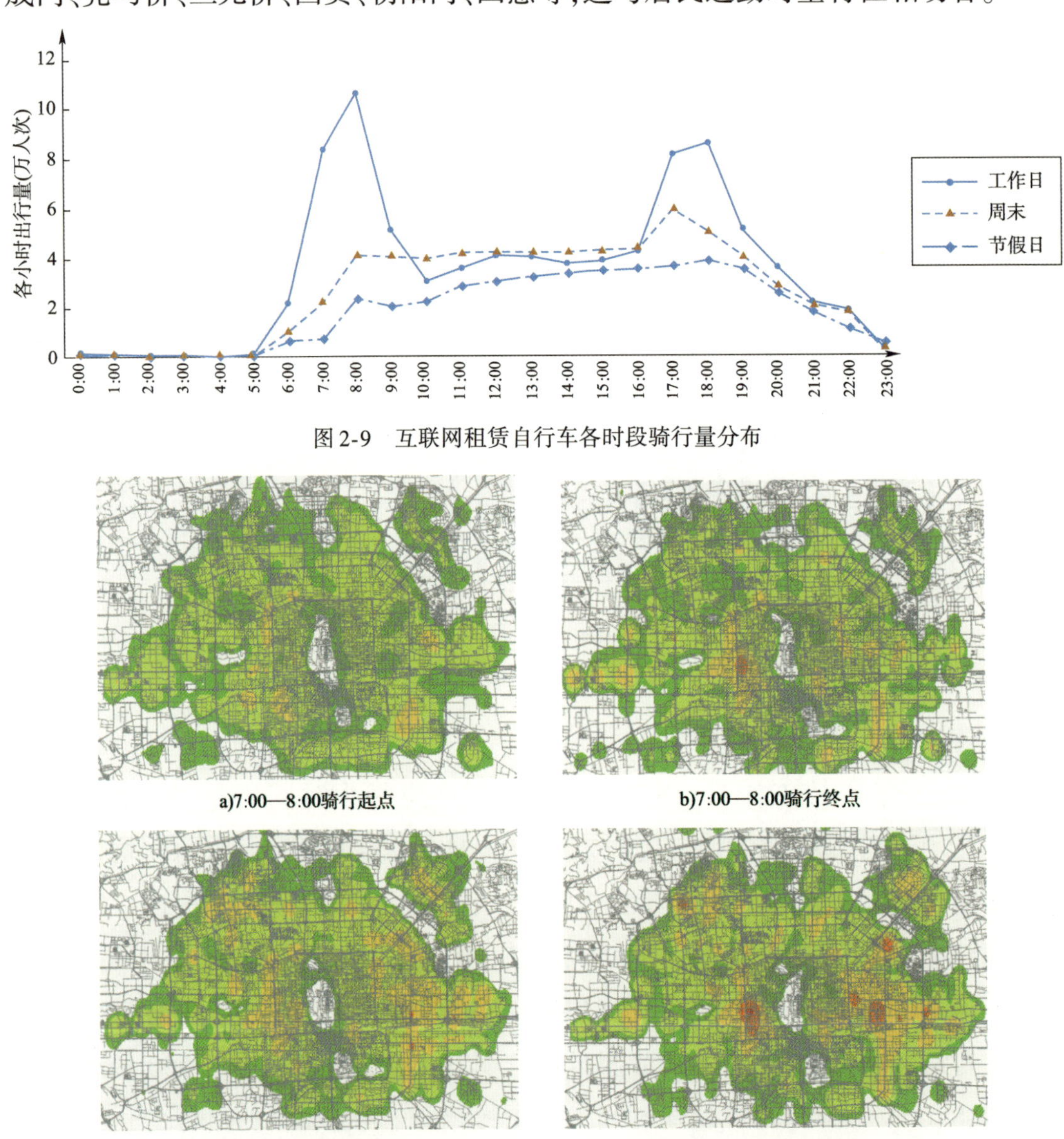

图 2-9 互联网租赁自行车各时段骑行量分布

图 2-10 互联网租赁自行车工作日早高峰骑行起点与终点热力图

晚高峰时段(17:00—19:00)的骑行分布如图 2-11 所示。与早高峰相反,骑行起点比骑行终点更加集中,且聚集分布于金融街、国贸(CBD)、亮马桥、望京、中关村等商务办公区域。

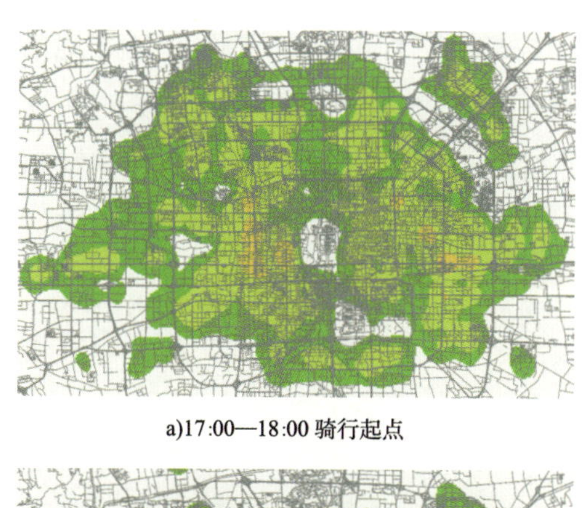

a)17:00—18:00 骑行起点

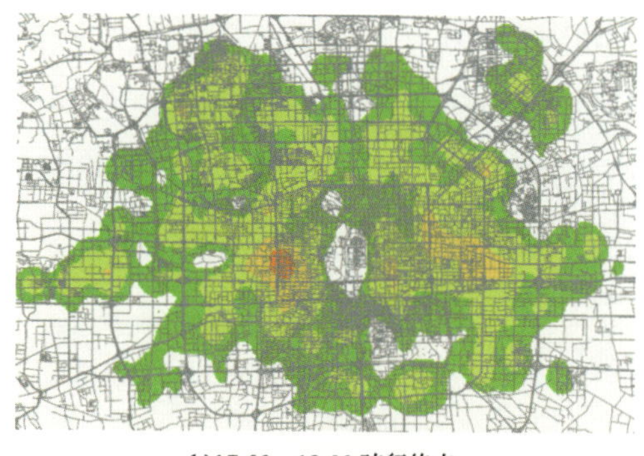

b)17:00—18:00 骑行终点

c)18:00—19:00 骑行起点

d)18:00—19:00 骑行终点

图 2-11 互联网租赁自行车工作日晚高峰骑行起点与终点热力图

由上述热力图看出,互联网租赁自行车的使用在工作日早、晚高峰呈现出相似的热点区域,并且早高峰时骑行终点与晚高峰骑行起点规律相似。这说明,北京市就业办公区整体上较为集中,而居住区较为分散,这与乘坐公共交通出行的规律相一致。

3. 典型用地功能互联网租赁自行车骑行规律

结合北京市用地性质与上述热力图反映的工作日互联网租赁自行车骑行热点,选取典型的商务办公区、居住区、公共交通站点的互联网租赁自行车的骑行规律进行分析,结果如图 2-12 ~ 图 2-14 所示。

1)商务办公区

选择金融街核心区(金融、银行和保险业集聚的区域)和中关村核心区(IT、信息产业集聚的区域)来分析互联网租赁自行车的骑行规律。

从图 2-12 中可以看出,在早高峰时段(7:30—9:30),骑行至金融街和中关村核心区的人次远远高于从此地出发的人次,其中金融街骑行到达人次是出发人次的 17 倍,中关村骑行到达人次是出发人次的 2.6 倍;与此相反,在晚高峰时段

(17:00—19:00),从金融街和中关村核心区出发的人次远远高于骑行至此地的人次,其中金融街骑行出发的人次是到达人次的6.2倍,中关村骑行出发的人次是到达人次的1.8倍。这反映了金融街与中关村核心区为集聚办公区,居住社区较少,金融街办公地点集聚程度更高。

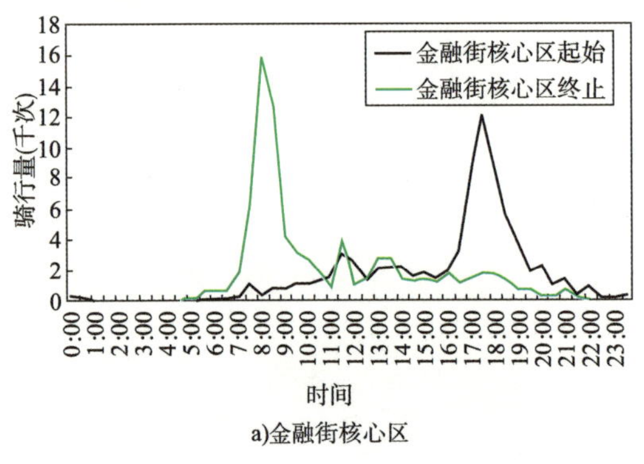

a)金融街核心区

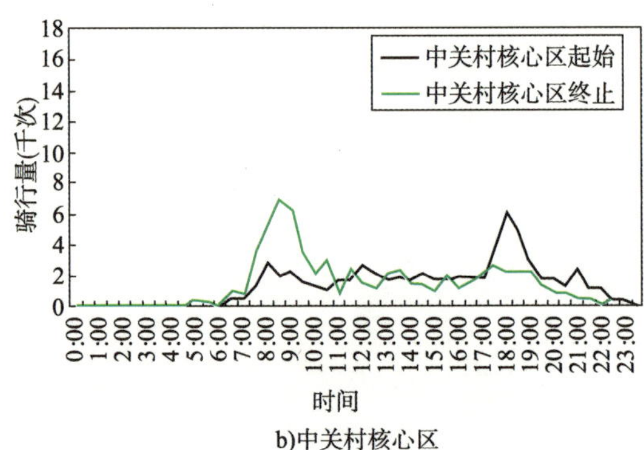

b)中关村核心区

图2-12 工作日商务办公区互联网租赁自行车骑行规律

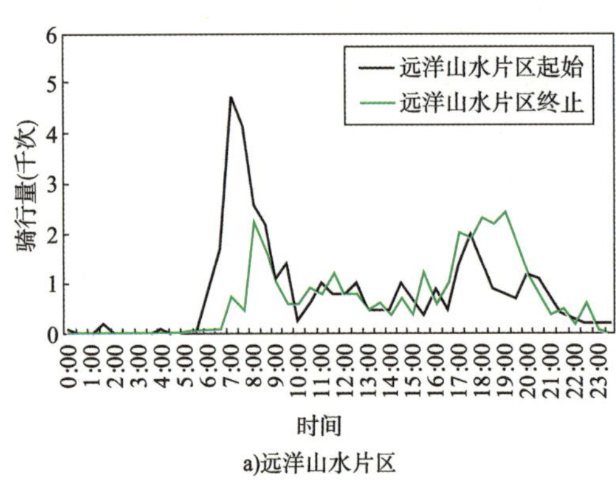

a)远洋山水片区

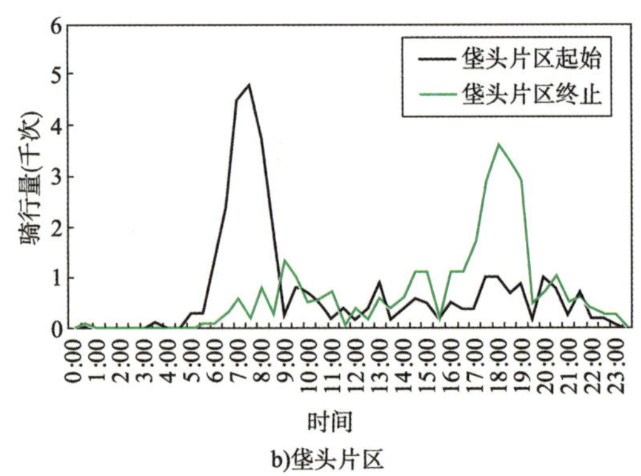

b)垡头片区

图2-13 工作日居住区互联网租赁自行车骑行规律

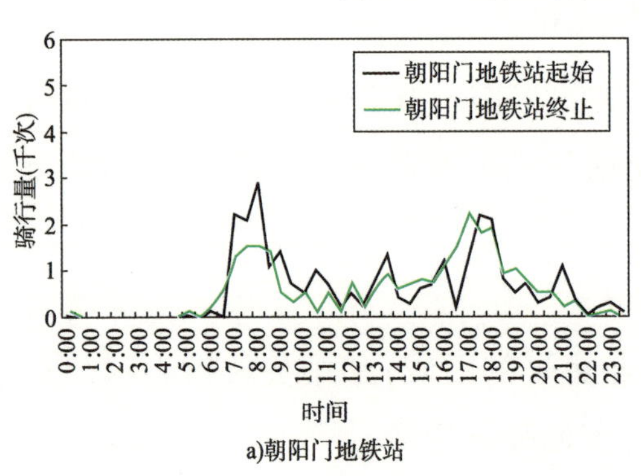

a)朝阳门地铁站

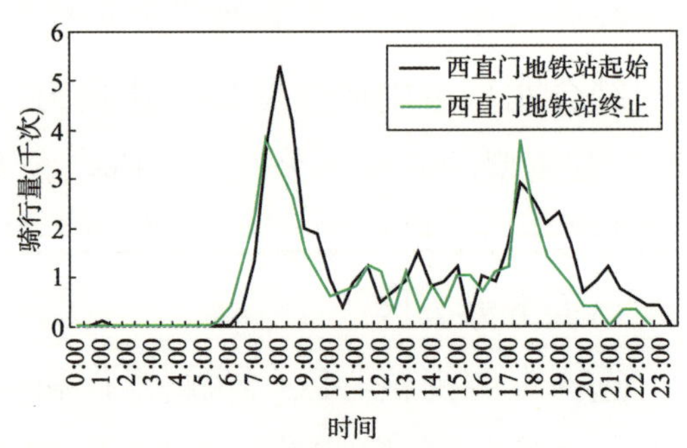

b)西直门地铁站

图2-14 公共交通站点互联网租赁自行车骑行规律

值得一提的是,在上班早高峰时段,金融街核心区骑行峰值点为8:00,中关村核心区骑行峰值点为8:30;而下班晚高峰时段骑行峰值点,金融街为17:30,中关村为18:00,并且中关村在21:00左右还有一个小的骑行高峰,这反映了中关村核心区的就业机构上班时间比金融街核心区较晚,下班时间也较金融街晚,符合中关村IT产业员工的工作作息规律。

2)居住区

选择石景山区的远洋山水片区和朝阳区的垡头片区作为居住社区集中的区域来分析互联网租赁自行车的骑行规律。

从图2-13中可以看出,远洋山水片区与垡头片区的骑行早高峰时段为6:30—8:30,比办公集聚区早了1h。从远洋山水片区和垡头片区骑行出发的人次远远高于骑行到达的人次,出发与到达人次比分别为1.4和2.1倍。在晚高峰时段,远洋山水片区骑行到达时间曲线波峰比骑行出发波峰明显延长,这在一定程度上反映了该片区的居民回家时间不集中,这与居住人群的就业性质和就业地点有关。垡头片区的骑行到达人次远远高于骑行出发人次,比例为3.6:1,这在一定程度上反映了该片区为住宅集聚区,提供的就业岗位较少。

3)公共交通站点

选择朝阳门地铁站(2号线和6号线换乘站)和西直门地铁站(2号线、4号线、13号线换乘站)来分析典型公共交通站点附近互联网租赁自行车骑行规律。

从图2-14中可以看出,朝阳门和西直门地铁站总体骑行规律相似,均是早晚高峰明显,与办公区和居住区不同的是中间时段的骑行人次也较多。

朝阳门地铁站的早高峰时段,骑行到达的人次总体与骑行出发人次相当,但从时间上来看,骑行到达时间比骑行出发时间分散。晚高峰出发与到达的人次也相当,这在一定程度上反映在此就业的人群与居住人群相当。

与朝阳门地铁站不同,早高峰时段,西直门地铁站骑行出发人次多于骑行到达人次,而骑行到达的峰值点早于骑行出发峰值点,与之对应的是,晚高峰时段,西直门地铁站骑行到达的人次多于骑行出发的人次。也就是说,骑行到达西直门地铁站的人群出行目的很大程度上是去上班,而从该地铁站骑行出发的人群是来上班的,这在一定程度上反映了西直门地铁站附近的就业人群多于居住人群。

综上,工作日不同用地功能的互联网租赁自行车骑行需求规律如下:

(1)商务办公区。互联网租赁自行车使用具有明显的早晚高峰特征。早高峰时段,互联网租赁自行车的停车需求明显激增;晚高峰时段,呈现出与早高峰相反的特征,用车需求明显激增。

(2)居住区。早高峰时段,互联网租赁自行车用车需求明显激增;晚高峰时段,不同居住区的骑行规律有差异,与居住人群的就业性质和就业地点有关。就业岗位很少的居住区,晚高峰时段的停车需求较大。

(3)公共交通站点。早、晚高峰时段互联网租赁自行车均呈现出用车和停车需求高峰,且与商务办公区和居住区相比,用车与停车需求之间差异较小。附近就业人群多于居住人群的公共交通站点早高峰用车需求略高于停车需求,晚高峰停车需求略高于用车需求。

第三节　运营模式

一、服务模式

1. 经营主体

最初,互联网租赁自行车企业发展背景各不相同,经营主体呈现多元化。第一类是互联网背景企业,通过建立互联网运营服务平台,自建工厂或委托自行车厂商生产车辆,提供自行车租赁服务。第二类是传统公共自行车企业,通过车辆升级换代和技术更新,实现了由"有桩式"转型为"无桩式"服务企业,如永安行、杭州金通科技等。第三类是自行车厂商,如上海永久集团母公司投资优拜单车等。

2. 用车模式

用户需自助取还自行车。通过 App 完成注册才能使用车辆,注册时需输入姓名和身份证号。摩拜单车、哈啰出行、ofo 小黄车运营之初均使用专有 App 扫码用车,青桔单车一直依托滴滴出行 App。摩拜单车、哈啰出行与腾讯、阿里等公司开展合作后,也能通过微信或支付宝平台内置小程序扫码用车。摩拜单车被美团收购后,还可使用并逐步引导用户通过美团 App 扫码用车。

3. 车辆和运维

除个别运营企业最初使用存量自行车和机械锁外,目前在用车辆均为配备智能锁的新购置自行车,自行车购置成本为 700 ~ 1800 元/辆。运营企业通常通过外包或自建队伍方式开展线下车辆调度和运维工作。如哈啰出行、青桔单车将线下业务外包给第三方劳务公司,摩拜单车在部分城市采用自建队伍方式开展相关工作。

4. 计费模式

在《交通运输新业态用户资金管理办法》出台后，各家互联网租赁自行车运营企业在全国均已实现无门槛免押金提供租赁服务。骑行费用均按时长计算，不同类型城市计费标准存在一定差异，北京、上海等一线城市略高于其他城市。

二、运营发展趋势

1. 规范化

在发展之初，互联网租赁自行车迅猛发展，在各大城市普遍存在停放空间不足、乱停乱放等社会热议问题，但随着地方政府对运营企业规范管理、城市慢行交通系统的改善以及卫星定位、通信等技术的发展，互联网租赁自行车的运营逐渐趋于规范化。截至 2019 年底，北京、深圳、西安、杭州、成都、南京、福州、无锡、厦门、郑州、昆明等城市，印发了服务质量考核办法，建立了针对运营企业的事中事后监管制度。北京、上海、天津、深圳、杭州、南京、宁波、成都、武汉、厦门、合肥、郑州 12 个城市，建设了互联网租赁自行车信息监管平台。平台采用互联网、大数据处理与分析、电子围栏等技术，通过实时监测车辆运行情况，可实现运行监测、停放管理、企业考核、信息填报、公众服务、后台管理等功能，为政府监管提供了监测调控、过程监管、停放管理、质量信誉考核等信息化监管的手段。

2. 服务统一化

随着行业竞争和政府规范化管理的推进，互联网租赁自行车的运营服务将越来越向统一化、标准化方向发展。对于运营企业而言，车辆调度管理、车辆维修及清洁是运营管理的重点。运营企业为实现高效运营，从智能硬件、数据监测、城区网格化管理等方面进行建设。各企业均建有大数据运营管理平台，可以实时监测每辆车的运行情况、各地点的车辆分布、网格划分、运维人员等信息。通过大数据平台、人工智能和线下运维结合的方式对车辆进行调度、更新、回收等工作。各运营企业均在中心城区公共交通站点、商贸、医院周边、热点小区附近等潮汐量大的地点派专人定时运转车辆；在车辆维修、检测、报废、回收等方面均建有企业标准。

3. 与公共自行车融合化

互联网租赁自行车的出现，促进了公共自行车的转型升级。两者融合发展，可以实现优势互补。南京市推动互联网租赁自行车与公共自行车运营企业开展合作,充分发挥公共自行车企业线下运维优势,由公共自行车企业统一提供车辆停放秩序管理、车辆保洁、失联车寻找以及故障车鉴定上报等工作。杭州、西安等城市对公共自行车进行了无桩化改造,自行车安装了智能锁,市民既可以在有桩的公共自行车站点取还车,也可以在其他指定区域还车。

第四节　关键技术案例

企业端关键技术主要包括智能锁技术、企业线上运营管理平台、电子围栏等方面的技术。政府端主要是监管平台技术。本节以案例形式展现企业在关键技术方面的创新发展以及城市政府主管部门利用新技术的监管创新。

一、摩拜单车

1. 智能锁技术

摩拜单车的智能锁历经多次技术迭代,不断创新,目前正引领从扫码解锁到蓝牙解锁的技术变革。当前大部分车辆使用的是“北斗 + GPS”多模卫星定位和云端传输等技术为主要特征的第七代物联网智能锁,所以在此介绍物联网智能锁技术。该技术需要用户使用手机端 App 扫描车身二维码开锁。

1)内部构造

摩拜智能锁主要由中心控制单元(MCU)、卫星定位模块、无线移动通信模块、机电锁车装置、蓄电池、动能发电模块、充电管理模块、车载加速度计等组成。

2)技术特点

将 2G/3G/4G 移动通信技术、精确卫星定位技术、智能传感器技术、蓝牙技术、低能耗电能回收管理技术以及 NB-IoT/eMTC 等物联网技术整合,形成智能物联网车锁。

3)工作原理

由中心控制单元通过无线移动通信模块与后台管理系统进行连接,把从卫星定位模块获取的位置信息发送给后台管理系统,后台系统标识成功后通过通信模块向中心控制单元发送解锁指令。接收到后台发送的机电锁车装置开、关锁的状态信息后开启机械锁的控制插销,开锁成功,当用户使用完成锁车时,会触发电子控制模块的锁车控制开关,然后中央控制器通过无线移动通信模块通知后台管理系统锁车，后台确认成功后结束计费。简单理解就是车锁内有一个通信芯片和卫星定位芯片，然后插上一张 SIM 卡，通过后台向车锁发送消息来解锁，最后通过车锁向后台发送消息来确认位置和完成计费。

由于车身上的二维码可能会因为陈旧或遭遇人为破坏而影响开锁成功率，基于此，摩拜单车研发了极速解锁功能——蓝牙解锁。它的出现让用户开锁更加方便，用户只需打开手机蓝牙和摩拜单车 App(v7.9.0 以上版本)或微信小程序，将手机靠近摩拜单车车锁，听到“滴滴滴”的声音后，点击手机界面的“立即开锁”按钮，无须扫码即可开锁骑行。

2. 电子围栏技术

摩拜单车的电子围栏技术已于 2017 年获得国家发明专利——“确定物体处于目标区域的方法、停车管理设备和系统”的发明专利(专利号 ZL201710296303.6)。该专利于 2020 年 1 月荣获第二十一届中国专利优秀奖。

技术特色是将 Beacon 技术由室内使用场景拓展到户外使用场景，并运用在互联网租赁自行车停放的智能化管理技术中。通过在规定区域内布设蓝牙道钉，由车锁过滤道钉信号，搭配相关算法，从而判断车辆位置是否在停车区域内，准确度达到亚米级别。传统的北斗或 GPS 定位，容易受周边环境如树木、建筑物，以及卫星的位置等影响，有比较大的不确定性，特别是在都市峡谷中形成的多径效应、遮蔽效应等，使精确度很难达到亚米级别。而蓝牙道钉阵列本身位置是固定的，周期性地发射固定信号提供给车锁进行信号处理，从而实现准确判断车辆停放位置。此外，摩拜的蓝牙道钉具有 IP67 的防水防尘等级，可以承受 2t 的重压，安装简单，维护成本低，仅需在路面安装两颗螺钉进行固定即可。同时，该装置使用低功耗方案，一个蓝牙道钉正常可使用 30 ~ 36 个月。用户通过摩拜单车 App 可以看到推荐停车点的位置和停放车辆数量。当车辆停进蓝牙道钉覆盖的停车区内，用户就会获得文明停车奖励。

二、哈啰单车

哈啰单车利用大数据、物联网、云端交互、人工智能等技术手段，形成了大数据驱动、智能化调度的全域管理技术方案，搭建起覆盖城市交通的“运营区—禁停区—蓝牙道钉”技术保障制度。

1. 智能锁技术

3.0 版本哈啰单车配备了自主研发的智能语音锁，不仅搭载了语音播报功能，还将定位精度提高了近一倍，定位时间缩短了 70% 以上，实现 0.99s 极速开锁效率。最新的第五代智能锁，通过应用蓝牙自适应技术还可以有效降低车辆闲置率。

2. 大数据平台

基于自主研发的、行业领先的智能锁，哈啰出行构建了包含哈勃大数据平台、BOS 运维端在内的集运维管理、大数据、算法、超级账户等综合维度的智慧系统。

哈啰自主研发的智能大数据平台哈勃系统，能对车辆进行远程指挥调度，并逐一记录每辆车的骑行轨迹和车辆状态；哈勃系统将车辆与一线运维人员使用的 BOS 端进行有效连接，从而实现车辆的科学投放与智能化高效管理。目前，哈啰出行的骑行大数据已助力多地政府，优化当地交通管理。

3. 电子围栏技术

哈啰单车研发了自适应蓝牙电子围栏技术，可将车辆停放误差控制在 10cm 以内。在此基础上，实行全域管理的三级电子围栏：运营区—禁停区—蓝牙道钉。

1）运营区电子围栏

基本原理是通过后台设置，圈定一定的地理区域，在限定范围内提供用车服务。用户若将车辆骑出并停放在运营区外，将收到 App 弹窗、手机短信提醒其将单车骑回运营区内。如强制关锁停车，系统将额外收取车辆违停费用。目前，哈啰单车已在全国各运营城市划定了运营区域。划定运营区的初衷，在于提高车辆密度，保障市民有车可用。一方面，哈啰单车线下运维团队与运营区分布高度匹配，运维人员能够快速到场处理、调度，实现高效运营管理。另一方面，运营区的设置使得车辆相对集中，用户找车用车也更为方便。通过对全国 35 个主要城市数据的测算，哈啰单车超区率整体控制在 0.2% 左右，有效确保了车辆的高度集中运营，减少了车辆在郊区乱停放的可能性，实现对用户骑行使用的基本保障。

2）禁停区电子围栏

相较于运营区的宏观层，禁停区技术是哈啰出行全域管理技术方案的中间层。这一层级的构建基于 GPS 定位技术，针对重点路段、重点坐标提供车辆停放管理保障。

哈啰出行 App 电子地图对禁停区域作高亮显示，当用户骑行至禁停区附近时,就会收到App弹窗提醒。当用户落锁停车时,智能锁会上传GPS定位至哈勃系统,如该位置在禁停区内,后台会以App弹窗和短信的形式规劝用户驶离。对拒不规范停车的用户,哈啰出行将进行惩罚性扣费,同时会扣除其信用积分,当信用积分低于一定标准时,用车成本将被大幅提高。禁停区现已成为规劝用户违停乱象的重要举措,在上海、郑州、合肥、南昌等地哈啰出行均已上线禁停区。

3)蓝牙道钉

蓝牙道钉技术处在哈啰单车全域管理技术方案的关键层,与禁停区形成"约束"与"引导"的并行关系。蓝牙道钉通常设立在禁停区内的预留范围,以实现车辆有序停放,避免出现环禁停区停车。

这一技术依照三点定位原理的停车引导技术,当用户骑行时,哈勃系统与智能锁GPS模块实时交互车辆位置、骑行轨迹等信息,借助内嵌的停车点引导系统,实现单车与停车位的点对点"牵引"。当用户锁车时,具备低功耗蓝牙功能的智能锁扫描周围的蓝牙广播信号,根据信号强度,判断车辆位置是否在停车区域内。若用户停车时"有栏不入",则不能实现正常关锁结算。对于反复劝阻无效的严重违规用户,哈啰出行将启动使用权限限制,通过调整信用评分、用车价格,甚至封禁账号的形式进行强制约束。

蓝牙道钉技术更加侧重"因势利导"。在行政中心区、交通枢纽站、换乘接驳点等公共空间较匮乏且交通压力较大的关键区域,哈啰出行通常结合人群潮汐流动、骑行热力图、车辆闲置率等关键指标,同步规划禁停区和蓝牙道钉布局,形成车辆引流和规范停放的"组合拳"。在进行全场景内测和多轮技术升级优化后,哈啰出行蓝牙道钉技术现已处于业内领先水平。哈啰单车已与上海、天津、兰州、南昌等地政府部门协同开展在地铁站周边、十字路口、行政机关及小区等复杂路况区域的蓝牙道钉实景测试。

三、青桔单车

1. 智能锁

青桔单车联合北斗推出具有高精度定位的GEO系列单车。青桔GEO系列单车采用"智能中控+分体锁"的技术方案,无须手动关锁,在手机端操作即可完成落锁,实现用户全程智能化操作。智能中控搭载北斗高精度导航定位芯片,采用实时动态载波相位差分定位技术，实现无桩入栏结算，为城市单车管理提供新实践。目前，国内首批300辆搭载有北斗高精度导航定位芯片的青桔GEO共享单车，已经在武汉未来科技城投入场景应用测试。

2. 电子围栏技术

青桔单车通过与北斗合作推出以北斗差分技术为核心的分体锁技术应用，把车辆定位精度从传统的10m级别提高至1m以内，它有别于蓝牙技术的应用，不需要安装道钉等设施，具有布设围栏灵活、城市实施成本低等优势，可以准确感知车辆是否入栏，同时，计划持续完善车辆停放诱导功能，对停入规范停放区的用户进行订单优惠等奖励；对不规范用户进行惩戒，提高其用车成本，以此鼓励用户规范停车电子围栏。

北斗高精度方案具有定位精度高、虚拟围栏、路面无感、实现“入栏结算”等优势，已在一些地区进行试运行。2019年12月24日，青桔单车获批在深圳市南山区试点运营北斗高精定位技术。与其他品牌共享单车不同的是，这批试点车辆必须入栏结算，即用户需将车停在运营区域内的指定停车框内。用户可在手机端页面看到可骑行运营区域、附近停车框位置，停车框以外均为禁停区。系统将对在禁停区停放的车辆收取5元调度费，对在运营区域外停放的车辆收取20元调度费，且其他用户无法解锁该车辆，直至青桔单车运维人员将车辆调度回运营区域内。

3. 运营管理大数据平台

“城市脉搏”单车管理信息平台，是青桔开发的一款可以帮助全国各城市政府实时掌握互联网租赁自行车、电单车业务实况的信息平台。目前，全国已经有十几个城市的政府在使用，为政府监管提供便利。平台包含单车业务实况展示、区域管理、运维信息管理、企业信息管理和智能数据大盘等功能模块。其中，单车业务实况展示可实现城市各行政区车辆分布、热力图展示等功能；区域管理功能可支持在地图上展示停车点、运营区域、运维单元和禁停点等围栏，支持按照车辆位置、车辆锁型、车辆运营状态搜索车辆并将符合条件的车辆展示在地图上；运维信息管理支持单车运维工单信息的实时展示；企业信息管理主要涵盖企业基本情况及计费规则等静态信息；智能数据大盘支持实时清洗计算亿级数据量，毫秒级返回结果，在大盘实时展示单车各项核心指标。此外，通过不断技术创新，平台还扩展了智能报修、智能停车调度、停车点建议等功能。

四、智享单车

智享单车通过运用物联网、大数据、云计算、移动互联、无线蓝牙、光伏能源发电等新一代领先技术，研发出了具备声光提示、蓝牙识别、定位、远程控制、硬件通信等功能的无桩智能硬件模块系统，并在融合“线上 + 线下”的智能化运维模式后，搭建起了以产品、技术、网络、运营、运维五大核心版块为一体的智能共享单车管理服务平台。

1. 智能锁技术

与其他品牌单车的马蹄状智能锁不同的是，智享单车的智能锁与车辆传动轴是一体的，其技术人员称之为“智能硬件模块”，如图 2-15 所示。

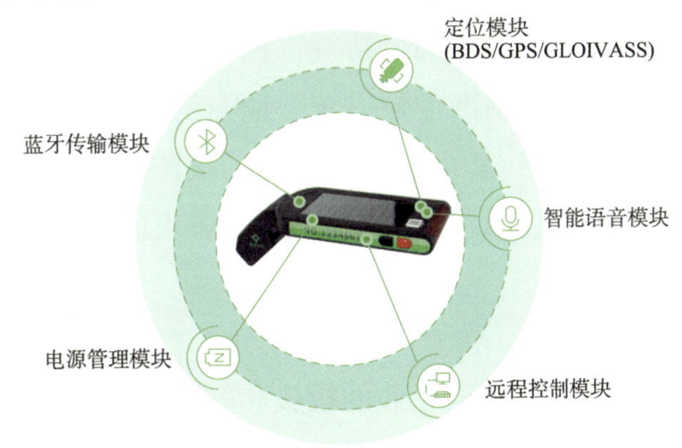

图 2-15 智享单车智能锁

智能锁具备精准定位（北斗/GPS/GLONASS 三模，最高精度 0.3m）、智能语音（即时提醒）、蓝牙传输（硬件、App、云系统信息传递）、电源管理（无限续航服务）等功能。

该智能锁通过蓝牙连接用户手机，实现秒开秒关，并提供 App 操作与车身实体按键两种解锁方式，为用户提供更多选择。更为突出的技术优势有三点：一是在禁行区实现自动缓停锁车，更安全地支撑了电子围栏对车辆的监管；二是具备临时锁车功能，满足了用户间断且持续的用车需求；三是声光提示，通过语音提醒，配合灯光提示，实现车辆信息与用户的无障碍交互，例如，在禁停、禁行区和载人时进行实时指引和警示。

此外，智享单车独有的高效光伏能量收集设备 + BMS 电池管理系统，能够支持电池长时间、高效率工作，实现极端环境下车载电池的全年无间断续航。

2. 智享云管理平台与电子围栏技术

智享云管理平台是与智能锁和电子围栏技术相融合的。智享云管理平台涵盖车辆轨迹系统、订单中心、费用中心、车务中心、车辆智能管理中心、合伙人管理平台、运营数据分析平台七大核心区块。

在智享云管理后台可随时查看所有车辆的即时状态,显示为可租用、使用中、故障中、调度中等,对于使用中的车辆轨迹、用户信息也可即时监测。通过车身上智能模块的振动传感器与倾角传感器能够感应车辆的运动状态,实时向运管中心发送车辆状态信息。每辆车的开锁取车位置、行驶轨迹、关锁还车位置、骑行频次等详细信息,以及每个站点的车辆数量、站点取车数量、站点还车数量、还车比例等均可监测。管理人员可以通过轨迹系统对站点车辆进行优化配比、使站点间隔距离更加合理,逐渐形成相对匀称的可持续性网状服务结构。

智享单车利用电子围栏、精准定位系统、远程控制系统等技术手段,通过用户自动身份识别、远程车辆控制、禁止骑行区的自动提醒及自动锁车等方式,有效解决了用户乱停乱放、车辆大量堆积的问题,实现了城市区域车辆有序停放管理。

五、政府监管平台

为规范互联网租赁自行车运营企业的投放和服务,杭州、深圳、武汉等城市的管理部门通过建立监管平台和企业数据对接,掌握企业在每个区域投放数量、车辆动态信息、车辆使用情况、运维人员信息等,为政府管理决策提供依据和支撑,实现不同部门间的协调管理提供有效方法和手段。监管平台总体架构如图 2-16 所示。

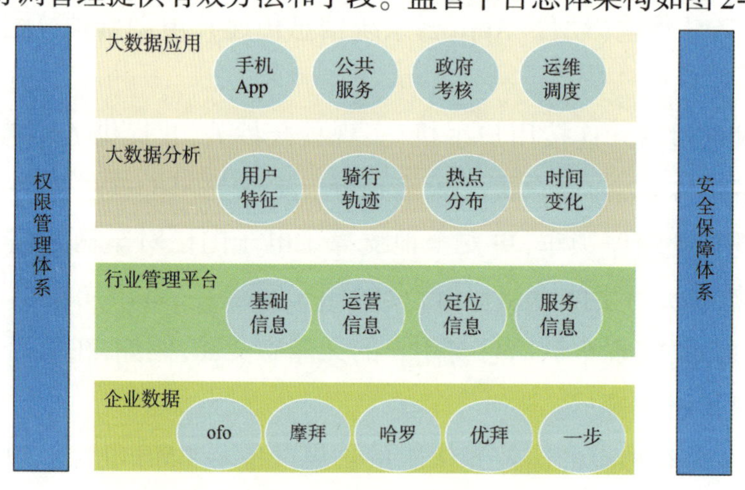

图 2-16　互联网租赁自行车监管平台总体架构

1.技术功能

互联网租赁自行车监管平台为行业管理部门提供了运行监管服务,服务内容主要包括基础信息管理、车辆运行信息管理、运营信息管理、服务质量信息管理、用户信用记录等方面。

1)基础信息管理

基础信息管理主要具备以下功能:

对企业基础信息和地理信息进行管理,内容包括企业工商备案信息、投入车辆数、停放区、互联网租赁自行车禁停区、互联网租赁自行车禁骑区等的查询。

(1)公司的基本信息查询,支持查询互联网租赁自行车企业的基础档案信息,包括企业名称、企业法人、企业所在地、合作支付机构、各地服务机构名称、服务机构地址、服务机构联系方式等。

(2)车辆的基础信息查询,包括企业标识、车辆编码、投放日期、投放区域、车辆状态。

(3)运营规模信息查询,支持查询互联网租赁自行车企业可提供的车辆数、车牌号。

(4)支持对电子围栏信息的查询,互联网租赁自行车电子围栏入栏率应≥90%。

2)车辆运行信息管理

车辆运行信息管理主要具备以下功能:

(1)监测互联网租赁自行车禁停区、互联网租赁自行车禁骑区是否有车辆;对停放在互联网租赁自行车禁停区、骑入互联网租赁自行车禁骑区的车辆预警、报警、控制的功能。

(2)实时监测车辆的运行状态,包括车辆位置、行驶状态、被预约、空闲、故障等。

(3)对车辆的运行轨迹进行监控,按时间周期采集车辆位置信息,最大时间间隔1min;按骑行距离周期采集位置信息,最大距离间隔100m。

3)运营信息管理

运营信息管理主要具备以下功能:

(1)支持按照行政区划、时间段等维度统计分析,内容包括订单数据、车辆情况、周转率等。

(2)支持日报、周报、年报等周期性分析报告的生成及发布。

(3)支持大数据分析功能。

4)服务质量信息系统

服务质量管理主要具备以下功能:

(1)车辆完好率统计,包括车辆的报修、车辆的日常维护和检修。

(2)用户投诉统计,包括投诉内容、投诉率等。

(3)用户满意度统计。

5)用户信用记录

企业运营平台应记录用户违规停车等不良行为和用户被执法部门处罚记录,出现不良行为的用户应扣除一定信用分,并向互联网租赁自行车行业管理大数据平台传输用户信用信息。行业管理部门通过行业管理大数据平台对企业运营平台发送信息,可限制违法人员等特殊条件的用户租用车辆,并可在设置电子围栏的区域查询未停车入栏的用户。

2. 监管平台案例

以杭州市为例介绍城市层面的监管平台。2017 年 12 月,杭州市共享单车监管平台(图 2-17)正式上线运行。该平台有日常监控、决策支持、信息查询、移动端监控、信用评价和押金账户信息六大系统。监管平台通过接入共享单车 GPS 等数据信息,可实时显示车辆位置、使用情况,也可据此进行大数据分析,对重点区域进行预警、动态调控等。目前,杭州市的共享单车监管平台对各运营公司的数据采集有两种方式:一种是各家企业将单车信息主动对接至监管平台,另一种是监管人员通过巡街抽查,补录数据。

通过互联网租赁自行车行业大数据管理平台,监管人员可以实时监控各个区域的共享单车使用状况,展示不同范围区域内的共享单车总数以及各共享单车运营企业的投放数量,并且可以实时显示车辆使用或者未使用状态及位置,还可以用图谱展示各共享单车运营企业车辆数量、健康状况、骑行率、骑行次数、活跃车辆曲线和周转率等统计指标,使管理部门实时掌控各共享单车运营企业的运营状况和主要指标,从而为政府对共享单车投放数量进行总量控制、考核单车企业服务质量提供科学依据。

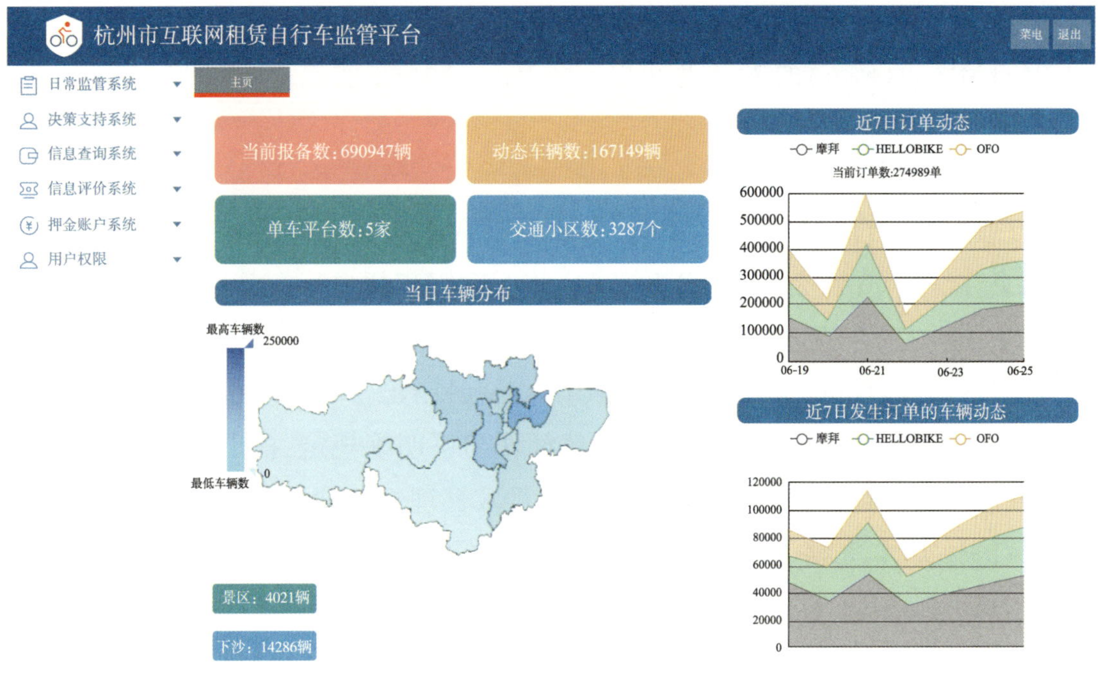

图 2-17　杭州市互联网租赁自行车监管平台

第五节　互联网租赁自行车发展的政策制度环境

一、管理体制

目前,国家层面,互联网租赁自行车由交通运输部牵头负责指导全国互联网租赁自行车管理;省级层面(不含直辖市),基本由交通运输部门牵头负责,但管理职责均未在其“三定”方案中予以明确;城市层面,在当地实施意见中,明确由交通运输部门牵头负责的有北京、上海、天津、广州、深圳、杭州等 40 个城市,明确由住建(城管)部门牵头负责的有福州、厦门、南昌、昆明、海口、南宁等 28 个城市,济南则由公安交管部门牵头负责。各级管理部门均未设立专门管理机构开展行业管理工作。

二、地方政府实施意见(方案)制定

《指导意见》发布后,各地遵循《指导意见》提出的指导思想和基本原则,因地制宜地制定实施方案,推动《指导意见》落地实施。省级层面(不含直辖市),河北、陕西、新疆、黑龙江 4 个省(自治区)出台了互联网租赁自行车实施意见(方案),

浙江、辽宁、吉林、安徽、江西5个省份发文转发了《指导意见》;城市层面,有涉及25个省(自治区、直辖市)的72个地级以上城市正式印发了实施意见(方案)。

三、法规建设

互联网租赁自行车为新生事物,国家层面尚未制定专门法规。地方层面,北京、南京、武汉、宁波、太原、嘉峪关等城市将互联网租赁自行车管理纳入当地新制(修)订的非机动车管理、道路交通安全管理、文明行为管理、市容和环境管理等地方性法规或政府规章。例如,北京市2018年9月新出台的《北京市非机动车管理条例》,对互联网租赁自行车的投放与停放作出了明确规定,提出实施总量调控,要求互联网租赁自行车经营企业按照交通行政管理部门的要求投放车辆,并将相关运营信息实时、完整、准确地接入北京市互联网租赁自行车行业监管和服务平台。南京市在2019年1月将互联网租赁自行车管理纳入新修订的《南京市道路交通安全条例》,规定从事互联网租赁自行车经营的企业,应当符合国家、省和本市有关规定,按照指定地点、数量有序投放车辆,履行车辆停放管理责任,采取电子围栏等综合措施,有效规范用户停车行为,并及时清理违规停放、存在安全隐患、不能提供服务的车辆。非机动车未按照规定停放的,由城市管理行政主管部门依法拖移至指定地点停放。互联网租赁自行车经营企业应当将企业基础信息、车辆运营等信息接入市交通运输行政主管部门监管平台。鼓励从事互联网租赁自行车经营或者公共自行车租赁的企业为用户购买人身意外伤害险和第三者责任险。上海、广州、深圳、厦门等城市正在研究制定互联网租赁自行车管理专门法规,为开展行业监管提供法律保障。

四、相关标准

为提升互联网租赁自行车规范发展水平,国家标准委正组织对《自行车安全要求　第1部分:术语和定义》《自行车安全要求　第3部分:一般试验方法》等相关国家标准进行修订,拟将互联网租赁自行车有关要求纳入上述标准,以保证投放车辆的性能安全。中国通信工业协会、中国信息通信研究院等单位于2017年相继发布了《基于物联网的共享自行车应用系统总体技术要求》(T/CA 001—2017)、《共享单车电子围栏技术要求》(T/MIOTA)两项团体标准,有利于从用户应用终端、企业管理平台、自行车功能3个角度对互联网租赁自行车的系统设计、研发生产和运营过程进行规范。上海市自行车行业协会联合天津市自行车电动车行业协会于2017年7月发布了《共享自行车》(T/BIKE 001.1—2017)和《共享自行车服务规范》(T/BIKE 002—2017)两项团体标准。

五、相关配套文件

国家层面,为加强互联网租赁自行车等交通运输新业态用户押金和预付资金管理,防范资金风险,2019年6月印发了《交通运输部　人民银行　国家发展改革委　公安部　市场监管总局　银保监会关于交通运输新业态用户资金管理办法(试行)》。城市层面,为落实和细化实施意见有关要求,有涉及15个省(自治区、直辖市)的17个地级以上城市出台了运营服务质量考核、规范停放秩序、行业信用信息管理等配套文件。北京、天津、广州、深圳、成都、厦门等城市政府制定了相应的停放设置规则或技术导则,包括停放区设置要求、停放区设置形式、停放设施等方面。

第六节　互联网租赁自行车发展评价体系

一、评价的目的和意义

互联网租赁自行车作为城市绿色出行的重要组成部分推动着城市改善骑行环境,扭转了20多年来自行车出行分担率不断下降的趋势。为进一步鼓励各地在城市交通规划和政策制订过程中充分考虑这一交通方式,本节以骑行大数据为参考,采用城市骑行指数作为评估指标,通过对互联网租赁自行车使用水平、节能减排水平、健康贡献水平、停车设施水平、服务环境水平和社会文明水平6个方面的综合评价,实现对城市互联网租赁自行车发展水平的评价。对主要城市互联网租赁自行车骑行情况的集中梳理和数据研究,对透视我国城市慢行交通发展现状、追踪互联网租赁自行车行业发展、推动智能绿色城市建设事业起到参考作用。骑行指数评价指标体系构建过程如图2-18所示。

二、评价体系构建

采用德尔菲法进行城市骑行分析指标的筛选。首先初步设置8个方面的一级指标,每项一级指标下分设2~3项二级指标,共设19项二级指标(表2-1)。

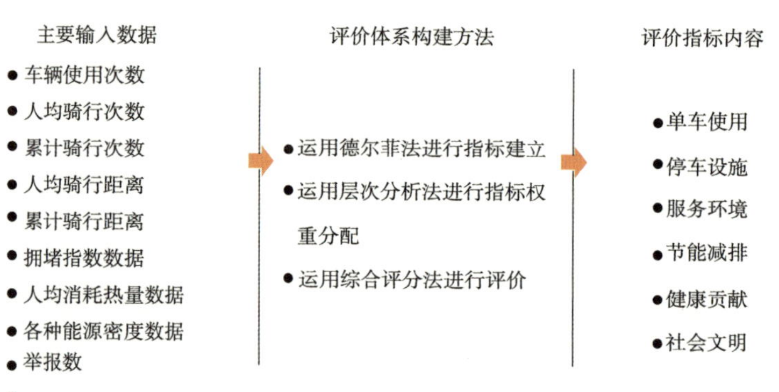

图 2-18 骑行指数评价体系构建过程

城市骑行指数评价指标体系初步设计 表 2-1

一级指标	二级指标
设施配置 A1	B1:自行车专用道设置率(%)
	B2:公共交通站点 50m 半径范围内自行车停放设施配置率(%)
政策支持 A2	B3:管理体制完善度(0,3,5)
	B4:管理办法完善度(0,3,5)
	B5:安全保障体系完善度(0,3,5)
使用水平 A3	B6:每万人拥有互联网租赁自行车数量(辆/万人)
	B7:互联网租赁自行车出行分担率(%)
	B8:人均骑行距离(km/人)
	B9:人均骑行时间(h/人)
	B10:车均使用次数[次/(d·车)]
车辆破坏 A4	B11:恶意破坏车辆比例(%)
	B12:违规停车比例(%)
	B13:私自占有车辆比例(%)
拥堵缓解 A5	B14:高峰时段机动车运行速度(km/h)
节能减排 A6	B15:日均污染物减排量(t)
	B16:日均 CO_2 减排量(t)
健康贡献 A7	B17:人均热量消耗
骑行意识 A8	B18:互联网租赁自行车骑行满意度(%)
	B19:低碳意识普及率(%)

然后利用层次分析法尝试建立主要城市骑行指数评价指标体系,经专家评估、实地调研及试评价等过程,最终确定 16 个具体目标对城市骑行水平进行评价,并通过专家评定来校验评价结果。最后构造判断矩阵,通过专家打分的方式

进行权重分析及一致性检验，建立城市骑行指数评价体系（表2-2）。

城市骑行指数评价指标体系设计　　表2-2

一级指标	分值	二级指标	分值
停车设施水平 B1	20	公交接驳状况 C1	10
		停车优惠状况 C2	5
		推荐停车点 C3	5
政策环境水平 B2	15	管理体制健全程度 C4	5
		政策管理办法健全程度 C5	5
		安全保障健全程度 C6	5
社会文明程度 B3	15	恶意破坏车辆比例（万车破坏率）C7	5
		违规停车（含不锁车）比例（万车破坏率）C8	5
		私自占有车辆比例（万车破坏率）C9	5
单车使用水平 B4	20	平均骑行距离 C10	5
		平均骑行次数 C11	5
		平均骑行时间 C12	5
		单车平均使用次数 C13	5
节能减排水平 B5	20	污染物减排贡献度 C14	10
		CO_2减排贡献度 C15	10
健康贡献水平 B6	10	热量消耗水平 C16	10
总分	100		

第七节　效益评估

互联网租赁自行车发展产生的三方面效益，主要体现在：方便快捷，缩短了出行时间及出行成本，产生交通效益；互联网租赁自行车在解决产能过剩行业工人再就业以及贫困地区劳动力就业等方面产生经济效益；互联网租赁自行车服务系统可以促进自行车保有量和停车用地的减少、站点周边土地商业价值的提高以及健身设施投入的减少等，提升使用者健康，提升城市活力，改善空气质量，产生社会效益。

交通效益是最直接、最基本的效益，是实施互联网租赁自行车交通系统的核心利益，是经济效益和社会效益的基础，能够促进和发展经济效益，带来广泛的社会效益；经济效益是实施互联网租赁自行车交通的物质基础，是交通效益和社会效益的直接推动力，只有鼓励企业获取经济效益，才有建设、维护管理系统的动力；社会效益的提高，促使管理者在政策上、资金上积极引导支持项目的发展，吸引更多人使用互联网租赁自行车,提高了交通效益。交通效益、经济效益、社会效益三者相互作用、相互影响,具有一定的协同关系,三者的协调发展将促进互联网租赁自行车交通系统逐渐趋于理性健康发展。

一、交通效益

随着人口不断增加,城市外延不断扩大,人们的出行范围逐渐变大,花费在路上的时间越来越多,快节奏的城市生活,使得人们对时间愈加重视。为此,在不增加出行成本的前提下,尽量选择合适的出行方式以期缩短出行时间成为人们的首要选择。

《美国交通手册》认为,乘客到公共交通站点所能容忍的合理步行距离是 1km 左右,而在我国,由于道路条件和站点布局的限制,居民实际的步行容忍距离要大于 1km。以自行车车速为 15km/h 计算,5min 的行程约为 1.25km,与我国居民能容忍的步行距离较接近。调查显示,骑行距离在 5min 行程距离内的,有超过 98% 以上居民通过步行方式代替;而 5min 以上的行程由于距离较远,之前的替代方式包括私人自行车、公交车、出租汽车、助力车、摩托车、小汽车等多种形式。

选取北京、上海、广州、深圳 4 个城市的骑行订单量与高德拥堵延时指数进行相关性分析发现,两者呈显著的负相关关系,北京拥堵缓解效果最为明显。如图 2-19 所示。

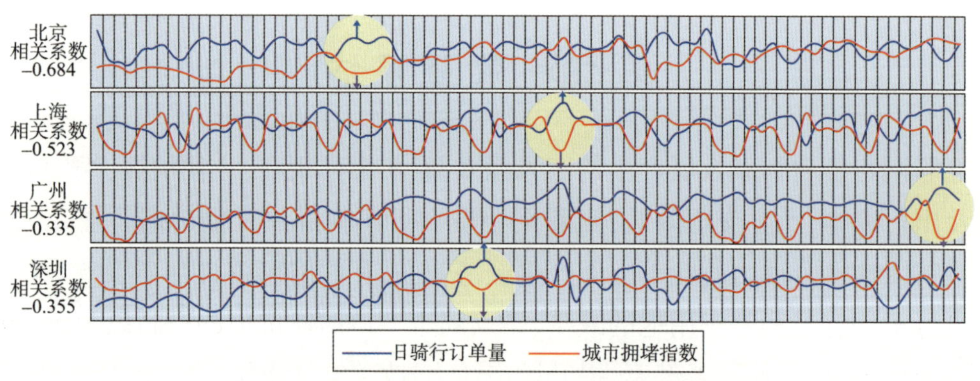

图 2-19 一线城市日骑行订单量与拥堵延时指数

以北京市小汽车平均出行距离 13.2km 为例,互联网租赁自行车 + 地面公交较步行 + 地面公交提升效率约 18.6%;互联网租赁自行车 + 地铁较全程私家车提升效率约 17.9%;互联网租赁自行车 + 地铁较步行 + 地铁提升效率约 15.8%。如图 2-20 所示。

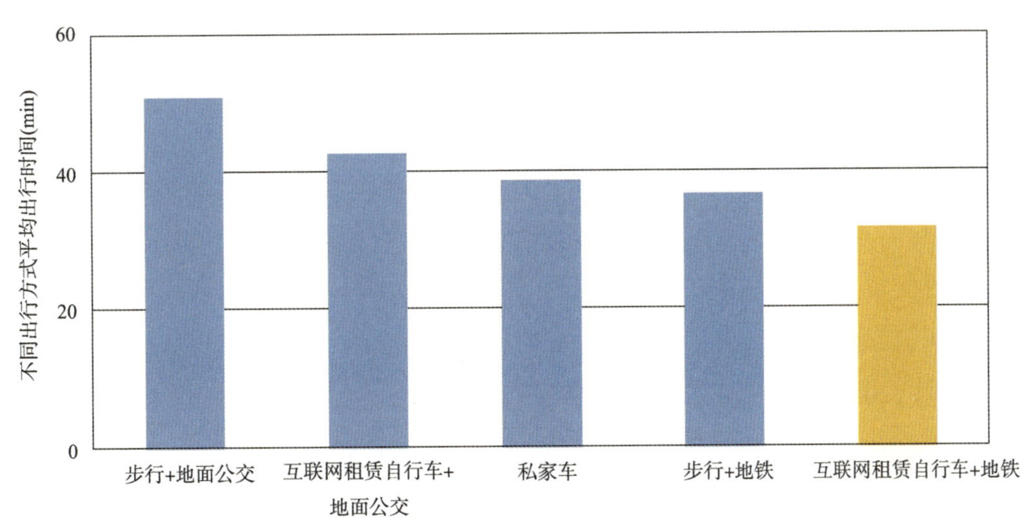

图 2-20　多种出行方式平均出行时耗

从用户总骑行时间统计得出，2017 年互联网租赁自行车共减少 4 亿 h 拥堵时间，约合 161 亿元拥堵成本。

二、经济效益

互联网租赁自行车的经济效益是指运营过程中，在一定时期内，对运营区域内社会、经济等方面产生的影响和作用。在我国，互联网租赁自行车带来的直接经济效益主要体现在拉动就业、提高城市空间经济活力和促进信息服务产业等方面。

1. 拉动就业

据国家信息中心对全国 20 多个城市的互联网租赁自行车平台企业和相关关联企业调研发现，互联网租赁自行车发展已形成了一条各环节紧密衔接的产品、服务供应链条，带动了自行车制造、锁具制造、物流配送、运维服务等多个传统产业发展。在带动就业的人群中有大量岗位不需特殊技能即可胜任，为钢铁、煤炭去产能行业安置的流转员工，以及其他就业困难群体提供了大量工作机会。

2. 提高城市空间经济活力

互联网租赁自行车为居民实现家庭、公共交通工具、中转地点、工作地点之间的出行衔接提供了便捷途径，增加了城市生活的流动性和经济活力。一方面拓展了公共交通站点的服务范围，让居民对生活圈和工作圈的选择范围更加广泛。另一方面,互联网租赁自行车在逐渐集成到城市综合交通系统的过程中,日益成为居民日常交通出行方式,并增加了城市生活的流动性。

3. 促进信息服务产业

一方面,互联网租赁自行车对用户出行习惯的改变和综合技术的应用,刺激信息服务的需求。2017 年互联网租赁自行车拉动信息服务消费 69 亿元。另一方面,互联网租赁自行车依托平台导流线上线下全方位业务,引导扩展"信息 + 消费"新空间,拉动"信息 + 消费"32 亿元。

据统计,2017 年,中国互联网租赁自行车为全社会带来 2213 亿元的经济社会影响,拉动就业 39 万人次,拉动信息消费新增长 101 亿元。

三、环境效益

与机动化交通方式相比,互联网租赁自行车在使用时零排放,并且几乎没有噪声,所产生的环境效益,直观上讲,是通过改变人们的出行及其他行为模式带来的碳排放和污染物排放的减少以及降低噪声等方面来实现。实际上,因互联网租赁自行车带来的多方面的便利性等间接影响也带来环境效益,如减少机动车行驶里程、减少道路交通压力、缓解交通拥堵等,这些都将带来节能减排效益。由于计算上的复杂性,目前,尚未对互联网租赁自行车的污染物减排量进行研究,因此,环境效益测算主要体现在碳减排上。

国际上现行的碳排放核算方法主要有"自上而下"和"自下而上"两种核算体系。"自上而下"法的适用条件是统计基础较好、数据质量较好,尤其是燃料消耗统计较好,因此更适用于国家层面宏观的测算;"自下而上"法则适用于统计基础,尤其是燃料消耗统计较差的领域,主要依据实际活动水平来计算。目前,我国针对互联网租赁自行车的碳排放减少研究较多,但尚未形成国家统一的测算标准。从理论上讲,采用"自下而上"的方法更可靠、更准确。在此,总结列出国内外 4 种测算温室气体排放的方法供参考,见表 2-3。

具体到互联网租赁自行车的减排量核算可以借鉴国际 CDM 认证的关于快速公交项目的方法论,首先采用情景分析法确定碳排放影响因子,计算用户在不使用互联网租赁自行车的情况下,使用私人小汽车、出租汽车、公共汽电车、地铁等交通方式的碳排放影响因子,然后采用问卷调查与骑行数据相结合的方法对基准情景下的碳排放进行估算,最后计算得到碳减排量。

国际碳排放核算方法、标准及适用范围　　表 2-3

视角	方法	标准	适用范围
基于国家或地区等行政区域	清单核算法(IPCC 法)	IPCC《国家温室气体清单指南》、欧盟 EMEP/CORINAIR《大气排放数据库指南》等	国家或地区、行业或部门、企业或组织、项目、产品
基于项目	联合国清洁发展机制(UNFCC-EB,CDM)和中国自愿减排(CCER)方法学	UNFCC-EB, CDM; ISO 1064/ISO 14067	城市范围内运营、企业或组织的项目
基于企业或组织	环境投入产出法(EIO)	WRI 和 WBCSD 的企业核算 GHG 协议	国家或地区、行业或部门
基于产品	生命周期法(LCA)	PAS2050: 2008、WRI 和 WBCSD 的产品生命周期标准、ISO 14067、日本 TSQ0010	企业或组织、产品

本章参考文献

[1] 王风雷,秦会斌,崔佳冬. 共享单车服务器及客户端设计与实现[J]. 物联网技术,2018,8(2):57-60.

[2] 北京交通发展研究院. 北京交通发展年报(2017)[R]. 北京:北京交通发展研究院,2017.

[3] 北京交通发展研究院. 北京交通发展年报(2018)[R]. 北京:北京交通发展研究院,2018.

[4] 北京交通发展研究院. 北京交通发展年报(2019)[R]. 北京:北京交通发展研究院,2019.

[5] 南京市交通运输局.《南京市互联网租赁自行车经营服务评价成果报告》[R]. 南京:南京市交通运输局,2018.

[6] 中华人民共和国国家质量监督检验检疫总局. 城市公共自行车交通服务规范:GB/T 32842—2016 [S]. 北京:中国标准出版社,2017.

[7] 天极网. "摩拜单车新功能上线,无需扫码,打开蓝牙即可解锁单车" [EB/OL]. [2018-07-23] (2020-08-7). https://baijiahao.baidu.com/s?id=1606773020224054585&wfr=spider&for=pc.

[8] Bullock C,F Brereton,S Bailey. The economic contribution of public bike-share to the sustainability and efficient functioning of cities[J]. Sustainable Cities & Society,2017(28):76-87.

[9] 吴洪洋,杜光远,尹志芳. 城市慢行交通系统[M]. 北京:人民交通出版社股份有限公司,2016.

[10] 王涛. 共享单车与城市空间的融合[EB/OL]. [2018-05-23](2020-08-7). http://www. yidianzixun. com/article/0J7oykAA.

[11] Chen T D,K M Kockelman. Carsharing's life-cycle impacts on energy use and greenhouse gas emissions [J]. Transportation Research Part D: Transport and Environment,2016(47):276-84.

[12] Jacobson S H,D M King. Fuel saving and ridesharing in the US: Motivations, limitations,and opportunities [J]. Transportation Research Part D: Transport and Environment,2009,14(1):14-21.

[13] Mateo-Babiano I, R Bean, J Corcoran, et al. How does our natural and built environment affect the use of bicycle sharing? [J]. Transportation Research Part A: Policy and Practice,2016(94):295-307.

[14] Yu B, Ma Y, Xue M, et al. Environmental benefits from ridesharing: A case of Beijing[J]. Applied Energy,2017,191(APR. 1):141-52.

[15] 夏一玮,王智昊,杨彦如,等. 2019. 关于共享单车碳减排量核算的研究:一个文献综述[J]. 中国商论,2019(21):23-24.

[16] CDM Approved consolidated baseline and monitoring methodology ACM0016: Mass Rapid Transit Projects(version 03. 0. 0)[EB/OL]. http://www. un. org/sustainabledevelopment/blog/tag/unfccc/.

第三章　汽车分时租赁

第一节　定义与特点

一、发展现状

同样是共享出行模式，相比互联网租赁自行车爆发式的增长，汽车分时租赁受到生产复杂、成本较高、汽车牌照有限等限制，没有形成巨大规模。根据艾瑞咨询发布的《2019 年中国分时租赁行业研究报告》，截至 2019 年 2 月，我国已注册的分时租赁企业及单位超过 1600 家，实际投入运营的企业超过 100 家，整体市场规模达 28.5 亿元，竞争环境较为激烈。根据《中国城市客运发展报告（2018）》统计，截至 2018 年底，国内投入分时租赁经营的车辆总数超过 20 万辆。

汽车分时租赁进入中国市场的时间点正好是国内新能源汽车起步阶段，且新能源汽车在使用成本上比燃油车更具经济性，同时一些企业希望通过分时租赁推广自身的新能源车型，所以新能源车型成为中国分时租赁市场的主导车型，市场上 90% 以上的分时租赁汽车均为新能源汽车。

资本的追逐一度使得分时租赁"蓬勃发展"。截至 2018 年 12 月，分时租赁企业共完成融资超 30 笔，其中过亿人民币的融资有近 10 笔，投资方的身影中不乏蚂蚁金服等巨头企业。在这样的大背景下，途歌（TOGO）、首汽智行（GoFun）、有车出行（Urcar）、马上用车（PonyCar）、立刻出行（LIKE）、神州共享车（iCAR）等项目在过去几年中迅速落地。分时租赁市场的竞争愈加激烈，但是很快就到了行业的变革期，陆续有分时租赁平台陷入资金链断裂、押金难退的困境，例如 EZZY、麻瓜出行、途歌(TOGO)等。2019 年,知名德国汽车企业戴姆勒集团旗下分时租赁品牌 Car2go 宣布退出重庆市场,这是 Car2go 在中国唯一运营分时租赁的城市。Car2go 的退出,掀开了中国分时租赁市场"虚假繁荣"的现状,揭示出目前行业内没有一家企业实现盈利的残酷现实。造成这种结果的原因,一是投资者过去对分时租赁市场预估值偏高,二是部分从业者数据掺杂过高的水分影响了行业的健康发展。

截至 2020 年 3 月,仍在维持运营的主要分时租赁企业基本情况见表 3-1。

主要分时租赁企业基本情况(2020 年 3 月)　　表 3-1

序号	企业名称	运营城市数量(个)	车辆数量(万辆)	注册会员	服务模式	主 要 车 型
1	环球车享(EVCARD)	64	5	600 万	固定站点	北汽 EV/EC、奇瑞 EQ1
2	首汽智行	84	4	1200 万		北汽 EV/EC、奇瑞 EQ1、江淮 iev4
3	华夏出行	49	4	350 万		北汽 EV/EC
4	联动云租车	50 +	5	—		
5	盼达用车	10 +	2	—	固定站点	力帆 330EV 等纯电动车
6	微公交	1	0.3	—	固定站点	康迪纯电动汽车

二、起源与定义

1.起源

分时租赁的概念和实践均起源于欧洲,历史上首次出现分时租赁或汽车共享方案的是成立于 1948 年的瑞士苏黎世合作社。这个组织在瑞士成立了"自驾车合作社",其理念为当合作社的某个会员用完车后,便将车钥匙交给下一个使用者。随后发展如下:

1960—1970 年,随着汽车电子系统在汽车上运用,汽车共享得以继续缓步发展。

1970—1980 年,汽车共享项目出现了系统性服务,如法国的 ProcoTip 系统和荷兰的 Witkar 项目,但最终由于各方面的限制而被放弃了。

1980—1990 年,是"分时共享"真正扎根的时代。在瑞士、德国、瑞典、荷兰、加拿大和美国这些发达国家,汽车共享项目缓慢但是持续发展,主要由非营利机构运营。

1990—2010 年,出现一批大型商业分时租赁公司,如 Autolib、City Car Club、Greenwheels、JustShareIt、Stadtmobil、Zoom 以及 Zipcar 等。

2010 年至今,分时共享持续发展,汽车公司纷纷进入该领域,使用自己生产的传统汽车和电动汽车来运营项目,诸如戴姆勒的 Car2go 项目、宝马的 On Demand 项目、雷诺的 Twizy Way 和丰田的 CMOS,分别运用(电动)Smart、Active E、Twizy 和 CMOS 等纯电动汽车进行实证研究。

2. 定义

近年来,随着"互联网 +"概念的深入和行业创新的发展,分时租赁(又称汽车共享)成为租车行业新兴的一种模式。汽车分时租赁,是租赁商以使用时间和/或行驶里程为计价单位,使用 9 座及以下小微型客车,利用移动互联网、物联网、全球定位等信息技术构建网络服务平台,并依托网络服务平台向消费者提供的自助式汽车租赁服务。相应的纯电动汽车分时租赁则是以纯电动汽车(新能源汽车)为载体,满足用户分时租赁需求的形式。

三、特点与定位

1. 特点

汽车分时租赁主要的特点包括以下 4 点:

(1)分时共享。一辆汽车在不同时间段分别给不同用户使用,鼓励短时用车、衔接式用车,最大化车辆在城市中的使用效率。

(2)按需付费。按个人用车时间和里程付费,降低了出行成本,减少了购车成本及保险费、维修费等费用。

(3)全程自助。充分体现了对车联网、互联网、移动互联网等技术集成应用的特质,用户可以通过手机、网络等多种方式,自助完成注册、预约、取车、用车、还车以及结算支付全过程。

(4)随借随还。随时租赁、用完即还,在居民较集中的社区、街道,短时、临时出行较多的机关、科技园区、高校、交通枢纽等地建设租赁点,形成网络化借还地点,更贴近客户,方便使用。

除了上述的特点以外,纯电动汽车分时租赁还有绿色零排放的重要特点,而这也是北京、上海等特大城市的行业主管部门较为重视和鼓励纯电动汽车分时租赁行业发展的最主要的原因之一。

2. 定位

汽车分时租赁是城市客运交通的组成部分，其在传统汽车租赁业的服务模式、技术、管理等方面的创新，改善了用户体验，丰富了服务形式，在特定区域、特定时间可以对城市公共交通形成有益的补充，为城市出行提供了一种新的选择，有助于减少个人购车意愿，一定程度上缓解城市私人小汽车保有量快速增长的趋势，同时推动新能源汽车的使用。

当前城市道路资源不堪重负，停车泊位紧缺，各地陆续出台不同形式的“限牌限号”政策使得私家车不可能无限制地扩张。“摇号”政策出台后，机动车高速增长得到有效抑制。随着居民消费观念的改变，越来越多的人对于拥有汽车和使用汽车的看法发生了变化。很多年轻一代的人慢慢地接受了租车使用。

租车是交通行业一种典型的“共享经济”模式，这种模式可以为人们出行带来更低的成本，所以在一线城市，“租车”将成为市民选择出行时的重要方式之一，汽车使用由拥有权向使用权的转变将成为常态。长租是目前租赁市场的主流，占了整个市场70%的份额。随着短租市场的加速启动，长租市场的份额将呈逐年下降趋势，但仍占汽车租赁市场的较大份额。在短租中，分时租赁模式由于其灵活性和便捷性将发挥重要角色。

根据德国相关机构研究成果(图3-1)，分时租赁模式适用于百公里内不同层次的距离出行，分时租赁方式包括自由流动式汽车共享(One way)与固定站点式汽车共享(Carsharing)两种模式，在短距离出行交通工具中，灵活程度比公共自行车以及公交、地铁等都要高。

图3-1 分时租赁与传统公共交通模式在城市交通中的对比图

在我国一线城市如北京、上海、广州、深圳等，百公里内用户出行需求可以分为4个层次：一是0~5km的短途交通出行方式，包括公交、地铁、公共自行车、出租汽车以及分时租赁车辆；二是 5 ~ 40km 的交通出行方式，包括出租汽车、专车和分时租赁车辆，在此范围内出租汽车利润最丰厚；三是 40 ~ 100km 的出租汽车和分时租赁车辆等；四是 100km 以上的公共交通出行方式，主要包括日租车以及少量的租赁车辆。受“摇号”限制以及密集新能源车利好政策的出台，当前新兴的分时租赁企业均选择电动汽车开展分时租赁业务，压力主要来自基础设施建设成本：首先是租赁网点充电停车位资源及车位租赁费用。电动汽车续航里程受限，运营车辆日均至少充电一次才可以保证正常的运转，车辆充电运营成本高。其次是租赁网点大规模建设成本。大规模铺设网点会产生大量成本，租赁网点的覆盖范围和密度会影响客户的使用，包括客户异地还车以及停车充电问题，难以增加客户使用的黏性。因此，电动汽车分时租赁模式更加适合面向 5 ~ 40km 的出行人群。

综上所述，根据分时租赁模式“分时共享、按需付费、全程自助、随借随还”的特点，电动汽车分时租赁行业定位于倡导个性化和低碳出行，在人口高度密集、停车资源紧缺的大型或特大型城市，租赁企业在城区均匀布设租赁网点，借助互联网及移动互联网平台，为出行距离在 5 ~ 40km、年龄段在 20 ~ 45 岁的出行人群提供“固定站点式”或“自由流动式”的纯电动汽车自助租赁服务，是城市公共交通的有效补充。可概括为：与其他城市客运形式实现差异化服务，错位经营，满足公众个性化通勤、商务和休闲的短途自驾出行需求。

四、组成要素

1. 分时租赁车辆技术要求

1）基本要求

运营车辆应满足以下要求：

（1）由整车生产企业制造，符合《纯电动乘用车　技术条件》（GB/T 28382—2012）的要求。

（2）符合所在城市环保标准，并进入新能源小客车备案目录。

（3）鼓励使用 4 座及以下紧凑车型。

2）车身

车身应具备明显的分时租赁运营车辆标识。

3）车内环境

车内装饰材料应易于清洗、消毒。车内装饰用品应使用无毒阻燃材料，符合

《汽车内饰材料的燃烧特性》(GB 8410—2006)的要求。

4)空调装置

车辆应装有空调装置,具备车内通风、换气、空气过滤和冷热风功能。

5)车况

待租运营车辆剩余续航里程应不低于50km。

2. 分时租赁智能终端设备

分时租赁智能终端设备应满足以下功能要求:

1)车辆控制

应通过远程通信或短程通信技术实现无钥匙开关车门功能。

2)设备维护管理

应能够以远程或本地等方式对租赁终端进行维护和管理。

3)数据采集

租赁终端采集的数据应包括企业运营平台所需要的相关数据。

租赁终端采集的信息应包括车门、车窗、运行状态等信息。

4)数据存储

数据存储应符合以下要求:

(1)租赁终端应将采集到的信息数据保存在内部存储介质中。

(2)租赁终端内部存储介质容量应满足至少7d的内部数据存储。当租赁终端内部存储介质存储满时,应具备内部存储数据的自动覆盖功能。

(3)租赁终端内部存储的数据应具有可查阅性。

(4)当租赁终端断电停止工作时,应能完整保存断电前保存在内部介质中的数据不丢失。

5)物理安全

租赁终端在安装、维护时应避免改变车辆本身的电器结构与布线,避免因设备的安装对车辆、驾乘人员形成安全隐患,宜在车辆出厂前安装。

3. 分时租赁移动端应用

分时租赁移动端应用应具备以下功能:

1)用户注册

新用户可方便地利用移动端应用实现注册,待后台确认通过后即可进行电动汽车分时租赁。应提供分时租赁企业与用户签订电子合同的功能,合同内容应满足《汽车租赁经营服务规范》(DB11/T 475—2014)9.3 节的要求。

2)下单

应实现选定车辆、提交订单并得到后台反馈等功能。

3)开落锁控制

应在租车用户提交订单成功后实现对车门的开锁和落锁控制。

4)近场通信

在正常通信信号弱或不稳定的环境下,移动端应用应能通过短程通信(如蓝牙、NFC 等)或其他技术方式与租赁终端进行通信。

5)费用结算

应具备预先计价功能。

应具备分时租赁订单结算与支付功能。

应具备显示租赁订单明细(包括计费标准、用车里程、用车时长、订单总额、实付金额)等功能。

宜具备在地图上展示用户历史行车轨迹的功能。

6)车辆信息服务

应在用户租车时提供以下车辆信息展示功能,包括车辆位置信息、车型/车牌号信息、充放电状态信息、续航里程、剩余电量信息和网点信息(包括可用车辆数量、停车位、充电桩数量)等。

7)其他信息服务

应为用户提供以下基本信息展示功能,包括计费标准信息、用户个人注册信息和客服信息、应用程序版本号等。

8)应用版本

应提供 iOS 和安卓等版本。

应在互联网信息办公室已注册的互联网应用商店提供下载。

4. 分时租赁企业运营平台

1)功能要求

(1)用户身份识别、校验与管理。在用户注册时提供身份信息进行识别与校验,并建立相应的用户数据库进行管理。

(2)车辆调度与管理。主要包括车辆营运状态监测、车辆调度、车辆维修和充(换)电。

车辆营运状态监测:包括行驶状态、被预约、空闲、充电、维修等状态。

车辆调度:运营后台可根据用户需求和对运营数据的分析实现对车辆调度的安排。

车辆维修和充(换)电:运营后台可根据车辆工作状态与剩余电量数据实现对车辆维修和充(换)电的安排。

(3)网点管理。企业运营后台应具备网点管理功能,如网点信息更新后及时推送至移动端应用。

宜具备网点间运营车辆数量优化调度功能。

(4)订单费用计算。在用户完成分时租赁订单后,平台应根据用户具体订单的里程和时长计算出订单应付金额和实付金额,并及时发送至移动端应用通知用户。

(5)事故处理与救援服务。应根据用户报告或系统自动监测到的低电量预警信息、车辆故障信息或事故信息安排及时的处理。

(6)客户服务。应提供 7×24h 的客户服务,满足故障申报及处理、客户业务咨询和投诉建议等需求。

2)数据接口要求

(1)数据通信方式。分时租赁企业运营平台与政府监管与服务平台在线数据交换应采用可靠的网络传输方式,应提供备份传输机制。离线数据交换采用移动存储设备。

(2)与政府监管与服务平台数据交换。分时租赁企业运营平台与政府监管与服务平台应实现数据传输功能,实时或定期向政府监管与服务平台传送符合要求的数据。

数据交换内容包括企业基本信息数据、车辆基本信息数据、网点基本信息、网点实时信息、实时订单信息、车辆卫星定位数据、车辆年检记录、车辆维护记录、车辆修理记录。

通过政府平台核实租赁用户身份信息,实现对租赁用户的身份验证,核对有无违法记录。

(3)信息系统安全要求。分时租赁企业应遵守有关网络安全的法律、行政法规,对运营平台实施有效的信息安全防护,在物理安全、网络通信安全、应用和数据安全、安全管理等方面至少应满足《信息安全技术　信息系统安全等级保护基本要求》(GB/T 22239—2019)中有关的信息系统安全等级保护第二级基本要求,保证系统稳定运行。

5.政府监管与服务平台

1)基础信息管理

应对企业基础信息进行管理,内容包括企业数量、企业备案信息等。

2)运行监测

应具备对分时租赁企业运行监测的功能,内容包括:

(1)企业基本情况监测,如备案车辆数、未备案分时租赁车辆数等数据等。

(2)企业运营情况监测,如车辆租赁率、订单收入、指标兑现率、单车订单收入等。

(3)车辆运行监测,如网点状态展示、车辆轨迹展示、车辆运行热力图、车辆轨迹回放、车辆状态、车辆时空分布等。

(4)行业运行分析监测,如每单平均价格、订单平均时长等。

3)查询和统计

应具备对分时租赁企业运行情况进行查询和统计的功能,内容包括:

(1)备案查询,如备案业户查询、备案车辆查询等。

(2)统计分析,如每单平均行驶里程、平均每单金额、平均每单使用时间、单车日均订单数、上线运营车辆数、上线运营网点数、用户使用频度、日订单数量等。

(3)数据查询,如数据接入情况查询、网点信息查询等。

(4)数据质量,如订单数据质量、车辆卫星定位数据质量,网点信息数据的完整性、实时性、稳定性等。

4)运营企业考核

应具备对分时租赁运营企业进行考核的功能。

5)信息服务

应具备分时租赁企业承租人身份信息核实等功能,包括核实承租人身份信息并将核实后信息发还至企业运营平台等。

6)后台管理

应具备对系统用户角色进行管理等功能。

6.数据接口要求

1)数据通信方式

政府监管、服务平台与分时租赁企业运营平台的在线数据交换应采用可靠的网络传输方式，应提供备份传输机制。离线数据交换采用移动存储设备。

2）与企业运营平台数据交换

数据交换内容包括企业基本信息数据、车辆基本信息数据、网点基本信息、网点实时信息、实时订单信息、车辆卫星定位数据、车辆年检记录、车辆维护记录、车辆修理记录。

根据企业运营平台发送的用户身份核验请求，向公安部门身份验证平台核实身份信息，向企业运营平台返回租赁用户身份核验信息结果，实现对租赁用户的身份验证，核对有无违法记录。

3）信息系统安全要求

分时租赁政府监管与服务平台应实施有效的信息安全防护手段，在物理安全、网络通信安全、应用和数据安全、安全管理等方面至少应满足《信息安全技术　信息系统安全等级保护基本要求》（GB/T 22239—2019）中有关的信息系统安全等级保护第二级基本要求，保证系统稳定运行。

第二节　国内外研究动态

一、行业发展情况研究

罗兰贝格管理咨询公司在2016年发布了《2018中国汽车共享出行市场分析预测报告》，结合世界发展环境，分析了分时租赁在中国发展的必要性和可能性。

同济大学与分时租赁行业代表环球车享（EVCARD）在2018年共同发布了《2017中国新能源汽车分时租赁发展报告》，主要基于环球车享（EVCARD）的数据，深度剖析了分时租赁行业的发展情况。

艾瑞咨询也针对分时租赁行业发展情况进行了研究，发布了分析分时租赁行业特点、发展趋势的《2019年中国分时租赁行业研究报告》，以及分析用户使用特征、典型企业发展经验的《2019年中国汽车分时租赁专题研究报告》。

中华环境保护基金会绿色出行专项基金等出版的《中国共享出行发展报告（2019）》整理了2018—2019年的国内分时租赁行业发展情况、相关政策制定情况，并对分时租赁汽车的外形与内饰进行了研究。

纪雪洪等分析了分时租赁在国内发展经历的各个阶段。

郑赟分析了分时租赁在中国发展的机遇与挑战。

叶雨薇等通过对比电动汽车分时租赁模式与传统租赁及国外分时租赁，了解其必要性、发展现状与前景趋势。同时也对传统租赁企业、电动汽车分时租赁企业及上海市交通委员会进行了访谈，并且发放问卷，了解分时租赁车在市民中的普及度、使用率与意愿性。

二、行业相关技术研究

刘发军等围绕当前车联网发展技术及分时租赁发展趋势，结合分析新能源汽车分时租赁应用场景，研究并提出了分时租赁远程控制技术方法。

谢昳辰综合考虑汽车分时租赁各站点间的车辆调度，建立了运营决策阶段的分时租赁站点投放车辆规模模型。

Goncalo Homem de Almeida Correia 等以分时租赁系统收益最大化为目标函数，建立了分时租赁站点选址模型，并分 3 种情景来讨论，分别为：系统可以任意接受或拒绝用户需求、系统要满足用户所有需求和系统只在有车辆可用时接受用户需求。

Diana Jorge 等在 Goncalo Homem de Almeida Correia 研究的基础上改进模型，在模型中引入需求变化，并设定若干不同程度的需求变化的情景，分别建立了分时租赁站点的选址模型。

Xiaolu Zhu 等提出了一种确定分时租赁站点位置的优化模型，该模型内部存在时空关联性，并通过堆叠自动编码器（SAE）来实现深入学习，通过大数据的试验证明该模型在分时租赁需求预测方面表现显著。

孙欢欢以用户预约的租车时长、取车网点、取车时间和还车网点为影响因素，建立了一个以分时租赁企业利润最大化为目标函数的用户预约分配模型，并在此基础上，分别增加时间优先权和车辆资源优化这两个因素，建立了另外两个用户预约分配模型，用遗传算法对这三个模型进行算例求解后发现模型三的预约分配方案最优，其次为模型一。这些模型可以作为分时租赁企业对预约用车的用户进行车辆分配的一个参考。

王丽敏使用层次分析法（AHP）建立了一个分时租赁站点选址评价的指标体系，并在此基础上确定了各评价指标权重，之后通过模糊综合评价法建立其响应站点选址方案的评价模型，该模型可以为分时租赁站点的选址提供决策依据。

三、行业发展对策研究

朱春节以环球车享（EVCARD）运营数据为例，分析了上海市新能源汽车分时租赁网点分布特征，用户租赁订单距离分布特征、取还车时间分布特征等，提出了上海发展新能源汽车分时租赁的规划策略。

傅彦针对重庆市运营的共享汽车存在的问题，展望共享汽车发展前景，提出了政策、规划、城市管理等方面的对策。

吴敬敬采用文献分析方法、案例研究方法和敏感性分析方法，对重资产运营的B2C共享汽车企业运营模式选择的过程进行了分析。

舒刚等针对途歌（TOGO）公司的运营流程展开分析与研究，对共享汽车企业的自我监管进行需求调研，致力于发现共享汽车在现有商业模式下的监管漏洞，并提出通过技术创新、业务与管理的创新来堵住漏洞，同时提升监管效力。

蒋超逸通过对共享汽车行业现存法律监管问题的分析，探寻适应其行业发展特点的监管思路与监管路径。

第三节　发展政策

一、发展机遇

汽车分时租赁自2011年进入上海，依托政府鼓励绿色出行方式、大力推动新能源汽车发展等政策环境，以及大数据应用、移动支付普及等技术条件，在我国实现稳步发展。

1.政府大力推广新能源汽车

联合国政府间气候变化专门委员会研究表明，造成全球变暖的主要原因是二氧化碳的累积排放，而交通运输行业是世界第二大碳排放行业。面对全球气候变化提出的低碳发展要求，解决日益突出的燃油供求矛盾和环境污染问题，世界各国纷纷将推广新能源汽车作为发展低碳交通的国家战略。

我国也十分重视新能源汽车的推广，在2010年就将其列入七大战略性新兴产业。推广新能源汽车成为我国应对能源安全、气候变化、环境保护和汽车产业转型升级的重要突破口。为推动新能源汽车的发展壮大，我国已颁布一系列新能源汽车政策规划，涉及宏观规划、制造标准、配套设施建设、购买补贴、扶持电价等诸多方面。2018年7月3日，国务院发布了《打赢蓝天保卫战三年行动计划》，再次指出“要大力发展绿色产业，推广新能源汽车，明显增强人民群众的蓝天幸福感”。

然而，目前我国新能源汽车的推广严重依赖政府的扶持，市场的作用先天不足，亟待开发。为了能让人们真正接受新能源汽车，汽车分时租赁是一个很好的途径，使新能源汽车逐渐走进人们的生活。

2. 部分城市施行汽车限牌政策

随着经济的快速发展和生活水平的提高，居民对于出行需求更加渴望，我国汽车产销量飞速增长，已连续 7 年位居世界第一。我国机动车保有量的迅速攀升，给城市发展带来了巨大成本和压力，因此多个城市纷纷出台限制汽车消费的政策措施，其中最主要的政策之一就是限牌。目前实施限牌政策的城市包括北京、上海、广州、天津、杭州、贵阳等，此外还有多个城市计划实施汽车限牌政策。

然而，截至 2017 年底，我国小汽车保有量为 2.17 亿辆，我国小汽车驾驶员为 3.42 亿人。这就意味我国有上亿驾驶员有驾驶证却无小汽车。以北京为例，北京从 2011 年开始施行小汽车限购政策，随着申请摇号人员的增加和车辆指标的减少，至 2018 年 8 月，逾 293 万人参与了当月的 6333 个普通小客车指标摇号，近 36 万人排队等待新能源小客车指标，已排队到 2025 年，“中签”越来越难。汽车分时租赁可满足这部分人群的出行需求。

根据北京市公安局交通管理局统计，截至 2016 年 5 月，全市机动车保有量为 565 万辆，有 1012 万人拥有驾驶证，可以推出有 447 万有驾驶证但是没有车的目标人群。假设 5% 的人有租车出行需求，每人每周需要用车 2 次，则每周需要用车 44 万次，每天用车需求为 6.3 万次。假设每辆车每天被使用 6 次，也至少需要 1 万辆车才能满足北京的市场需求。这也说明汽车分时租赁在我国有很大的发展空间。

我国各城市小汽车限购政策

上海限牌令：上海是国内最早、也是唯一一个对私车牌照普遍实行限制性政策的城市。从 1994 年起，上海开始对中心城区新增私车额度通过投标拍卖的方式进行总量调控。每次拍卖，根据车主出价决定“牌价”，二手车可以带牌转让。经过时间的推移，上海车牌的价格已突破了每个 8 万元，被喻为“最贵铁皮”。

北京限牌令：北京从 2011 年开始对小客车实施总量调控。北京对每月新增机动车上牌额度全部采用摇号制，二手车不得带牌转让。也就是说，如果想要上到北京车牌，得凭运气。有人第一次参与就获得车牌，也有人连续几年都未“中签”。

广州、天津限牌令：或许是汲取了上海、北京过于“一刀切”的教训，广州、天津对机动车号牌新增额度的分配，都采取了“半摇号、半拍卖”制度。这也意味着，花钱或者凭运气，都有可能获得车牌。

广州限牌起始时间为2012年7月1日,天津限牌起始时间为2013年12月16日零时。

贵阳限牌令:2011年7月起,为进一步控制贵阳市老城区小汽车的增长速度,《贵阳市小客车号牌管理暂行规定》开始实施。贵阳市新车入户的小客车,只有通过摇号方式获取专段号牌指标上牌后,才能驶入城区一环线内。

杭州限牌令:2014年3月25日19时,杭州市政府突然召开新闻发布会,宣布从3月26日零时起开始机动车限牌。

深圳限牌令:2014年12月29日18时起,深圳继杭州之后成为第七个限牌城市,有效期暂定5年。

3. 部分城市施行汽车限行政策

在很多人的印象中,限号限行是大城市的专属,但是自2017年以来,全国性的大规模限号限行措施已逐步蔓延。除了北京、河北等重点区域以外,河南、山西、甘肃、湖北等多省份已经在全省开展了限制措施。

多地限号限行燃油车,对新能源汽车而言,释放出了一个有利的政策信号,因为“工信部明确新能源汽车不在限行之列”。从各地出台的具体政策来看,大部分城市规定电动汽车等新能源汽车也不受限。这意味着从中央到地方对于新能源汽车发展的支持都是一致的。

4. 智能手机和移动支付普及

此前曾有数据机构进行过统计,统计显示,中国手机平均保有量超96台/百人,其中北京和上海手机保有量分别达到了194台/百人和137台/百人。另有数据显示,中国智能手机普及率已经达到了58%,而日本仅为39%。可见我国的智能手机普及程度是很高的,甚至超过了发达国家。正因为智能手机的普及,才给移动支付的发展奠定了基础。

移动支付被称为我国的“新四大发明”之一。易观发布的《中国第三方支付移动支付市场季度监测报告2018年第3季度》数据显示,中国移动支付市场的交易规模预计达到43.8万亿元,环比增长11.52%。我国的市场需求、规模、技术以及监管等因素都促成了中国移动支付引领全球的局面。在我国,如今各处都可以使用手机微信或者手机支付宝买单,着实惊叹了不少外国朋友。

尤其是2015年以来,我国鼓励“大众创新、万众创业”,移动互联网、大数据、人工智能等行业快速发展,移动支付渗透到人们生活之中,共享经济也快速发展,以摩拜单车、ofo 为领导者的共享单车迅速壮大,给广大群众的生活带来极大便利,人们也接受了"共享"这一新鲜事物。随着智能手机和移动支付普及,国内开发了很多分时租赁应用。这类移动应用能够让用户方便及时地租赁车辆,蕴含大量商机。

二、发展动力

1. 企业与主机厂深度合作,促进行业健康发展

分时租赁是无人值守自助型车辆租赁模式,企业业务模式决定用户体验,用户体验不佳将导致企业运营陷入困境。当前服务于分时租赁行业的智能终端设备无论是产品设计还是技术装备等都参差不齐。行业实现分时租赁智能终端设备接口技术主要有 3 种方式:一是破线模式,第三方智能终端设备技术服务商通过对车辆 CAN 总线协议的逆向解析获取对车辆的控制权,存在安全隐患;二是并线模式,第三方智能终端设备技术服务商通过安装物理感应器获取对车辆开关门、起动等部分车辆控制权,虽然能满足对车辆的控制,但方式简单粗暴,存在安全风险;三是企业获取主机厂授权,开发智能终端设备并后装至车辆,此种方式虽获取企业授权,但鉴于设备接口依赖于企业主机厂授权,设备可移植性差。

当前,所有出厂的纯电动汽车车辆需满足《电动汽车远程服务与管理系统技术规范 第 2 部分:车载终端》(GB/T 32960.2—2016)的要求,根据分时租赁的技术实现需求,车载终端已经具备大部分分时租赁功能。分时租赁车辆只需要添加部分服务及开放接口协议即可满足分时租赁业务需求。主机厂扩大纯电动汽车市场的需求以及分时租赁行业的健康发展需求将促进主机厂整合分时租赁技术功能,使得支撑纯电动汽车分时租赁的相关技术和接口前装至纯电动汽车车辆,这种方式不仅避免了分时租赁智能终端设备对车辆产生的安全隐患,也有助于扩大纯电动汽车租赁市场,促进纯电动汽车共享经济的发展,进而推动分时租赁行业健康发展。

2. 相关利好政策出台,行业运营模式持续创新

当前所有从事分时租赁企业的停车位资源全部租用私人停车场,无公共停车位资源开展自由流动式分时租赁。影响企业开展自由流动模式的是停车资源及公用(专用)充电桩建设。短期内,受车辆续航里程、充电桩、停车位等资源限制,纯电动汽车分时租赁仍以固定站点模式为主,企业将解决异地还车的相关基础设施资源,由"A 借 A 还"逐步升级成"A 借 X 还"的固定站点间的自由租还的租赁模式,方便用户,提高用车体验。由于出行通勤需求导致的车辆租赁潮汐现象将

成为企业运营面临的重大考验。

分时租赁模式是共享出行的非常重要的特征。分时租赁模式服务于政府公车改革。根据国家关于公车改革的相关政策,政府机关将逐步取消公共用车,因此低成本的分时租赁以及出行需求导致的分时租赁特征将成为首选。新能源汽车分时租赁出行方式集高效、经济、节能、环保为一体,对提高公共交通资源利用率、缓解交通拥堵和大气污染起到了有利的促进作用,对新能源汽车的普及应用也起到了示范作用。公务人员采用新能源车出行将在推广方面,率先垂范,以身作则,发挥政府机构在引领新能源汽车普及方面的积极作用。

3. 监管政策陆续出台,行业资源整合大势所趋

在密集出台的政策刺激下,新能源汽车分时租赁成为各路风投资本蜂拥而入的新领域,企业之间为抢夺市场已经开始价格补贴的混战。当前,全国已经出现百余家从事新能源汽车租赁的企业,这些大多是新企业,从技术、规模到运营能力均参差不齐,传统汽车租赁企业则持观望态度。新企业对租赁行业规律的认知以及新商业模式下的企业管理,都需要时间去培养。

研究指出,从事纯电动汽车分时租赁的企业只有在网点密集、出租率高、智能管理系统足够完善时,才能存活并尽快实现收益。因此,在短期内,新能源汽车分时租赁企业基本不可能实现盈利。一旦企业资金链中断,将无法继续拓展市场,最终企业将被迫退出或者以被收购的形式存在。

新兴企业由于租赁指标的资源限制,使用正规租赁车辆开展分时租赁的成本将增加。企业为降低运营成本,通过租用私家车开展纯电动汽车分时租赁也不无可能。在此前提之下,行业管理部门需要对此问题有所考虑,适度制定分时租赁行业准入法律法规。从长远角度来看,鉴于纯电动汽车分时租赁对资源需求的特殊性,最后发展态势较好的分时租赁企业将具备一定的停车资源以及车辆资源。相关部门有可能重点扶持起几家实力雄厚的龙头企业,或者收购当前部分具有先进发展思路的分时租赁企业,整合资源,实现行业规模化、稳定的发展。

由于分时租赁是新兴事物,汽车租赁行业已初步具备规模,但在租车安全方面依旧存在风险。为了租赁行业整体稳定发展,保障租赁用户的权益,最大限度提供统一、便捷和标准的服务,规范与促进纯电动分时租赁有序发展,分时租赁行业监管部门需要从分时租赁技术规范、企业考核、公共资源合理化使用等多种角度监管分时租赁企业,有序鼓励引导分时租赁企业健康发展业务,减少为企业抢

夺资源占领市场导致的资源过度分散、市容乱象等乱象，避免最终因企业占领市场导致用户买单。

三、政策环境

1. 国家层面

2017 年 8 月，由交通运输部会同住房和城乡建设部制定了《关于促进小微型客车租赁健康发展的指导意见》（交运发〔2017〕110 号），政策明确提出“鼓励分时租赁规范有序发展”，支持汽车分时租赁创新模式。分时租赁有了政策上的指导和支持，无疑给行业未来发展打了一针“强心剂”。

2018 年 2 月，财政部、工业和信息化部、科技部、国家发展改革委四部委联合发布了《关于调整完善新能源汽车推广应用财政补贴政策的通知》（财建〔2018〕18 号），新政对于技术要求门槛提升，补贴金额也根据分档出现差异化，实施分段补贴，促进产业由“量”到“质”优化发展。新能源车型作为分时租赁市场的主导车型，此举将鼓励新能源汽车高端化、共享化，支持具有领先技术优势的企业，有利于新能源汽车分时租赁产业的健康发展。

2019 年 5 月，交通运输部会同人民银行、国家发展改革委、公安部、市场监管总局、银保监会印发了《交通运输新业态用户资金管理办法（试行）》（交运规〔2019〕5 号），要求“用户押金归用户所有，运营企业不得挪用”，“汽车分时租赁的单份押金金额不得超过运营企业投入运营车辆平均单车成本价格的 2%”，“用户押金最长退款周期不应超过 15 个工作日”，“单个账号内的预付资金额度不得超过 8000 元”等，对分时租赁运营企业的押金和预付金进行了规范化管理。

2. 地方层面

2016 年，上海市率先出台了《关于本市促进新能源汽车分时租赁业发展的指导意见》（沪府办〔2016〕13 号），提出要大力发展新能源汽车分时租赁业，要为分时租赁企业购买新能源汽车、分时租赁网点建设、充电桩建设、分时租赁平台建设提供政策支持。到 2020 年底，全市新能源汽车分时租赁服务网点超过 6000 个，纯电动车超过 20000 辆，充电桩超过 30000 个。

2017 年 10 月，深圳、广州、成都等城市相继出台了有关汽车分时租赁的相关政策。10 月 26 日，成都市正式实施《关于鼓励和规范新能源汽车分时租赁业发展的指导意见》，明确至 2020 年，全市形成覆盖广泛的新能源汽车分时租赁服务网络,服务网点达到5000个,充电桩达到20000个。2017年10月27日,广州市交通委员会发布《关于征求促进广州市共享汽车(分时租赁)行业健康发展的指导意见(征求意见稿)》表示,鼓励使用新能源汽车开展分时租赁业务,建议在营运的非新能源分时租赁汽车应逐步更新为新能源汽车。

我国汽车分时租赁还处在起步阶段,市场规模有限,各地之所以出台规范和鼓励并举的政策,一方面是由于当前大中城市交通资源紧缺,如果完全任由市场发展,可能会给"城市病"的治理带来困难,因此需要规范引导;另一方面,从长远来看,汽车分时租赁的合理利用有助于减少个人购车意愿,能在一定程度上缓解城市私人汽车保有量的增长以及对道路资源的占用,对城市交通出行来说是一种高效便捷的用车模式。

3. 国外政策

国外的分时租赁系统发展时间较长,政府监管措施也有很多值得借鉴的经验。例如,德国在2017年制定了《共享汽车优惠法》,这是首部从联邦层面制定的共享汽车领域的法律,为共享汽车的合法运营提供了依据。德国的共享汽车模式主要有两种:一种是基站式共享,定点取车,定点还车,虽然便于管理,但是不太便利用户;另一种是自由流动式共享,在城市指定范围内随停随放,这种模式发展较快。作为汽车制造大国,德国认为共享汽车对交通和环境有积极意义。为了提高交通出行效率的同时规范共享汽车市场,《共享汽车优惠法》对共享汽车的停车空间和停车费用两个方面都制定了相应的政策:一是停车空间问题,法规针对两种不同的共享模式因地制宜提供了不同的优惠条件,当地政府制定并公布可设置共享汽车停车位的公共道路规划,基站式共享汽车平台根据规划将所需停车位的数量、位置形成书面报告提交给相关管理部门,经相应管理部门审核通过后就可以单独分配停车位,自由流动式共享汽车平台则可以在现有公共停车场中申请预留部分停车位,申请通过后会在公共停车场标注"共享汽车"标识;二是停车费用问题,法规鼓励但不强制要求地方和社区为共享汽车供应商优惠或者减免停车费。在美国,对分时租赁的停车也有倾向政策。美国的共享汽车分两种模式:一种是分时租赁业务,比如Zipcar、Car2go、赫兹,平台拥有自己的车辆、停车位,资产多、租金贵,主要依靠租车获得利润;另一种是P2P模式,比如Turo、Get around,平台没有自己的车辆,资产少、租金低、无固定停车位,主要依靠提供信息匹配获得管理费和信息费。美国部分地方政府会对特定的私人公司运营给予补贴。美国加利福尼亚州和威斯康星州均明确规定,共享汽车运营商在取得当地政府的许可后,在地方政府指定街道或位置,共享汽车拥有排他停车权。

第四节　现 状 特 征

一、使用特征

北京市分时租赁车辆投放峰值超过4400 辆,每车日均订单为0.76 单,每单日行驶里程为40km,每单平均使用时间为6.5h,月活跃用户1.3 万余人。具体出行特征如下:

1. 出行时间

分时租赁出行周分布较为均衡,星期五出现一个小高峰(图3-2)。从小时分布来看,高峰出现在8:00—9:00 和17:00—18:00(图3-3)。

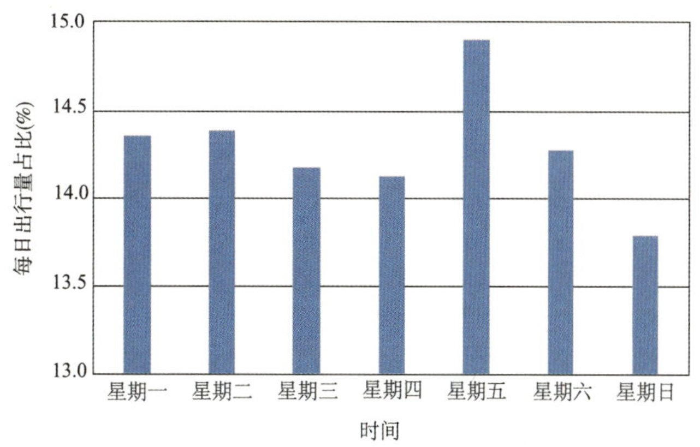

图3-2　分时租赁每周出行时间分布

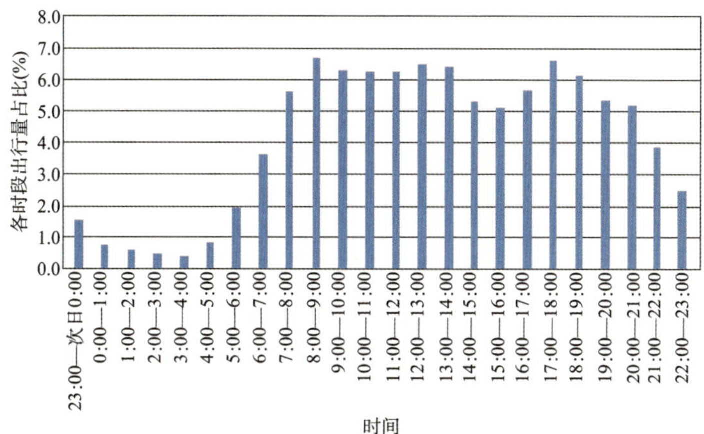

图3-3　分时租赁每日使用时间分布

2. 出行频率

分时租赁出行者每月使用次数集中在 20 次以内，占 96.02%，其中小于 5 次出行的最多，为 72%，6 ~ 20 次占 24%。如图 3-4 所示。

3. 出行耗时

分时租赁出行耗时，集中在 6h 以内，占 87%，其中小于 2h 占 55%，2 ~ 4h 占 21%，4 ~ 6h 占 11%。如图 3-5 所示。

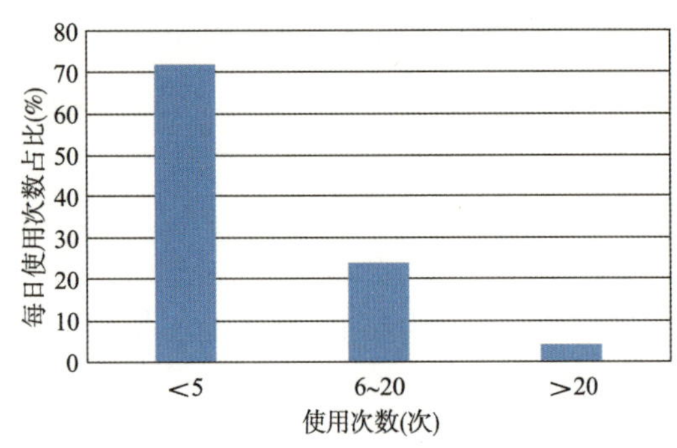

图 3-4 分时租赁用户每月使用次数分布

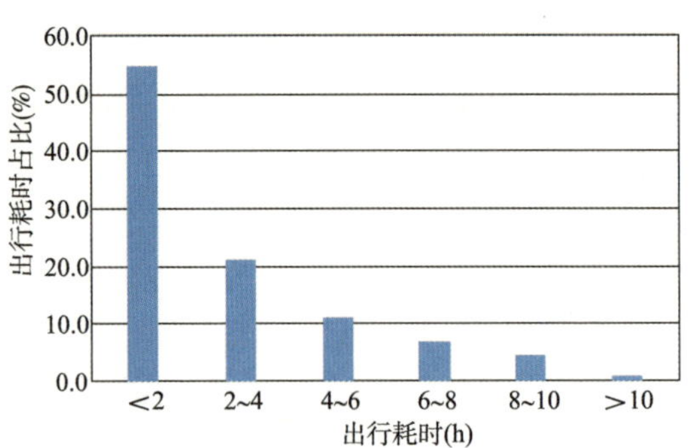

图 3-5 分时租赁用户出行时长分布

4. 出行距离

分时租赁行驶距离也集中在中短途出行，70km 以内的占 84.28%，其中 10 ~ 40km 占 40%，10km 以下占 32%，40 ~ 70km 占 12%。如图 3-6 所示。

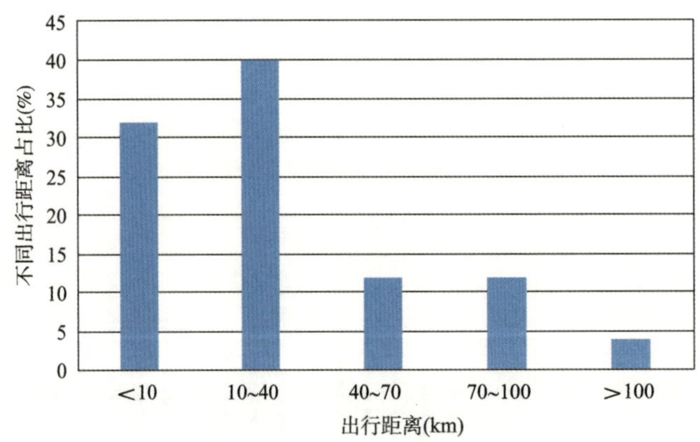

图 3-6 分时租赁用户出行距离分布

5. 出行目的

出行目的以上班、旅游、商务、购物为主，占 91.41%，其中旅游占 43%，通勤上班占 20%，商务出行占 17%，购物占 11%。如图 3-7 所示。

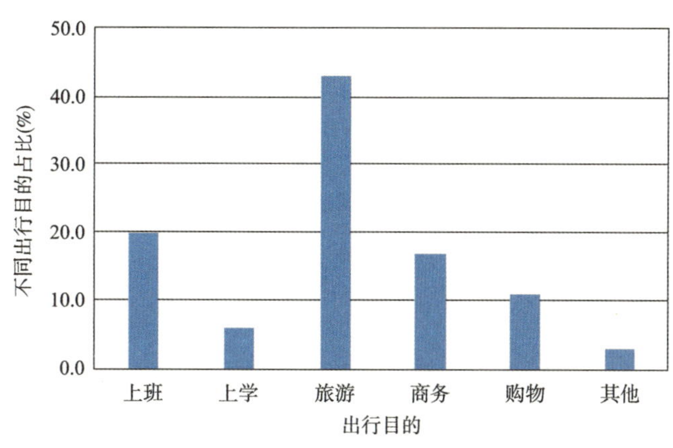

图 3-7　分时租赁用户出行目的分布

二、存在问题

分时租赁的发展虽然如火如荼，但停车位、充电桩等公共资源短缺，成为制约行业快速发展的瓶颈。对电动汽车分时租赁来说，卡脖子的不是钱，而是车、桩、位一体化的共享。

1. 停车问题

分时租赁是为了便利，虽然共享汽车经济优势明显，但是却面临着停车难的问题。没有数量充裕的停车位，分时租赁如何停？汽车相比单车，大小不同，如果车停在很偏僻的位置，就会侵占公共资源，随便停放，还有可能造成违停。当前，共享单车的随意停放已经对正常的出行秩序产生了不利影响，如果问题得不到解决必然会导致共享交通工具的使用效率和使用价值大幅下降，甚至可能导致共享交通工具最终被市场淘汰；一旦共享汽车停放失控，势必会导致行政管理部门的介入，使共享交通的发展空间进一步被挤压。

指望共享汽车像单车那样随时随地停放是不现实的，但如果停车太麻烦，比如还车点太远、停车成本过高，都会成为压垮行业发展的致命稻草。停车位不足是另一大问题，在北京、上海、广州、深圳等一线城市，公共停车位资源本就紧张，许多共享汽车无车位可停。多家共享汽车企业负责人表示，取还车网点是行业发展的关键，但已有网点远远不能满足用户需求，停车位不足直接影响到用户体验。大部分共享汽车实行站点化运营，无法实现随取随还，用户取车时虽然不必支付停车费用，但“最后一公里”还要接驳共享单车，成为用户吐槽的焦点。此外，那些采取“接力用车”模式实现随取随还的共享汽车品牌，往往停车费用要由下一位

"接力"使用者支付,即便推出返还其一定数量虚拟货币的补救方式,最终还是会影响到用户体验。

2. 充电桩问题

由于更契合环保出行的理念、更具经济性,目前市场上 90% 以上的分时租赁汽车为新能源汽车,而新能源汽车推广的关键问题——充电桩,在国内的几乎所有城市,都还没有得到很好的解决;北京、上海、广州、深圳等地交通管理部门虽然都对共享汽车持支持、鼓励的态度,但各地都还未出台具体的扶持和管理细则。

按照国务院制定出台的加快发展充电设施建设意见,到 2025 年要满足 500 万辆电动汽车的充电任务要求,要新建 480 万个桩、1.2 万个站,届时,平均一辆电动汽车就会有一个充电桩。在现实中,车多桩少是一方面,另一方面是很多充电桩的使用效率不高,甚至出现闲置,其原因在于充电桩没有实现共享、接口不统一。近期,国家出台统一标准,促使全国 200 多家充电桩运营商的设备接口统一。同时,由国家电网建设的全国智慧车联网平台,目前已经接入全国 75% 的充电桩。有了这个平台,用户只需要在手机上下载一个 App 就可以实时获取周边的充电桩,使电动汽车充电更加方便。共享汽车也面临充电难题。新能源共享汽车需要大量充电桩来配套,然而目前充电桩的数量和共享汽车数量不匹配,严重制约了共享汽车的车辆运营率。充电桩越多,车和桩离得越近,充电效率和运营效率就越高。在一些城市的老城区,增容是一个大问题。

3. 成本问题

共享汽车前期车辆投入的高成本与后期超高的维护费、停车费让不少小企业力不从心,业内对共享汽车行业的质疑也逐渐加剧。除车辆采购外,保险费、停车费、充电桩安装费用、专业团队定期维护费用以及数据网络运维费用等,也不容小觑。

购置车辆成本占了大头,以 Car2go 为例,其投放车辆型号之一为 smart for two,市场售价大约在 13 万元/辆。而盼达用车,尽管车辆采用力帆 330EV,价格约为 5 万元/辆,但这不包括换电、充电等成本。按照业内平均水平,每千瓦特电池成本为 2000 元计算,仅蓄电池一项,每辆 EV330 电动车的蓄电池更换成本就要花费 2 万元以上。除了购置车辆外,车辆的保险、维护、清洁、修理、停车等也需要投入大量的人力和财力。专业调查显示,一辆共享汽车的运营维护成本平均在 2000

元/月左右,其中车辆的保险占比最大,其次是停车费用和运维费用。环球车享(EVCARD)曾测算,若想盈利,要保证每辆车每日产生超过120元的收入,目前在上海市的日均单车收入仅为51.41元,距120元的盈亏平衡点,尚有不小差距。

最早在重庆布局的Car2go表现也差强人意。根据戴姆勒公司提供的数据,Car2go重庆项目在2017年2月底前的营业收入尚不到1200万元,而其付出的车辆购置成本则在7800万元。

主攻新能源汽车的盼达用车在重庆占据了大半江山,但也没能逃出“亏损”魔咒。《重庆力帆控股公司跟踪评级报告》显示,尽管营收增速大幅提高,但依然入不敷出。2016年,盼达用车实现营业收入584.68万元,亏损3828.31万元。2017年1—3月,盼达用车实现营业收入919.41万元,亏损2095.33万元。目前,盼达用车在全国运营的城市中,仅杭州的单日单车平均营收达到了173元,超过了盈亏平衡点,实现了盈利。

4.相关法律政策问题

现行法律法规与相关配套政策不够完善。为了杜绝发生交通事故时共享车辆拥有人的连带责任,除了签署责权利明确的汽车共享协议外,汽车共享企业大都通过购买大额保险来替车主防范风险。不过,前不久成都一位因违章驾照被扣12分的学生,借用朋友账号租用共享汽车致一死一伤,事故责任的划分就一度引发了争议。当然,对于运营者而言,更头痛的是在征信体系无法全覆盖的情况下,共享汽车面临的运营维护和监管真空地带:比如在车里睡觉等不良卫生习惯、拿共享汽车练车导致剐蹭、逃避违章罚款等。

第五节　运营模式与关键技术

一、运营模式

1.使用流程

根据对目前我国共享汽车品牌的了解,共享汽车的使用流程一般分为以下7个步骤。

第一步:下载共享汽车App。

第二步:注册账号,一般需要输入手机号码,登录共享汽车App。

第三步:登录共享汽车 App 后,找到个人信息设置页面,找到“驾照验证”选项,将个人有效驾照的正副页拍照上传;验证通过后,缴纳押金,押金数额从 500 元到 2000 元不等。

第四步:在共享汽车 App 首页地图上找到距离自己较近且方便找到的共享汽车,然后点击图示即可进入车辆详情页面,查看车辆的燃料类型、型号、蓄电量或者续航里程等。选定车辆后,点击页面下方的“预约”即可。一般预约成功后,需要在 10 ~ 20min 内找到这辆车并开启使用,否则,系统会取消订单,要求重新预约。

第五步:当来到共享汽车附近后,打开手机蓝牙,或者打开 App 点击“智能开锁”,车门即可远程打开。然后需要找到车钥匙,有的品牌共享汽车需要到停车场特定的设备上去取钥匙,有的品牌则可在副驾驶储物箱内找到钥匙,就可以把车开走了。

第六步:如果车辆快没油了,则打开副驾驶位置的储物箱,找到加油卡即可到指定的加油站进行加油。如果车辆没有电了,则需要将车开到就近停车网点进行充电,或者采取结束本次租车,重新开启下一辆共享汽车的方式来解决。

第七步:还车结算,关闭车门后,需要重新打开 App,点击“还车”进行结算。在租车之前,需要用户对所租车辆有一定的了解,有的是限制停车场停车,有的是划定一定的距离缴纳一部分还车费,还有的则不允许跨城市还车等。关于这些问题,需要用户对其有较为充分的了解后再去租车,并按照规定去还车,避免造成不必要的损失。

2. 经营模式

1)经营主体

汽车分时租赁企业的经营主体主要有以下 3 种:

第一类是汽车制造企业发展的汽车分时租赁,例如上汽集团投资的环球车享(EVCARD),戴姆勒公司投资的 Car2go、Car2share,重庆力帆集团投资的盼达用车(Pand-Auto),北汽集团运营的首汽智行(GoFun)等。这一类汽车分时租赁企业占据的市场份额最多。

第二类是传统汽车租赁行业发展的汽车分时租赁,例如神州租车推出的神州共享车(iCar)、一嗨租车推出的嗨车(HiCar)等。

第三类是互联网平台企业发展的汽车分时租赁,如宝驾出行、一度用车、途歌(TOGO)、马上用车(PonyCar)等。

其他的经营主体还有车辆蓄电池生产企业，如深圳行之有道汽车服务股份有限公司投资的宜步出行；充电桩企业，如"车桩位一体化"综合运营管理新能源分时租赁平台——易开出行。

2）组织模式

分时租赁企业按组织模式分主要有3类：一类是利用自有车辆开展分时租赁业务，目前大部分分时租赁企业采用这一模式，如环球车享（EVCARD）、盼达用车（Pand-Auto）；另一类是纯平台式，即互联网公司建立分时租赁平台，通过整合传统租赁企业和其他分时租赁企业车辆开展分时租赁业务，如宝驾出行；第三类是平台公司既有自有车辆，也通过接入非自有车辆开展分时租赁业务，如首汽智行（GoFun）除经营自有车辆外，也可加盟其他租赁车辆经营。

3. 服务类型

1）车辆类型

受国家新能源汽车补贴政策推动，目前90%以上的分时租赁车辆为纯电动汽车，只有途歌（TOGO）、Car2go、神州共享车（iCar）等少数租赁企业采用传统燃油车。盼达用车（Pand-Auto）依托其投资主体力帆公司的技术采用换蓄电池模式，其他分时租赁新能源车基本采用充电模式。车辆档次方面，除首汽智行（GoFun）、环球车享（EVCARD）等少数企业的部分车型使用宝马I3、荣威ERX5等中高端车型外，为降低经营成本，其他大部分租赁企业采用奇瑞、北汽、力帆、知豆等低端纯电动车，补贴后价格一般为5万～10万元/辆。

2）服务模式

按照是否需要将租赁车辆停放到租赁企业自有或租用停车位，可分为固定站点、自由流动两类服务模式。由于难以处理停车费用问题，目前大多数分时租赁企业采用固定站点式，如首汽智行（GoFun）、盼达用车（Pand-Auto）等；采用自由流动式的主要有途歌（TOGO）、Car2go等租赁企业，Car2go与重庆市政府签订合作协议，每年缴纳一定停车费用，其车辆即可在市内划设的合法停车泊位停放，极大地提升了租车便捷性。

3）车辆维护、调度模式

目前，行业主要采用自建运维团队和外包两类模式开展车辆调度、维护工作。如广州幸福叮咚出行自建专门团队，负责车辆的线下维护、调度。而环球车享（EVCARD）、盼达用车（Pand-Auto）等租赁企业则将车辆线下维护、调度工作外包给第三方专业服务公司。

4. 押金与计费

1）押金收取

分时租赁企业一般会在租车前向注册用户收取500～2000元的押金。用户还车后申请退还押金时，只有在确认车辆没有损坏、交通违章等情况下，租赁企业才会按协议约定退还用户押金。在用户不申请退还的情况下，用户押金一般存入租赁企业账户存管。同时，首汽智行（GoFun）、盼达用车（Pand-Auto）等主要分时租赁企业通过与蚂蚁金服合作，对“芝麻信用”达到一定分数的用户，开放免押金租车。

2）计费模式

目前，分时租赁行业主要采用3种计费模式：①按时间＋里程计费，目前大多数企业采用这一模式，如Car2go、首汽智行（GoFun）、有车出行（Urcar）等；②按时间计费，如盼达用车（Pand-Auto）、一步用车等；③按起步价＋时间＋公里计费（半小时内免时间费），如途歌（TOGO）。分时租赁租车价格一般与地域及车辆档次有关，普遍低于当地出租汽车打车价格，且行驶里程越长，其经济型体现得越明显。以北京为例，在无拥堵情况下，行驶里程为15km、时间为40min的分时租赁（租赁车辆为奇瑞EQ）价格为26.5元，而出租汽车价格约为42元，分时租赁价格约为出租汽车价格的三分之二；在行驶里程为40km、时间为1h的情况下，分时租赁和出租汽车的价格分别约为66元、130元，分时租赁价格约为出租汽车价格的二分之一。

主要分时租赁企业计费方式及押金收取标准见表3-2

主要分时租赁企业计费方式及押金收取标准 表3-2

序号	企业名称	计费模式	时间计价（元/min）	路程计价（元/km）	押金金额（元）
1	环球车享（EVCARD）	时间	0.6	0	1000
2	首汽智行（GoFun）	时间＋里程	0.1	1.5	699，或芝麻信用达750分免押金
3	盼达用车（Pand-Auto）	时间	0.3	0	1000，或芝麻信用达650分免押金
4	途歌（TOGO）	起步价＋时间＋里程	0.28	1.88	1500
5	左中右微公交	起步价＋时间＋里程	固定站点	1	1000

续上表

序号	企业名称	计费模式	时间计价(元/min)	路程计价(元/km)	押金金额(元)
6	摩范出行(Morefun)	时间+里程	0.17	1	1000,或芝麻信用达700分免押金
7	有车出行(Urcar)	时间+里程	0.15	1.5	2000
8	马上用车(Ponycar)	时间	0.6	0	500,或芝麻信用达700分免押金
9	易开出行	时间+里程	0.1	0.6	1000
10	绿狗租车(Greengo)	时间+里程	0.1	1.5	1000

注:相关指标为主要城市主流租赁车型数据。

二、关键技术

1. 车联网技术

随着物联网(IoT)技术的不断发展,车联网(IoV)作为其中的一个重要分支已成为近年的研究和发展热点。车联网是车(V)与X(X:车、路、人及互联网等)之间利用RFID、传感器和无线通信等技术,进行信息交换、控制和数据通信的网络系统。车联网是物联网、无线通信网及移动互联网技术在汽车行业中的典型应用。车联网通过收集整合汽车、道路、人的各种关联信息,最后转化成相应的车联网服务,这些服务在很大程度上可以提高出行的便捷性,同时缓解城市交通堵塞,减少车辆尾气等问题。车联网涉及的主要技术有RFID射频技术、位置定位技术(GPS/北斗等)、传感及信息融合技术、无线传输技术(4G等无线通信技术)及云计算技术等。

近几年来,车联网获得了越来越多的关注,已被列入新的国家"十三五"重点建设项目。只有掌握其关键技术,实现车辆信息交互,才能有效地对城市进行智能交通管理。车联网系统主要涵盖以下七大关键技术:传感器技术、车载智能终端平台、人机交互技术、网络通信技术、大数据与云计算技术、车辆定位技术和信息安全技术。

1)传感器技术

在众多车联网技术当中,传感器技术是一项基础性支撑技术,负责采集车辆关键信息。车辆通过车内外不同的传感器及传感器网络,感知和接收各种信号,例如油耗、车速监控、发动机运行状态、制动稳定性以及前方路况等,并且对这些信号进行融合、识别、分类,再发送给车辆的各个部件去执行相应的命令。

2)车载智能终端平台

车载终端是车主获取车联网价值的媒介,也是实现车辆运行数据、车辆位置数据管理的平台。当前很多车载导航娱乐终端并不适合车联网的发展,因此要打造一个开放、智能的终端系统及其生态平台。

3)人机交互技术

汽车驾驶环境的特殊性决定了多种人机交互方式在车上的应用,其中语音语义识别技术、手势识别技术、VR/AR/MR 技术等可以给用户提供更为便捷的操作方式。

4)网络通信技术

近距离无线通信技术主要有射频识别技术(RFID)、蓝牙技术、Wi-Fi 等;远距离移动通信技术主要有 GPRS 无线通信技术、3G、LTE、4G 乃至 SG 等移动通信技术。尤其是 5G 技术,相比于 4G,具有低延时、高可靠性等优势,将加速车联网技术的落地。

此项技术是分时租赁汽车使用中一项非常重要的技术。对于分时租赁场景中驾驶员通过手机 App 实现预订车辆、查找车辆、无线开门、起动车辆、还车等操作,要求手机 App、云端平台与车辆实现信息互通。T-Box 作为车辆与云端平台实现互通的关键设备,不仅能把采集到的车辆数据(如新能源汽车的驱动电机数据、整车数据、电池数据、状态数据等)发送给云平台,也能把云平台发送过来的控制指令转发给车辆。T-Box 也可以通过蓝牙与手机 App 建立传输通道,实现开门、锁门、起动等控制。

5)大数据与云计算技术

大批量的数据被采集完成之后,车联网系统通过云平台集合软硬件资源,进行快速和实时的数据计算和处理,完成准确的数据服务反馈,以便确保实时调整规划路径,提供更有价值的服务。

6)车辆定位技术

室外场景下常用的定位技术包括 GPS、北斗、辅助 GPS 以及基于无线通信蜂窝网络的定位;室内场景下的定位通过 WLAN、RFID、超宽带(UWB)、蓝牙等无线网络来实现。

7)信息安全技术

随着车联网系统朝着智能化、网联化的方向发展,汽车信息安全攻击的危害日益严重,车联网的信息安全变得尤为重要。车联网防护环节众多,涉及终端设备、通信设备、云端管理和服务平台的控制安全、数据安全、功能安全等各个方面。

2. 网上支付

网上支付是电子支付的一种形式,它是通过第三方提供的与银行之间的支付接口进行的即时支付方式。这种方式的好处在于可以直接把资金从用户的银行卡中转到网站账户中,汇款马上到账,不需要人工确认。客户和商家之间可采用信用卡、电子钱包、电子支票和电子现金等多种电子支付方式进行网上支付,采用在网上电子支付的方式节省了交易的开销。

从网上支付的供给者来看,除了商业银行和中央银行下属机构(如银行卡信息交换中心),许多非银行金融机构也参与到网上支付服务的提供者当中。

从网上支付业务发展情况来看,银行提供网上支付服务已经介入了B2C、B2B电子商务。在B2C电子商务中,银行通过与B2C电子商务平台供应商合作,为个人用户提供支付结算服务;在B2B电子商务中,银行对B2B结算业务的支持已从单纯地在网上为企业用户提供转账结算服务,发展到介入企业的采购和分销系统,支付结算的手段也从单纯的转账功能发展到结合企业综合授信额度的网上信用证服务。从B2C网上支付技术形式来看,基于SSL的支付系统是网上支付的主流形式,而基于SET的网上支付发展则相对缓慢。招商银行同时提供基于SSL的小额网上支付和基于数字证书的无限额支付,发展形势良好。

总的来看,我国银行网上支付系统尚处于发展的起步阶段,还存在着诸多问题:大部分银行无法提供全国联网的网上支付服务;在实现传统支付系统到网上支付系统的改造过程中,银行间缺乏合作,各自为政,未形成大型的支付网关,网上支付结算体系覆盖面较小;网上支付业务的标准性差,数据传输和处理标准不统一;网上银行法律框架亟待健全、完善等。此外,中国网上支付体系的发展还受到来自社会信用制度等因素的限制。信用是电子商务发展的关键前提之一。但从我国的信用制度现状来看,社会整体信用制度不够健全,严重影响到市场主体对电子商务安全性的认知程度的提升;加之基础通信设施不发达、企业信息化程度较低等因素的制约,网上支付体系的发展可谓任重而道远。

但是，应当看到，对应于中国电子商务发展的现状，支付系统在B2C方面已经能基本满足现实需要。虽然银行支付系统是电子商务发展的关键支持，但银行充当的角色还只是提供结算服务的中介机构。在许多政策、法规、标准尚未制定，社会信用体系尚未健全的情形下，期望银行冒着风险超前建立一套完善的网上结算体系，是不现实的想法，此为其一。

其二，从短期看，尽管技术标准、认证中心和支付网关的建立仍制约着网上支付系统的建设。但随着我国电子商务和网上银行的发展，源于市场选择作用而产生的龙头企业（银行）将产生，由这些龙头企业制定的行业标准的权威性将逐步确立起来。在这种情况下，企业之间的交叉认证将加强网上支付系统的建设与发展。最后，经过市场的进一步选择和检验，具有生命力和权威性的为数不多的企业将通过谈判和协商的方式制定统一的技术标准。

其三，中央银行正会同国家立法机构采取积极的态度推动网上支付业务的发展，网上银行业务管理办法也即将出台，网上支付的有关法律框架正在逐步形成，这将进一步促进网上支付结算系统的发展。

其四，要最终建成完善的网上支付系统以支撑成熟的电子商务运作，有待银行业实现全国性的跨行联网清算体系的建成。中国的商业银行都在积极加快各自的网上支付结算系统建设，可以预见，在不远的将来，一个有效支撑电子商务发展的中国网上支付系统将构建起来。

3. 网点布局和投放规模

汽车分时租赁网点选址主要是解决在一个局部区域人们用车还车方便的问题，如果一个地区的租赁网点过多，造成需求过剩，则车辆无法及时使用，造成闲置和浪费；如果分时租赁网点太少，满足不了该地区人们的用车需求，共享新能源汽车就很难实现环保、节能，并影响人们选择出行方式的效果。同样，分时租赁车辆的投放规模也会影响到用户的用车便利程度和使用频率。

共享新能源汽车要想合理地运营和推广，其分时租赁网点的选址和投放规模的确定是至关重要的。合理的分时租赁网点选址不仅便于减少用户的出行距离，而且可以有效地减少环境的污染和管理者的成本，同时在节能、环保以及交通方面扮演着举足轻重的角色。因此，各分时租赁汽车拥有各自的网点选址方法和车辆投放规模算法，用于更加科学合理的车辆投放。

4. 车辆调度

1）基于用户的调度

在现今运营的多家分时租赁企业中，大多数企业都没有采用通过专门的员工来对车辆短缺和车辆剩余的站点进行调度的行为，而是通过用户的使用来间接完成车辆的调度，这种方式总结为基于用户的调度。基于用户的调度又可以根据分时租赁企业对用户的车辆使用是否存在潜在的诱导行为而分为以下两种情况：

（1）基于用户随机使用的车辆调度。

实际上，采用基于用户随机使用的车辆调度的分时租赁企业，其本质上并没有考虑到站点之间的车辆调度问题，现在还在小范围内运营的易卡分时租赁企业等就是这种调度模式。这些分时租赁企业的站点间的车辆调度完全依靠用户的使用行为来进行，由于出行需要而导致的部分用户的异地还车使车辆调度行为得以被动的完成。

基于用户随机使用的车辆调度过于依赖于用户，且具有很大的随机偶然性，一旦用户的使用需求趋于稳定后，该种模式只会导致供需矛盾越来越剧烈，因此该种模式只能用于分时租赁企业建设初期，不利于企业的长期发展。

（2）基于用户的激励调度系统。

基于用户的激励调度系统是一种分时租赁企业主动诱导用户进行车辆调度行为的系统，旨在通过激励模式来引导用户在某些指定站点进行车辆的取车和还车。该系统是在基于用户随机使用的车辆调度基础上进行的优化改善模式，通过适当的奖励或者罚金来诱导用户对其原本的出行路径和形式进行合理的适当调整，将其出行行为与企业所需要完成的有效的车辆调度相结合，从而在满足用户使用需求的同时能够使有限的车辆资源得到充分利用。

其基本运作结构如图3-8所示。

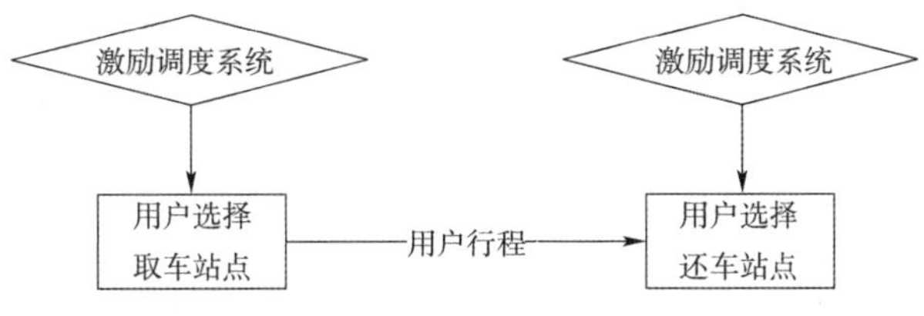

图3-8　基于用户的激励调度系统运作结构图

国内的途歌（TOGO）分时租赁企业运营过程中使用的就是这种调度模式。其采取的是收取异地还车费的模式，主要内容为：在分时租赁企业界定的CBD商圈内进行的取车和还车行为，将不收取任何还车费用，而跨越 CBD 商圈进行的取车和还车行为，将根据取车和还车站点的具体地理位置对用户收取一定数额的还车费用。考虑到途歌(TOGO)主要的运营对象为用户需求较大的 CBD 商圈，这种模式可以较好地引导用户在 CBD 商圈内进行取车和还车行为，从而减少过远还车而导致的人工调度。

2)基于员工的调度

基于员工的调度模式是指在某些站点产生车辆短缺或者车辆剩余的问题时，系统发出消息通知员工对这些站点的车辆进行合理的调度来解决该问题。根据系统通知员工进行调度行为的基础是完全基于实时车辆需求还是基于实时车辆和需求预测可以将该调度模式分为以下两种情况：

(1)实时响应的调度模式。

实时响应的调度模式的运作主要依赖于一个实时响应的系统中心。该系统中心负责收集和观察各租赁站点的实时车辆数，并设定一个最大上限车辆数和最小上限车辆数，当发现有实时车辆数目高于最大上限车辆数或者低于最小下限车辆数的站点出现时，对各站点进行统筹安排车辆的调度活动，并将安排好的调度方案通知给各站点的工作人员去执行，以此来实现最大可能地满足用户对租赁车辆的使用需求并提高那些闲置车辆的使用效率。

其基本运作结构如图 3-9 所示。

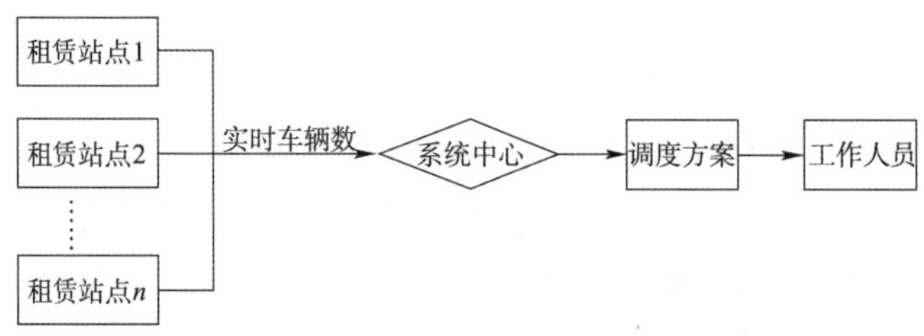

图 3-9 实时响应的调度模式运作结构图

该模式在一定程度上可以较好地改善站点间车辆供需不平衡的问题，并提高用户使用的满意度，但由于系统中心需要先观察实时车辆数，再通过实时数据提出调度方案并反馈给工作人员，这个过程需要一定的系统运作时间，会给整个调度系统带来些许时间滞后，因此导致的车辆调度行为的滞后可能会给一些站点带来短时间的租赁车辆不充足或者停车位不充足的问题。

(2)需求预测下的实时响应调度模式。

需求预测下的实时响应调度模式是对实时响应的调度模式的优化改善，在前者的基础上加入了用户对租赁车辆使用需求的预测，主要内容为：通过对历史用户需求的数据收集和总结，预测一天中各个站点的车辆实时的需求，系统中心再根据需求预测的变化趋势并结合实时车辆数，对调度方案进行预判，并通知工作人员做好执行车辆调度工作的准备。

其基本运作结构如图3-10所示。

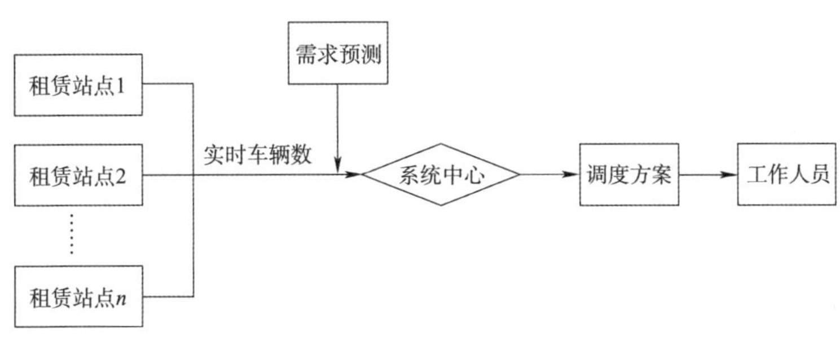

图3-10　需求预测下的实时响应的调度模式运作结构图

需求预测下的实时响应的调度模式与实时响应的调度模式相比，在需求预测的前提下再进行实时车辆数的观察，通过预判各站点车辆需求的变化规律，可以预先为各站点可能产生的调度行为做好工作准备，能够适当减少系统运作产生的时间滞后，减少车辆短缺的站点的用户的等待时间，并提高用户的满意度。

第六节　典型案例

一、德国Car2go

相比我国至今仍在不断探索发展中的分时租赁模式，汽车分时租赁模式在国外启动较早，已经积累了丰富的经验。分时租赁最先在欧洲发展壮大，彼时电动汽车和燃油汽车的共享出行齐头并进，主要集中在法国、德国、比利时和荷兰等国家，其中发展比较成功的国家大多为传统的工业强国。德国的代表企业就是Car2go。

Car2go采用自由流动模式，在国外被称为free-floating car sharing service，是指该种运营模式下的分时租赁企业没有提供固定的进行车辆租赁和还车的站点，租赁的车辆可以在任何可使用的停车场随停随放，不受到企业站点地理位置的约束。

1. Car2go 的发展历程

德国的乌尔姆市在 2008 年 10 月推出了 Car2go 项目，在其投放试运行的那段时间内颇受好评，引导了德国的汽车分时租赁模式的时代。该项目是由戴姆勒公司以创新城市可持续绿色交通为指导理念提出的一种全新的流动智能租车模式，属于汽车分时租赁模式的一种。

Car2go 于 2010 年开始正式的运营，进行试运营的德国乌尔姆作为其全球布局正式运营的第一个城市，最初正式运营阶段以燃油汽车为主要服务车型，在以阿姆斯特丹和圣地亚哥为目标城市进行正式运营时，开始投放电动汽车作为主要服务车型。截至 2016 年 1 月，Car2go 项目已经正式在欧洲和北美的 30 个城市进行运营，其拥有超过 100 万的全球会员以及超过 1.5 万辆租赁车辆。

2. Car2go 的运营模式

Car2go 项目基于较低的运营成本，其不设固定的租赁站点和安排过多的服务人员采用自由取还车的模式，是指在 Car2go 拟定的相应的运营区域内，用户可以在任何合适的停车区域进行取还车。通过在官网登记交费成为会员后，用户可以通过会员卡并使用已经设置好的密码来开启相应的租赁汽车。另外，Car2go 也已经实现了使用其专用的 App 来进行车辆的预定、定位和电子支付等功能，同时，App 可以代替传统的会员卡进行租赁车辆的开门和锁门程序。

Car2go 项目以分钟为最小单位来进行按时长的收费方式，该项目的收费依据主要是租赁车辆的使用时间，而非租赁车辆的行驶距离，其每分钟的收费费用不仅仅作为租赁车辆额租金，还包括电动汽车的充电、车辆保险、停车和车辆的维修维护等其他相关和配套的费用。

为了更好地给用户提供便捷性服务，Car2go 项目在不莱梅采用了汽车共享的俱乐部模式，用户申请实名制智能卡后，在已知自己的用车需求时，可以通过互联网和电话等形式进行租赁车辆的预约，预约成功后，通过实名制智能卡取车用车。另外，俱乐部不仅提供了专用的停车场供俱乐部的会员进行刷卡停车，还会每月将本月用车账单寄出给会员。

3. Car2go 的运营效果

从乌尔姆的运行情况来看，Car2go 项目深受广大市民的欢迎，总共超过 8000 人次进行过该项目的体验，这占据了全市驾照拥有总数的近十分之一。依据相关数据显示,在乌尔姆市投放的每一辆 Car2go 项目的共享汽车大概每天有 8 位用户,而这也暗示着每一辆共享汽车可为乌尔姆市区每天降低 7 次私家车使用。因此,Car2go 项目不仅大大地缓解了城市的交通压力,也具有明显的环保效用,运营城市的二氧化碳排放量实现了大幅度的减少。

二、法国 Autolib

与德国的 Car2go 不同,法国巴黎的 Autolib 项目是典型的基于站点模式,在国外被称为 station-based car sharing service,建设有固定的租赁站点来供用户进行取还车的分时租赁企业,其中又可以细分为 One-way(单程租赁)和 Round-way(往返租赁)两种模式。

One-way 的分时租赁运营模式是指用户可以在任何一个分时租赁站点取车和还车,没有其他特殊的要求限制。Round-way 的分时租赁运营模式是指用户只能在同一个分时租赁站点进行取车和还车,不能异地还车。

1. Autolib 的发展历程

为给市民出行方式带来根本性的变革,巴黎政府于 2009 年发起了Autolib项目,法国 Bollore 集团通过招标后获得了项目的运营权。经过 2011 年的建设和同年 10—11 月的试运营后,在 2011 年 12 月 Autolib 项目被正式推出,并开始为巴黎市民提供以电动汽车为主要租赁车型的汽车共享型服务。Autolib 项目是对 2007 年建立的自行车租赁项目“Vetlib”的补充,是全球首个新能源汽车的公共租赁系统。

截至 2016 年 7 月,Autolib 在法国已经拥有超过 15 万的会员和 4000 多辆共享电动汽车,是世界上迄今为止最大的专门的电动汽车共享项目。

2. Autolib 的运营模式

Autolib 项目采用的分时租赁模式是基于租赁站点的异地租还模式,所有的 Autolib 租赁站点都支持异地取还车。用户到营业网点注册并交费领取会员卡后,便可开始租赁车辆。会员卡可用来租赁车辆、还车和对车辆进行充电。用户通过使用 Bollore 集团的信息通信技术(ICT),可以随时通过互联网和手机最多提前半个小时预约租赁车辆和还车站点的停车位。通过 ICT 系统,用户还可以享受到了解周围站点的情况、线上注册会员和查找周边的充电站点等服务。

Autolib 项目主要的费用模式为按时长计费与会员相结合的模式,不同种类的会员要缴纳相应数额的不同会员费用,这些缴纳的费用包括电动汽车的充电费用、车辆保险费用、车辆维修和维护费用以及停车费。此外,租赁车辆在租赁过程中还要按照使用时间的长短来收取一定数额的使用费,这类费用以半小时为单位来进行计费。Autolib 项目还对于汽车租赁客户的用车安全提出了规定,在车辆租用期间,如果发生车辆损坏的情况,租赁者需要赔付一定的金额,累计出现车辆损坏行为两次以上的会员将被取消会员资格。

Autolib 项目为了能更好地实时地响应用户的需求,在整个分时租赁系统的各个站点一共投放了 1500 名员工为用户提供咨询服务,另外还有 300 名员工驻守在运营中心来对车辆行踪进行 24h 全天候的监控。同时,Autolib 项目的每辆分时租赁汽车上都装有 GPS 和紧急联络按钮,用于车辆的实时定位和解决车辆的紧急需求。

3. Autolib 的运营效果

据统计,巴黎市新能源汽车的平均租赁时间为 40min 以内,行车里程为 6 英里左右(约合 9.6km),尤其是在节假日等高峰时期,汽车的租赁数量比较多,这有效地实现了缓解交通堵塞和环境保护的压力。

同时,Autolib 项目实施后的两年内,巴黎地区约 11000 多辆传统汽车在售或被卖出;许多 Autolib 的租赁会员认为,该项目的绿色出行主张成为吸引他们选择这种出行方式的主要原因。相关统计表明,Autolib 项目的实施为巴黎市减少了近 500 万 t 的二氧化碳排放量。

另外,从租赁车辆的频率指标上来看,超过 50% 的 Autolib 项目中的会员为无车一族。该项目在有效地满足了巴黎市民对汽车的使用需求的同时,减轻了其因购买车辆的未来财务压力。在有车人口中,接近四分之三的人认为租车服务的推出有效地降低了汽车的使用频率。还有部分消费者认为,该项服务已经成为其生活中的主要出行工具。

三、中国 EVDARD

上海作为中国发展前列的几个大城市之一,其共享经济的推行和实施也处在中国大城市的前端,EVCARD 作为上海发展较为成熟和成功的分时租赁企业得到了不少上海市民的关注。

1. EVCARD 的发展历程

2013 年,在科技部与上海市政府的鼎力支持下,上海国际汽车城新能源汽车运营服务有限公司开展了 EVCARD 电动汽车分时租赁项目。

初期试运行时,同济大学嘉定校区被选作为先期试点,初期试行只有 8 辆新能源汽车。至今为止,EVCARD 在全国 64 个城市投放了约 5 万辆租赁车辆。

EVCARD 是上海发展较好的分时租赁企业之一,由上海国际汽车城新能源汽车运营服务有限公司提供的新能源电动车分时租赁业务,主要网点集中在嘉定区。在"第一电动网"全国电动汽车分时租赁企业的排行榜中,EVCARD 排名榜首,其网点分布更是达到了最高星级五星。EVCARD 网点和车辆如图 3-11 所示。

图 3-11　EVCARD 网点和车辆

2. EVCARD 的运营模式

用户可以登录 EVCARD 的官网或者通过其专门的 App 进行注册,通过审核后公司会将会员卡寄送给用户。收到会员卡后,用户便可在 App 上进行租赁车辆的预约,使用会员卡进行预约车辆的解锁和车辆使用完成之后的落锁,最后通过 App 进行租车费用的支付,EVCARD 项目通过减免优惠来鼓励用户进行同一租赁站点的取还车,但不限制异地还车。

EVCARD 项目分时租赁采取至少 1h 起步租赁方式,租车费用根据租车时间的长短来计费,其中上海还推出了短租的形式,租车费用涵盖了保险以及充电等费用在内的全部费用。

3. EVCARD 的运行效果

2015 年底,在上海市委市政府和市交通委共同努力下,促成了以两家企业为主,涉及上下游二十余家企业的分时租赁企业联盟,成立了环球车享汽车租赁有限公司。作为上海市分时租赁的龙头企业,环球车享经过两年多的运营,截至 2016 年 10 月底已在全市范围内启用租赁热点共计 1400 余个(覆盖上海 16 个区县),建设充电桩 5700 余个,投入运营电动汽车 1689 辆,全部为纯电动汽车,包括三种车型，即荣威 E50 车型（续航里程 120km）、奇瑞 EQ（续航里程 200km）以及宝马之诺 1E（续航里程 150km），后期拟投放宝马 i3 以及东风启辰两种新能源车型。目前，上海市交通委已在主要交通枢纽协调停车资源，划分出 175 个分时租赁车辆专用停车位，其中包括虹桥机场（85 个）、浦东机场（20 个）、虹桥火车站（45 个）和上海火车站（25 个）。环球车享拥有实际注册用户 11 万。所有网点配备交流充电桩，用户通过手机终端 App 便能自助式实现预约、租车、还车及结算，操作简单。

环球车享于 2016 年 9 月在国内 13 个城市上线分时租赁业务，2016 年底开通 20 个城市，2017 年开通 50 个地级城市的分时租赁业务。企业负责人介绍称，企业在其他城市拓展的前提是得到交通管理部门支持，尽量选择有国资背景的企业进行合作，有利于资源整合。

4. 特点和经验

上海市新能源汽车分时租赁发展理念是致力于倡导共享经济理念用于解决停车资源共享问题，其策略是必须有大型企业全力投入分时租赁业务，以减少车辆刚性需求，提高停车资源共享和节能减排为目的，通过额度控制等手段整合优势资源，规模化发展。其行业管理由上海市交通委员会科技信息处负责推动，城市交通运输管理处出租（租赁）部汽车租赁科进行业务管理。

1）引导行业规模化发展

上海市政府通过行政许可、指标配置以及推动行业内企业成立联盟等方式，扶优扶强，形成有实力的龙头企业（实际是一家企业运营）。仅用一年的时间，即完成了 e 享天开和 EVCARD 的整合。且对本地车企（上汽）有较强的政策性倾斜，联盟覆盖了上下游二十余家企业的分时租赁企业联盟，对于分时租赁全产业链有强有力的引导作用。

2）推动公共停车资源、公共充电网络与分时租赁网络结合

以电动汽车开展分时租赁业务，充电问题是其中的难点。上海市交通委同时负责推动全市充电桩建设。因此，在分时租赁网点建设方面，充电桩的配置也较为完备。相较于北京，虽然网点建设成本高，但其调度成本和服务效果有明显的优势。总体而言，上海市对于分时租赁行业的管控力度是比较强的，不仅通过行政许可方式对入围企业、车辆进行约束，通过招投标进行的指标分配，以及促使企业成立联盟的方式也起到了扶优扶强，引导行业规模化发展的效果。

四、中国微公交

杭州市在发展共享交通方面的措施和政策在国内大城市中一直处于领先状态,其中杭州的分时租赁企业中最典型的企业模式是杭州微公交。

1. 微公交的发展历程

杭州微公交于2013年开始正式启动并运营,它属于电动汽车分时租赁项目,租赁车辆全部为纯电动汽车,属国内首创。其由康迪新能源汽车集团全力推出,为了实现分时租赁的效率最大化,微公交交付给浙江左中右电动服务有限公司进行具体运营。运营过程主要负责新能源汽车的集中购置、管理、租赁站点的建设、充电、保险及定期维护等具体工作。

微公交于2013年在杭州试运营后,得到了很好的反响,于是于2014年在长沙投放使用,另外,成都、昆明都城市都在准备开通微公交服务。

截至目前,杭州作为最先推行微公交的城市,已经有近100个租赁站点和超过5000辆电动汽车为市民提供租赁服务。长沙市计划建设百余个站点,并已经投放近2000辆电动汽车。

2. 微公交的运营模式

初期刚开展时,微公交的租赁过程较为烦琐,要求用户带上身份证和驾照等有效证件,到达租赁站点,与工作人员签订合同,交付押金,验车后才能取车进行使用,还车时也需工作人员验车确认后再刷卡付费。

现在微公交的用户也可以通过微公交的专用App来通过审核获得会员资格并缴纳保证金后进行租赁车辆的预定和使用,在App中可以提前30min预约车辆。微公交App现已实现租赁站点的搜索、用户的实时定位、租赁站点信息的提供、租金和保证金的快捷支付和开锁车门等各项便捷性的功能。

微公交的分时租赁服务是24h的全天候服务,用户可以在整个杭州市的任何一个租赁站点进行取还车服务,实现异地还车。微公交租赁服务使用之前,用户需要交纳一定数额的违章保证金,保证金将在用户还车确认无误后归还。租赁车辆在使用过程中按使用时间的长短来进行收费,另外还有会员卡、月租、日租、夜租等各种不同时间长短的服务。

微公交自建ICT(信息、通信、技术)系统,对整个分时租赁系统进行统一管理,主要负责能源管理、车辆调度和监控管理和城市集群式租赁运营及应急处理和系统运营外延业务等。

3. 微公交的运营效果

从初期投放运营到如今成熟发展的这几年里,微公交的发展迅速,其运营效果有目共睹。微公交不仅在站点数目、投放车辆数目和运营城市上有了大幅度的增长,而且其运营模式也从人工转向线上,发生了智能化的改变。

近几年微公交逐渐与支付宝钱包、阿里巴巴等互联网企业展开合作,预计将在未来几年内实现项目投放投资的回收。

五、中国华夏出行

华夏出行有限公司成立于2017 年4 月 8 日,是北汽集团在汽车分时租赁领域的强势布局,标志着是北汽集团由传统制造型企业开始向制造服务型和创新型企业转型。

华夏出行以智能综合出行服务平台为核心,建设立体交通服务体系,为用户提供低碳环保、低本高效的多样化智能出行解决方案,同时发展与出行密切相关的延伸产业,打造具有北汽特色的出行服务生态圈。2020 年华夏出行将提速发展,精准出击,打造“出行行业的孵化器聚合平台”。

华夏出行旗下拥有众多品牌,从事不同的分时租赁业务。

1. 摩范出行

1)摩范出行的发展历程

作为华夏出行在分时租赁领域的核心业务,“摩范出行”以北汽新能源产品为基础,从事电动汽车分时租赁服务,致力于解决用户城内及近郊中短程出行需求,用户无须购车、养车,就可享受方便快捷的用车需求。

2017 年8 月,摩范出行进驻北京市石景山区,成立示范运营区。首批建设 48 个停放点,施划近400 个专用停车位,投入200 辆分时租赁汽车,均为新能源车辆,车型为北汽 EX200、EU260。同年,摩范出行相继入驻了昆明、西安、青岛、长沙、贵阳等城市,开展分时租赁业务。截至2020 年3 月,摩范出行已经在国内49 个城市投放了约41000 台新能源分时租赁车辆,全国运营网点近 6000 个,拥有注册会员近 350 万。

2)摩范出行的运营模式

摩范出行采用固定站点模式,用户通过“摩范出行”手机 App 实现预定、下单、开锁、还车、支付的租车全过程，整个用车过程方便、快捷。摩范出行的具体使用方法是，首先下载“摩范出行”手机 App，根据步骤将身份证和驾驶证等个人信息填写、上传，完成实名认证，接着支付 599 元的押金就可以开始用车，或者支付宝的信誉积分达到 700 分及其以上可以免押金用车。手机打开 GPS，等待 App 网点定位完成就可以预约附近可用车辆，到达车辆位置后选择“开启行程”即可打开车门，使用车内钥匙就能发动汽车了。用车结束后，归还至选定网点，关门自动结算。

摩范出行收费标准采取“分钟 + 里程”的结合方式，且不同地区、不同车型的收费标准不同。例如，在北京地区，EX200 这款车的时租价收费标准是“0.17 元/min + 1 元/km + 5 元保险”，日租价 198 元封顶（24h），夜租价 69 元封顶（当天 17:00到次日 9:00）；在太原地区，EC3 这款车的时租价收费标准是“0.16 元/min + 0.8 元/km + 5 元保险”，日租价 168 元封顶。

2. 北京出行

北京出行是北京汽车集团有限公司下属全资子公司，是公务出行服务提供商，为北京市属、区县各级党政机关公务人员提供便捷、高效、优质的分时租赁服务平台，以按需用车、按时计费、全程自助、随借随还的方式来为广大公务员出行提供服务。北京出行曾经为全国两会、APEC 会议等高端政经会议提供出行保障。

华夏出行处于汽车分时租赁领域领跑位置的核心竞争力有以下几个方面：

1）领先的商业模式——出行行业孵化器

华夏出行以出行服务为辐射圈向外拓展，以打通用户所有出行需求为目标打造全新的领先的商业模式——出行行业孵化器，为出行企业提供资本赋能、资源赋能、技术赋能、运营赋能、渠道赋能、品牌赋能、管理赋能等全方位立体化的支持。

2）国有汽车巨头实力支撑

华夏出行背后是实力雄厚的北汽集团，华夏出行拥有北汽集团优于同行业的新能源车辆研发和制造方面的优势，具备完整坚实的产品基础，具有完善的产品线与技术优势。北汽集团有着丰富的人才和资金储备，在转型路上提供丰富的人力、物力和财力，为华夏出行带来精细化的运营和管理，推动产业的升级。华夏出行以北汽集团已有的大量用户数据为基础，结合地域文化、社会生活、交通出行等数据，进行精准的用户行为与习惯、消费频次与场景的推演和分析，最终为人们消费理念和出行习惯的提升起到助推作用。

3）全生命周期管理体系

华夏出行依托北汽集团北京（BJ）越野车、BELING 自主乘用车品牌、北汽昌河物流车品牌和北汽福田商用车品牌为华夏出行提供前端订制化产品。在华夏出行智能化运营体系下，这些定制化生产交付的车辆有更高效、更实用的运营水准，能为用户提供更为便捷的出行服务。同时华夏出行旗下的摩范二手车业务，适时将运营车辆流转到二手车市场，不仅保障运营车辆始终能够给用户提供良好的出行体验，同时兼顾车辆处置残值等综合判断车辆的处置时期，最大化控制企业成本。华夏出行打通了车辆从上游定制化生产到投入共享出行服务再到流转至二手车市场的贯穿车辆全生命周期的管理，在最大化保障用户美好安全出行体验的同时，有效降低企业成本。

4）全产业布局跨界融合

华夏出行在北汽集团的大力支持下，将目光聚焦于汽车后市场，先期以分时租赁作为起点，通过扩充自有平台服务空间，纵深建造出行产业链，在实现自有出行生态闭环降本增效的同时，打造了一个完整的大出行概念。融合多方资源，打造行业开放融合契机，奠定行业发展共赢模式。

5）以科技改变未来生活方式

华夏出行在智能化和大数据的应用方面颇有成效，2018 年 4 月 9 日，华夏出行运营监控中心正式投入运营，旨在为用户建立可视化、数据化、智能化、“车—桩位”一体化的高效、高质、高水准的服务运营体系。通过智能办公、停车场监控、数据可视化、智能客服 4 个模块，从用户、订单车辆、网点、运维订单等维度实现相关核心数据的搜集、整理、分析。目前运营监控中心实现了对全国、各省份、各网点、各车辆的四级管控，通过大屏幕实时更新的运营数据精准分析和实时监控全国各网点运营效率及各车辆状态是否良好，从而为网点布局提供有效的数据支撑，提高运营效益。华夏出行动态更新 C 端需求，研发用于共享出行领域的定制化汽车，好“加减法”。未来，还将投放“会讲故事的汽车”，将生活场景嫁接到出行载具之上，使汽车不再是一个简单的出行工具，而是满足人们更多样生活需求的平台。

6）以人为本的品牌理念深化

华夏出行自成立以来，一直坚持以人为本、以客为尊的商业理念。新技术、新思维与出行产业的融合将带来汽车用户消费习惯的变化，华夏出行围绕“人、车、路、网、环境”等需求要素，建立一个“多触点、简界面、全服务、大平台”的开放式综合出行服务生态系统，并通过不断创新的商业模式，在大出行时代借助公众出行消费意识的不断升级和觉醒，以提升消费者对华夏出行产品矩阵的认知度、认可度及高频消费，在车辆投入规模化、出行场景丰富性、服务功能人性化、运营网点便捷化等方面，不断增加市场投入，不断进行适合本土化的产品迭代，努力为城市道路交通、旅游文化、居民出行等做出更大的社会贡献。

本章参考文献

[1] 罗兰贝格. 2018 年中国汽车共享出行市场分析预测报告[EB/OL]. [2017-09-26](2020-08-7). https://www.rolandberger.com/zh/Insights/Global-Topics/Automotive-Disruption/#! #hero_mobility.

[2] 同济大学，EVCARD. 2017 中国新能源汽车分时租赁发展报告[EB/OL]. [2018-01-21](2020-08-7). http://news.sina.com.cn/c/2018-01-24/doc-ifyqyesy0943944.shtml.

[3] 艾瑞咨询. 2019 年中国分时租赁行业研究报告[EB/OL]. [2019-03-21](2020-08-7). http://report.iresearch.cn/wx/report.aspx? id=3347.

[4] 艾瑞咨询. 2019 年中国汽车分时租赁专题研究报告[EB/OL]. [2019-03-04](2020-08-7). https://baijiahao.baidu.com/s? id=1626799740219109408&wfr=spider&for=pc.

[5] 中华环境保护基金会绿色出行专项基金，北方工业大学，国家信息中心分享经济研究中心. 中国共享出行发展报告(2019)(共享经济蓝皮书)[M]. 北京：社会科学文献出版社，2019.

[6] 纪雪洪，吴敬敬. 分时租赁在国内的兴起与发展[J]. 汽车与配件，2018(24):48.

[7] 郑赟. 分时租赁　中国汽车共享出行新机遇[J]. 互联网经济，2017(6):48-51.

[8] 叶雨薇，逯成武. 对上海电动汽车分时租赁现状调查及发展前景的思考[J]. 汽车与配件，2018(3):32-37.

[9] 刘发军，李冠宇. 分时租赁远程控制技术及应用方案[J]. 电子技术与软件工

程,2019(4):21-22.

[10] 谢昳辰. 汽车分时租赁站点投放车辆规模研究[D]. 广州:华南理工大学,2018.

[11] Correia G H D A, Antunes A P. Optimization Approach to depot location and trip selection in one-way carsharing systems[J]. Transportation Research Part E Logistics & Transportation Review, 2012, 48(1):233-247.

[12] Jorge D, Correia G, Barnhart C. Testing the Validity of the MIP Approach for Locating Carsharing Stations in One-way Systems [J]. Procedia-Social and Behavioral Sciences, 2012, 54(54):138-148.

[13] Zhu X, Li J, Liu Z, et al. Optimization Approach to Depot Location in Car Sharing Systems with Big Data[C]// IEEE International Congress on Big Data. IEEE, 2015:335-342.

[14] 孙欢欢. 车辆分时租赁模式下的用户预约分配优化模型的研究[D]. 北京:北京交通大学,2016.

[15] 王丽敏. 基于 AHP 和模糊综合评价法在共享汽车站点选址的研究[J]. 江苏科技信息,2013(7):60-62.

[16] 朱春节. 上海市新能源汽车分时租赁规划策略研究[J]. 上海城市规划,2018,139(2):43-47.

[17] 傅彦,沈松. 重庆市共享汽车发展对策分析[J]. 城市地理 + 城乡规划,2018(5):51-56.

[18] 吴敬敬. 共享汽车运营模式选择研究[D]. 北京:北方工业大学,2019.

[19] 舒刚. TOGO 共享汽车监管的创新与应用研究[D]. 北京:北京邮电大学,2018.

[20] 蒋超逸. 共享汽车的政府监管问题研究[D]. 北京:北京交通大学,2019.

第四章　私人小汽车合乘

第一节　定义与特征

一、定义与性质

1. 定义

2016 年 7 月 26 日，国务院办公厅印发了《国务院办公厅关于深化改革推进出租汽车行业健康发展的指导意见》(国办发〔2016〕58 号)(简称《指导意见》)，对私人小客车合乘明确定义："私人小客车合乘，也称为顺风车、拼车，是由合乘服务提供者事前发布出行信息，出行路线相同的人选择合乘服务提供者的小客车、分摊部分出行成本或者免费互助的共享出行方式。"

2. 定位与性质

《指导意见》对顺风车给予了肯定"私人小客车合乘有利于缓解交通用户和减少空气污染"。北京、上海、广州等一线城市都面临不同程度的交通拥堵问题，私人小汽车合乘可以在不增加小汽车的前提下，减少私家车的上路次数，同时能够减少公交、地铁的人数，缓解高峰时段公共交通的压力，提升地铁、公交的舒适度。虽然目前无法遏制小汽车总量的持续增长，但引进合乘，能改变居民的出行习惯，能使道路使用量的增速放缓，这对于城市交通的高效率运行具有积极意义。

对于私人小汽车合乘的性质，各地出台的管理文件中也进行了明确阐述，合乘不属于道路运输经营行为，禁止利用合乘名义从事营运活动。私人小汽车合乘是不以营利为目的、驾驶员与搭乘人员彼此自愿的民事互助行为，不是经营活动。合乘作为人们出行的一种选择，是作为补充的搭乘方式，相对于整体交通体系，私人小汽车合乘并不能成为主流的出行形态。

二、国内政策监管

2016 年 7 月 26 日，国务院办公厅印发了《指导意见》，指出私人小客车合乘有利于缓解交通拥堵和减少空气污染，城市人民政府应鼓励并规范其发展，制定相应规定，明确合乘服务提供者、合乘者及合乘信息服务平台等三方的权利和义务。国内一些城市也陆续出台了私人小汽车合乘的服务管理办法。

2016 年 12 月 21 日，北京、上海、广州同时发布了私人小汽车合乘的相关政策。北京市交通委员会等五部门联合发布《北京市私人小客车合乘出行指导意见》，并于发布之日起开始实施。上海市交通委员会、上海市互联网信息办公室、上海市公安局、上海市工商行政管理局、上海市通信管理局五个部门发布《关于规范本市私人小客车合乘出行的实施意见》；广州市发布《广州市交通委员会广州市发展和改革委员会广州市公安局关于查处道路客运非法营运行为涉及私人小客车合乘认定问题的意见》。以上意见对私人小客车合乘服务的派单次数，合乘的基本原则及合乘提供者的资质等作出了规定。

此外，天津、重庆、南昌、东莞、沈阳、长沙、葫芦岛、青岛、保定、合肥、开封、洛阳、安阳、衡阳、杭州、绍兴、深圳、新乡、通化、太原、平顶山和濮阳等城市均出台了各自的合乘服务管理办法。

三、特征分析

1. 合乘费用

《指导意见》提出“分摊部分出行成本或免费互助”，各城市据此制订了各自的收费规制。定价方式主要分为两种：一种是计算公式，另一种是按比例分摊。

1）计算公式

依据《北京市私人小客车合乘出行指导意见》，合乘双方可以合理分摊合乘里程消耗的油、气、电费用和道路通行费用。燃油小客车油费参照车辆标定的燃油消耗量、合乘里程及实时油价进行计算，使用气、电为动力的小客车参照该标准计算。上海市要求合乘出行可分摊总成本仅限于当次合乘出行车辆所消耗的燃料等成本和所发生的高速公路、桥隧通行费，除此之外，驾驶员不得收取时间计费及其他任何费用。燃料等成本应按照工业和信息化部登记的合乘车辆车型的综合工况百公里油耗、燃油等实时价格以平均公里成本计费。广州市私人小客车合乘出行分摊的出行成本仅限于车辆燃料成本及通行费等直接费用，分摊费用不得超过上述直接费用，分摊费用只能按合乘里程计费。

2）按比例分摊

深圳市私人小汽车合乘费用按合乘里程计算，且单次里程分摊费用不得超过红色出租小汽车里程续租价的50%（不含起步价、燃油附加费、候时费、长途返空费、夜间附加费）。杭州市规定需分摊出行成本的，按照只计程不计时原则，驾驶员和信息服务平台收取的每公里费用总额，不得超过巡游出租汽车每公里里程运价的50%。新乡市规定合乘费用分摊之和不超过出行总费用的80%（各人不高于20%）。

2. 合乘次数

各城市也制订了合乘车辆每日的接单次数限制。北京、上海、天津等城市规定每日每辆车每天合乘出行暂限定为2次。深圳、东莞要求同一车辆每天不得超过3次，青岛提供合乘出行一天内不得超过4次。广州市对于分摊部分出行成本的合乘出行限制在不超过两次，免费互助合乘的出行次数不受限制。新乡市对同城出行每天限制4次，跨城市出行每天限制1次。目前，每车每日4次是国内允许的最大值。部分城市区分了工作日与非工作日，安阳市要求每辆合乘车工作日每天不得超过4次，非工作日每天不超过2次。

3. 路线规制

部分城市出台的服务管理文件对于私人小汽车合乘出行的路线也作出了相应规定。《南昌市关于规范私人小客车合乘出行的实施意见》要求合乘者的起讫点应在驾驶员经过的路线附近。上海市提出了更为严格的路线规制，上海市《关于规范本市私人小客车合乘出行的实施意见》要求合乘者的上车地点应在合乘出行车辆出发地周边半径1km的范围内，或者合乘者的起讫点在驾驶员经过的路线附近。天津市要求私人小客车合乘服务范围限于本市行政区域内，新乡市则允许每车每天1次跨城出行。

4. 驾驶员主体资格

上海市对于合乘驾驶员的要求比较全面，《关于规范本市私人小客车合乘出行的实施意见》要求驾驶员必须符合下列要求：一是应取得相应准驾车型机动车驾驶证并具有1年以上驾驶经历；二是无交通肇事犯罪、危险驾驶犯罪记录，无吸毒记录，无饮酒后驾驶记录；三是自注册之日前1年内无驾驶机动车发生5次以上道路交通安全违法行为；四是应在经市交通行政管理部门备案的平台进行注册提供合乘出行；五是提供合乘出行的驾驶员应为车辆所有人。北京市要求驾驶员应有1年以上驾龄。

第二节 发展历程

一、海外发展历程

私人小汽车拼车合乘理念最早起源于瑞士和德国，由多名目的地相近或者出行方向相近的乘客共同乘坐一辆车出行。由于合乘可以降低交通流量，减少空气污染，提高交通效率，很快便在美国、加拿大、新加坡、日本兴起。国外的私人小汽车合乘发展经历了5个关键阶段：

(1)1942—1945年，第二次世界大战期间拼车俱乐部出现。

最早的私人小汽车合乘出现在第二次世界大战期间，1942年，美国政府颁布一项规定，要求居民在没有其他交通工具达到工作地点的情况下选择合乘出行。为在战争期间节约橡胶，美国民防办公室要求邻里委员会鼓励4名工人同乘一辆汽车出行，同时还创建了名为“拼车出行俱乐部”的合乘出行计划，由工厂和公司负责组建拼车出行俱乐部，通过在工作场所的公告板公示出行信息来匹配私家车主和顺路的乘客。除此之外，社区教会、教师协会也分别负责组织不同出行目的的私人小汽车拼车出行。

(2)1960—1980年，私人小汽车合乘再次兴起。

第二次世界大战结束后，拼车出行的热潮逐渐冷却。在20世纪60年代末和70年代初，私人汽车合乘在主要的就业场所重新开始兴起。大量的公司面临办公泊车供应不足的问题，因此转向了鼓励公司员工采用合乘的方式通勤。这类私人小汽车合乘出行的创建过程相对简单，由公司收集员工的出行数据，手动匹配住址相近的员工并制定个性化的合乘匹配，同时为合乘出行的员工提供优先停车特权，这种简单的拼车方法使一些公司的车辆载客率翻倍，并有效减少了停车场使用紧张的状况。

从1973年开始,阿拉伯的石油禁运将私人小汽车合乘的重点从缓解停车位供应紧张转向了节约能源。公司支持的通勤合乘计划作为实现节能目标的积极手段引起了美国联邦机构的重视。联邦公路管理局(The Federal Highway Administration,FHWA)启动了合乘调查项目,在全国范围内针对能源危机期间产生的私人小汽车合乘案例进行调查。FHWA研究发现,拼车通勤的人数增加了29400人,而车辆行驶里程(VMT)减少了23%。由于私人汽车合乘出行在节能方面取得的成功,联邦公路信托基金在1977年之前为96个美国大都市区的106个私人小汽车拼车示范项目提供了资助。

为推动合乘出行,美国于1969年在北弗吉尼亚州和华盛顿特区的Shirley公路沿线开通第一条“多乘员车道”(HOV车道),允许承载不少于一定人数的合乘车辆通行。经过近50年的实践,目前美国在27个大都会区域共设置了126条HOV车道,总里程超过1600km。

(3)1980—1997年,组织化的合乘出现。

20世纪80年代和90年代,随着节能工作的减弱,运输需求管理将重点转向改善出行拥挤和空气质量问题。在此期间,私人小汽车合乘匹配在计算机化方面的进展也标志着以电话和基于互联网的合乘匹配形式向更动态的方向迈进。然而,随着汽油价格在这一时期回落到较低水平,私人小汽车合乘失去了重要的竞争力。许多早期不完善的方案没有得到更充分的利用,但形成了今天私人小汽车合乘服务的基础。

(4)1999—2004年,拼车合乘撮合平台。

随着互联网的普及,许多私人小客车合乘匹配系统采用在线撮合形式,称为在线合乘匹配。完善的在线合乘匹配服务在1999年左右出现。在此之前,用户主要通过向相关网站或机构发送电子邮件以接收出行匹配的在线表格,或者在网站上手动发布或搜索拼车列表来实现合乘出行的目的。自1999年以来,一些私人软件公司开始开发合乘平台,并按月向客户收取一定费用。通过在线拼车方式形成的合乘具有静态和不灵活的特点,需要预先安排。虽然合乘匹配平台提供了更大的在线数据库,但这些拼车服务仍然存在与传统拼车服务相同的缺点,即普通通勤者失去了私人汽车出行提供的灵活性。随着住宅区和就业区变得更加分散,对合乘出行的激励也越来越小,在线拼车很难获得比20世纪60年代末由公司支持的通勤拼车项目更多的用户。

(5)2004 年至今,科技支撑的拼车匹配系统。

第五个私人小汽车合乘发展阶段为“技术驱动的合乘”。这一阶段互联网、移动电话和社交网络广泛集成到拼车服务当中。目前,北美的大多数私人小汽车撮合服务使用在线网站作为主要的技术媒介,这些服务供应商大都从私人公司购买的拼车软件平台。截至 2011 年 7 月,北美大约有 12 家公司提供拼车软件服务(GreenRide、Jack Bell Ride-Share 等)。目前私人小汽车合乘撮合服务提供商也积极推进私人拼车出行。

“绿色之旅”赞助奖励:许多公共机构和公司通过向其成员提供激励措施来促进乘车共享。例如,NuRide 在线拼车俱乐部,在美国 7 个城市拥有超过 63000 名会员。当会员拼车、乘坐公共交通工具,或用自行车、步行出行时,网站会奖励会员积分。NuRide 与公共机构、雇主和企业合作,赞助这些激励措施。这些积分可以用于餐厅优惠券、购物折扣和景点门票。

社交网络平台:社交网络平台的兴起,使得合乘撮合服务公司能够利用这个界面更容易地匹配朋友或熟人之间的潜在合乘。这些公司希望社交网络能够在参与者之间建立信任,以解决拼车合乘的安全问题。例如,Zimride 平台与 86 所美国和加拿大的学院、大学和公司结成伙伴关系,共享各自拥有的网络用户。另一项服务平台 PiPuPPAL 允许成员基于共同的区域、公司、学校和共同的兴趣来创建自己的群体。目前,北美有 4 个主要以社交网络为重点的合乘出行项目:GoLocoTM、Gtrot、PickupPal 和 Zimride。

实时乘车共享服务:在北美,有两家公司开始提供实时拼车服务,即 AvegoTM 和 Marriott。实时乘车共享使用互联网支持的“智能手机”和自动乘车软件来实时组织乘车过程。这使得参与者可以在旅行开始前几分钟进行组织,乘客在旅途中上车或下车。这些公司正在试图解决传统拼车方式带来的不便,与大多数拼车服务一样,高用户数量是解决问题的关键。

最后,美国和加拿大的私人小汽车合乘支持政策对于促进未来十年的经济增长至关重要。一系列 TDM 政策策略可以整合和促进私人小汽车共享出行,例如免费或低价进入高占用率收费车道、税前通勤奖励(通勤者不收取费用)。归根结底,有效的政策必须向出行者证明,通过切实的激励措施,私人小汽车合乘将对他们的生活产生积极影响。

二、国内发展情况

2001 年 4 月,北京成立了一家顺风车信息咨询服务公司,公司为上班期间驾车人和顺利上班的乘车人进行有偿搭乘组合,并通过相应的俱乐部规则和服务,解决和避免双方在搭乘过程中可能出现的各种问题。但是北京市交通局在顺风车俱乐部成立一个月后,明确提出了对这种行为的否定意见,顺风车发展受挫。2005 年,宁波、绍兴、温州、杭州等地陆续成立了各种平车中介机构,但最终都未能持续运营。

首先,因为拼车出行存在安全隐患,以上搭乘组合中没有明确责任人,当时我国尚没有专门针对"拼车"这一行为的保险,一旦发生意外事件,无法保障车主和乘客的合法权益。其次,当时缺乏配套的法律、法规,私家车收费拼载的合法性未被认可,拼车中介在管理、经营、收费等方面也都无章可循。

2008 年北京奥运会期间,为保障道路行驶畅通,北京市政府决定自 2008 年 7 月 20 日起正式开始机动车单双号限行措施,此举催生了北京的私家车拼车出行。2009 年杭州、重庆和武汉也进行了私家车拼车的尝试。杭州市政府首次明确表示,倡导私家车拼车出行,确定施家花园社区和东部软件园为实施拼车方案的首批试点单位。重庆市整治办对外宣布,市民上下班为了节约时间采取拼车出行,不在黑车打击对象之列,前者对正常运营秩序不构成负面影响。武汉市常青花园社区为缓解社区外围交通压力,由志愿者前往多节企业商议错峰上下班,但成效甚微。通过向小区内居民发放问卷调查后,居委会推出了"邻里合乘"的公益拼车活动,通过居委会组织邻里拼车,动员私家车主尽量减少出车次数,让顺路街坊邻居拼车出行,以减少拥堵现象发生。

然而,以上城市的私家车拼车虽然有了政府层面的支持,但发展状况仍然不容乐观,没有形成规模,也没有持续性。近几年,随着合乘出行概念的深入推广,人们对合乘出行的认可度逐渐增加,互联网技术的快速发展和智能手机的普及也使私人小汽车合乘迎来了新的发展。2014 年 9 月,嘀嗒拼车进入私人小汽车合乘市场,成为中国最早开展合成服务的公司;2015 年 6 月,滴滴利用其网约车业务优势进军私人小汽车合乘市场;2018 年 3 月 27 日,高德地图宣布推出顺风车业务,成都、武汉两地率先上线。

三、国内外研究动态

1. 对私人小汽车合乘出行的行为影响分析

国外早期的动态合乘研究偏重于确证合乘服务的有效性和可推广性。

Peter Bonsall 以英国的私人小汽车合乘项目为例,对合乘出行的成本和效益进行了详细分析,认为出行距离对合成的影响很小,并评论了在交通政策中促进合乘的适当作用。Erik Ferguson 使用美国南加利福尼亚州的数据分析了企业合乘出行计划对员工模式选择的影响,发现企业规模是影响企业合乘出行最关键的因素。Beroldo(1990)采用调查问卷和网上调查的方法对 BART 及 Alameda-Contra Costa 巴士站附近的合乘实施情况进行探讨,得出的结论证实合乘服务的有效性,认为动态合乘项目应当被推广。同样,Reddy(1994)的研究对动态合乘匹配系统的灵活便捷特性进行研究,认为将 GIS(Geographic Information System,地理信息系统)应用于动态合乘系统可以有助于合乘项目的普及。Catherine Morency 利用加拿大大蒙特利尔地区(1987 年、1993 年、1998 年和 2003 年)进行的 4 次大规模 OD 调查的数据来研究城市地区的乘车共享市场的演变,结果显示,大约 70% 的合乘发生在家庭成员或邻里之间,大约 15% 的出行是专门为合乘者提供服务而产生的,因此产生了一个额外的回家出行。Catherine 有关城市地区共享乘车及其演变的客观数据为出行管理者决策者更清楚地了解这一出行方式提供了有力支撑。Genevieve Giuliano 等利用美国加利福尼亚州 55 号公路的 HOV 车道的流量数据与高速公路通勤者的数据进行对比,发现只有高峰期通勤者的拼车率有所上升,但平均乘车共享并没有显著增加。提高共享乘车的障碍是巨大的,为了吸引新的拼车者,必须节省大量的出行时间,而且进一步增加拼车将可能需要开发广泛的 HOV 车道系统。Shaheen(2004)指出私家车的多种合乘方式,总结了多种合乘的模式,以及在每种合乘模式下所带来的社会影响,还有各种合乘模式的发展现状以及未来合乘的发展趋势。

Burris 等(2006)探讨了休斯敦高载客专用车道(HOV 车道)对出行需求管理和缓解交通压力的作用,并基于对合乘者的人口特征因素对动态合乘服务被选择的概率进行了估计。在案例中空座率高(研究中为小于或等于 2 人使用)的车辆在使用合乘专用车道(合乘 3 人或以上的车辆才能使用)时需要支付一定的费用;研究结果表明,合乘参与的比例会随着行程长度、可感知的时间节省以及出行频率等因素的增加而提高,而随着行程合乘所需时间的增加,参与比例会下降;同时,诸如年龄、家庭类型、教育程度等社会经济特征也会对参与度产生显著的影响,相反,住宅大小、私车拥有、职业、工资率等因素不会影响动态合乘的推广。Kishi 等(2007)用问卷调查的方法讨论了在日本北海道长沼町地区为老年人提供动态合乘服务的可能性,结果表明,尽管合乘发起者的数量众多且能够提供充足的空位，但整个项目的推广会因为交通事故频发或事故认定困难而受到阻碍。Caulfield(2009)采用实证数据对都柏林地区动态合乘的模式进行分析，从尾气排放和汽车行驶公里数的角度对合乘的环保贡献进行研究，证实了动态合乘的实施能够减少机动车的碳排放量。Buliung、Selker 等通过分析合乘出行的差异、激励措施、便捷性和信任等因素对合乘的影响，认为出行地点是否适合合乘，以及合乘设施的便利性等对出行者选择合乘出行的影响最大。Deakin(2010)对伯克利的动态合乘项目进行研究，并指出合乘者期望与固定的合乘伙伴进行拼车，此外，私车出行成本(包括停车成本)的增加会大大刺激合乘方式的推广。Wenhui Xin 等在武汉市范围内对拼车的熟悉度、反应和市场潜力进行了截距调查，以探索拼车出行的潜力、拼车信息的获取渠道以及受访者对拼车的态度。结果表明，拼车的潜在需求很大，但拼车出行时间和车费难以协调、相关法律政策的缺失和不安全因素是阻碍拼车进一步发展的主要障碍。

2. 合乘匹配技术的研究

Hunsaker 和 Savelsbergh(2002)建立了合乘中的一些数学模型，针对在合乘中车辆匹配问题，以及乘客的出行时间、等待时间、上车顺序、上下车时间等限制问题，提出了相应的补偿机制。Niels 等基于 2008 年亚特兰大大都会旅游需求数据的模拟，研究了驾驶员与乘客合乘出行的动态匹配问题，并以减少车辆行驶里程和出行成本为目标，提出了路线匹配的优化方法，提高合成出行效率性能。Hame(2011)在芬兰的研究中提出了一种合乘模式的算法，他运用聚类的思想，提出了一种“单车插入”的算法，在乘客合乘中，将乘客的上车与下车次序进行了先后顺序排列，有效地降低了合乘求解的难度，从而使单个车辆的 DARP 问题得到了解决，这对于两个以上的乘客进行合乘中的问题起到了推进作用，也对车辆合乘问题的研究起到了推动作用。邵增珍等对确定性多车辆合乘匹配问题展开研究，提出针对服务需求分派的启发式聚类算法，并基于启发式算法将服务需求分派到具体某一车辆。该算法在可接受时间范围内，可有效提高搭乘成功率，降低车辆运行成本。

通过上述的研究综述可以发现私人小汽车合乘无论是在社会层面、经济层面还是技术层面都得到了支持与保障。私人小汽车合乘的实施对于我国来说也是势在必行的趋势和潮流。

四、国际经验借鉴

欧美先进国家城市自 20 世纪 60—70 年代经历了小汽车无节制滥用带来的交

通大拥堵和严重石油危机以后，就陆续出台相关政策和技术措施，允许并倡导鼓励“拼车合乘”。

1. 相关鼓励政策

新加坡于 1975 年开始实施区域行车许可证制度，规定周一至周六每天早高峰期间，进入中心商业区的车辆必须乘坐 4 人以上（含驾驶员），或者出示区域行车许可证。

美国、德国等国家为鼓励私人小汽车合乘，一些城市单人驾驶的空车在上下班高峰期上路会被罚款；在高速公路和快速路上开辟高乘坐率合乘车辆专用的 HOV 车道；为合乘车辆安排专用停车位方便上下车等。

英国则允许高乘坐率合乘车辆使用公交专用道。

韩国对 3 人以上的合乘车辆免征道路使用费和交通拥堵费。

法国的多家企业则通过奖励员工的方式鼓励合乘，如向“拼车”员工发放节省占地费，以奖励他们节省停车空间。

2. 安全保障措施

对于合乘出行过程中可能出现的利益纠纷和交通事故责任界定与分担等争议，国际上一般不采取回避、禁止或自我免责等行为，而是通过广泛调研、征集吸纳民意，完善相关法律法规。西方发达国家倡导和鼓励“拼车合乘”已经几十年，并没有引起多少“拼车合乘”带来的利益纠纷和交通事故责任纠纷。

在德国每个城市都有拼车管理中心，每个合乘车车主、交通工具和搭车人的真实身份资料在搭车管理中心都有备案，发生违法行为和违反承诺行为会受到法律追究。如果发生交通事故，一般由保险公司按德国法律根据责任正常理赔。一些保险公司为拼车合乘业务专门开辟了增值服务，甚至 1 欧元就可以获得额外保险。如果车主和乘客间缺乏信任，还可以共签一个担保合同。

国际经验对我国私人小客车合乘发展的启示主要是：第一，为了提高私人小客车的使用效率，减轻道路交通拥堵压力和节能减排等，政府应当主动倡导鼓励合乘出行行为，使合乘出行不再是公众个人选择行为，而成为政府向公众邀约的社会行为。第二，对合乘出行过程中出现的利益关系和交通事故责任如何界定与分担的问题，应当更多地从尽可能减少小汽车交通低效高耗高排的外部负效应，更好地维护公众利益、促进城市可持续发展这个积极正面的大局来考量。

第三节　运营模式

一、相关定义

私人小汽车合乘平台：又称私人小客车合乘信息服务平台，指依法取得《营业执照》《增值电信业务经营许可证》，依托互联网信息技术，构建信息交互网络生态，为具有私人小客车合乘出行需求的用户提供信息发布、信息匹配、信息撮合、订单查询、订单评价及相关配套服务等各类信息服务供顺风车车主和乘客开展顺风车合乘行为的信息服务平台。

合乘车主：指在私人小汽车合乘平台发布出行信息及合乘信息，且通过私人小汽车合乘平台与合乘者达成合乘协议，分享车辆的闲置座位并驾驶合乘小客车的个人。

合乘乘客：指在私人小汽车合乘平台发布合乘需求信息，选择合乘车主，且通过私人小汽车合乘平台与合乘车主达成合乘协议，乘坐合乘车主驾驶的小客车，分摊出行成本的个人。

二、出行流程

第一步：下载提供私人小汽车合乘信息撮合服务的平台 App。

第二步：注册账号，一般需要输入手机号码，登录合乘 App。

第三步：登录 App 后，系统自动定位到当前位置，用户也可自行设置作为上车地点，然后选择下车地点，选择顺风车人数，预约出发时间，等待车主接单。

第四步：到达指定的送载地址后，在结算页面选择一种付款方式进行付款，付款完成后可以对顺风车进行互相评价。

三、用户特征

以上海地区为例，私人小汽车合乘用户呈现出高学历、高收入、高素质及高频率的四高现象，其群体及使用特征如下。

1. 拼车车主

(1)年龄段：80 后，占 57.24%；90 后，占 25.05%；70 后，占 14.40%；60 后，占

2.72%；50 后，占 0.59%。如图 4-1 所示。

（2）职业：47% 为普通白领，44% 为公司管理层，9% 为公司决策层；主要集中在地产、机械工业、金融、IT 互联网、文化传媒等行业。如图 4-2 所示。

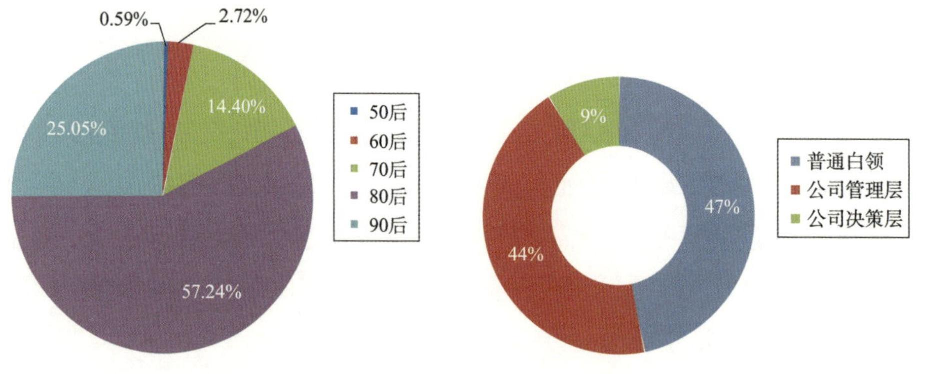

图 4-1 拼车车主年龄　　图 4-2 拼车车主职业

（3）车型：以 4 座经济型轿车为主，主要车型有雪佛兰科鲁兹、别克凯越、福特福克斯、大众朗逸、日产轩逸、丰田卡罗拉、别克英朗、斯柯达明锐、大众速腾、荣威 350。

（4）月收入：32% 在 12000 元以下；51% 在 12000 ~ 20000 元之间；13% 在 20000 ~ 30000 元之间；4% 在 30000 元以上。如图 4-3 所示。

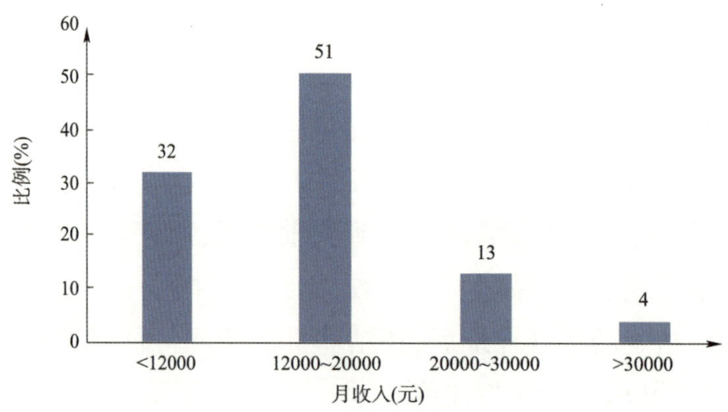

图 4-3 拼车车主月收入

（5）居住与工作地点信息：居住地与工作地之间平均距离为 15km；居住地主要集中在郊区（29%）、浦东新区/普陀区/宝山区（51% 以上）；工作地点主要集中在浦东新区（29%）、黄浦区/徐汇区（18%）、静安/闸北（14%）、郊区（19%）。

（6）选择做拼车车主的原因：上下班顺路搭载附近邻居，省下油费，减少出行成本；具有环保意识和分享意识，有一定的社交需求。

(7)在用户性别上,拼车车主男女比例为9:1。

2. 拼车乘客

(1)年龄段:80后,占39.5%;90后,占48.3%;70后,占10.4%;60后,占1.8%。如图4-4所示。

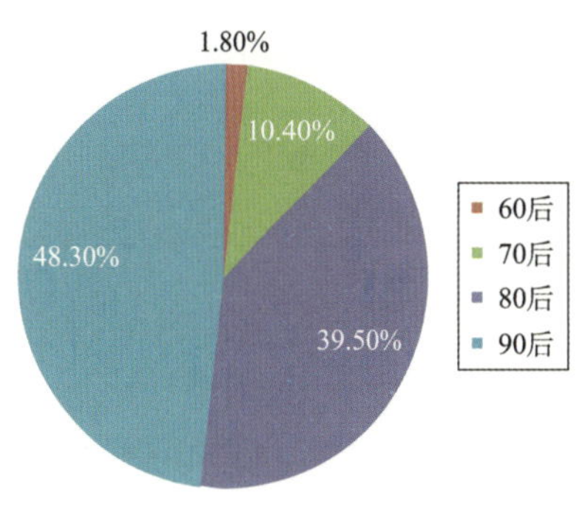

图4-4　拼车乘客年龄

(2)职业:房产建筑,占13.29%;机械工业,占12.96%;金融,占11.64%;IT互联网,占10.52%;文化传媒,占10.10%;电子通信,占8.34%;轻工贸易,占6.92%;消费品,占6.51%;医疗生物,占5.60%;政府科研,占3.28%;学生,占3.20%;化工环保,占2.67%;司法法律,占2.45%;新能源,占1.44%;外包服务,占1.11%。如图4-5所示。

(3)学历:83%为本科学历以上。

(4)居住与工作地点信息:72%的乘客在浦东新区、静安/闸北区、黄浦/卢湾区和徐汇区工作。早晚高峰订单量在以上区域最集中。

(5)拥有自有车辆的乘客比例:36%的乘客是有车族。

(6)使用频率:65.5%的乘客每周拼车4次以上。

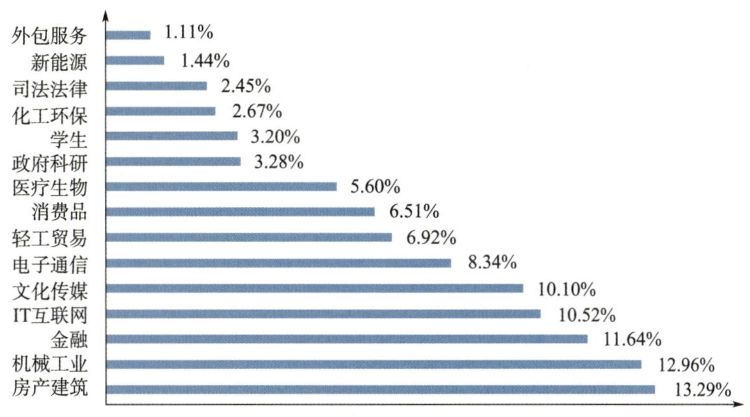

图4-5　拼车乘客职业

(7)选择拼车的原因:上下班拼车,相对拥挤的地铁公交,出行更舒适;和车主分摊油费,用出租汽车一半的价格,就能享受私家车出行。

(8)在用户性别上,拼车乘客男女比例为6:4。

3. 拼车活跃度最高的城市TOP10

拼车活跃度最高的城市TOP10见表4-1。

拼车活跃度最高的城市 TOP10　　表 4-1

城　　市	拼车活跃度	城　　市	拼车活跃度
上海	25.5%	广州	7.8%
北京	18.7%	成都	6.7%
深圳	10.6%	苏州	4.8%
天津	9.2%	重庆	4.5%
西安	8.0%	南通	4.2%

4. 周末同城拼车目的地排行

电影院:16.8%;

城市周边郊游:2.5%;

酒吧:0.3%;

商场、购物中心:55.9%;

艺术区:12.7%;

咖啡厅:6.5%;

健身房:5.3%。

如图 4-6 所示。

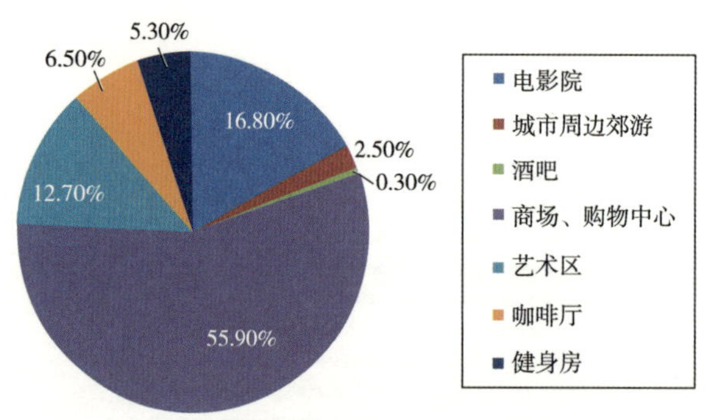

图 4-6　拼车目的地

四、权责划分

私人小汽车合乘平台 App 中对于平台、车主、用户各方责任进行了约定。通过查阅主要合乘平台的用户协议及法律声明,三方权利和责任约定如下:

1. 平台责任

(1)依法合规经营,配合政府监管。

(2)严格资质审查,防范安全风险,严把顺风车车辆、驾驶员资质准入关,不符合条件的,不予注册。

(3)畅通投诉渠道。顺风车平台受理用户的投诉,并联系合乘订单的对方对投诉进行调查核实。若乘客对合乘车主进行投诉,顺风车平台有权在核实后禁止车主在平台进行接单;若车主对合乘乘客进行投诉,在争议得到合理解决前,顺风车平台有权暂时禁止受投诉乘客使用顺风车平台的服务。

(4)不断优化产品。顺风车平台免费提供用户发布或接受合乘信息并与信息平台实时连接的终端设备中的应用程序,并在信息平台的变更、更新、优化后,及时通知或协助车主免费更新终端设备中的应用程序;尽力向车主提供真实、完整、准确、且与车主出行行程匹配的合乘信息。

(5)强化技术保障,确保信息安全。从技术上规避重大网络攻击、病毒爆发、用户信息泄露等信息安全事件。

关于使用私人小客车合乘过程中可能遭受的损失承担责任,行业内尚未有明确约定。部分合乘平台在协议中明示,认为平台作为居间信息平台,为车主和乘客提供各项信息服务,除法律有明确规定外,平台不对使用私人小客车合乘过程中可能遭受的损失承担责任,车主与乘客在私人小客车合乘服务过程中产生的任何纠纷/争议,由车主与乘客沟通解决,平台仅在平台明确公示的各项服务范围内提供必要协助。

2. 车主责任

(1)车主应具有完全民事行为能力和合法有效的驾驶资质,并保证向平台提供真实、准确、完整的信息。顺风车平台有权验证车主所提供的信息,由于车主提供虚假或不完整信息所导致的责任或损失,应由车主承担。

(2)车主应合法拥有驾驶车辆的使用权,负责对车辆进行日常管理和维修,保证车辆行驶安全,行驶手续合法有效。合乘行为前,车主应保持车内整洁、清爽、适于乘坐;车主应自行为其车辆购买相应保险、进行年审等事项,如因车主自身原因(包括但不限于甲方驾驶技术、车辆等原因)给乘客造成损失的,由车主负责赔偿。

(3)发生合乘行为时,车主应当遵守《中华人民共和国道路交通安全法》及《中华人民共和国道路交通安全法实施条例》等法律法规,如有违反,应依法承担相应责任。

(4)车主不得利用顺风车名义从事非法营运活动,不得利用平台发布色情、反动、欺诈等违法信息或商业广告。

3. 乘客责任

(1)乘客应具有完全民事行为能力,并保证向平台提供真实、准确、完整的信息。顺风车平台有权验证乘客所提供的信息,由于乘客提供虚假或不完整信息所导致的责任或损失,应由乘客承担。

(2)发生合乘行为时,乘客应遵守国家法律法规,共同维护车辆整洁,爱惜车内物品,如因乘客原因导致交通事故、人员伤亡、车辆损坏等其他损失,乘客应依法承担相应责任。

(3)乘客如发现车辆及车主与平台显示的信息不一致,乘客应拒绝乘坐,并可向平台投诉,平台核实后可以按照平台用户规则对车主用户予以处理。

五、用户保险

目前国家和地方层面的私人小汽车合乘管理文件中,对于如何保障用户安全尚未有明确措施。

哈啰出行为同意哈啰顺风车的用户协议,且使用哈啰 App 及支付宝小程序端顺风车功能日常出行的驾驶员、乘客购买了意外伤害保险、意外伤害医疗保险、附加猝死保险和附加救护车费用保险,见表 4-2。

哈啰出行为驾驶人、乘客购买的保险 表 4-2

保险项目	保额	保险保障范围
驾乘人员意外伤害保险	20 万元/人 (7 座及以下私家车)	驾驶员、乘客的意外身故、伤残
附加意外伤害医疗保险	2 万元/人 (7 座及以下私家车)	驾驶员、乘客的意外伤害医疗
附加猝死保险	20 万元/人	驾驶员、乘客行驶途中发生猝死,如因既往病症导致的猝死按保额的 50% 进行赔付
附加救护车费用保险	2000 元	发生保险事故导致驾驶员、乘客需要紧急救助而实际支出的、合理且必要的救护车费用

第四节 关键技术

影响私人小汽车合乘的因素有很多,如乘客信息的发布、合乘车辆信息的发布、合乘信息的反馈、出行路径的选择等，信息技术在合乘过程中起着至关重要的作用。

在实际出行过程中，车主和乘客都需要通过网络信息平台完成私人小汽车合乘。车主和乘客通过网络信息平台分别发布各自的路线和预期时间、查询对方的个人信息、车辆信息，保证了车辆合乘的有效性和安全性。出行者选择车辆合乘方式出行，一方面为了能和别人分摊路费，那么合乘计费方式成了不容小觑的问题；另一方面，出行者希望能在最短的时间内乘车并且车辆合乘过程中能减少绕路，快速到达终点，那么车辆合乘调度问题成了重点研究问题。

一、网络平台

随着互联网技术的发展，人们可以实现网上购物、网上聊天等，网上“拼车”的出现也不例外。私人小汽车合乘的顺利实施，首先要解决的是网络信息平台的建立。无论是乘客还是车主，都需要通过网络信息平台来发布合乘需求和需求信息处理。私人小汽车主可以在网络平台上发布自己的车辆信息和合乘需求，根据自己的搜索条件筛选出合适的乘客；乘客可以发布自己的合乘申请和需求，也可以通过搜索来筛选出合适的车辆。网络信息平台可以提供信息采集服务、信息整合服务，以及定时定点预订出租汽车的服务，信息采集服务方便用户输入个人合乘信息，管理用户的合乘信息，通过信息整合服务来配对乘客和车主的路线和信息，整合成功后，将路线和时间通知各合乘者和车主，乘客也可以提前和车主预订好时间和地点。如果乘客和车主没有在规定时间合乘，则需要承担违约责任。所以建立一个合乘信息平台是很有必要的，为乘客和车主提供了方便、快速、安全、准确的信息，保证了出行者的顺利出行。近几年，拼车网站发展迅速，随着智能移动终端的迅速普及，移动终端上的拼车软件也相继出现。移动终端通过定位技术可以快速定位自己的起始点，更方便用户的出行。在车辆运行过程中，移动终端通过实时定位车辆位置，能够实现车辆和乘客更准确的匹配，但是移动终端的车辆合乘调度算法研究也会变得更为复杂。

二、合乘信息发布

信息平台建立好之后，出行者通过注册网站，填写自己的基本资料，如用户名、密码和联系方式等，然后通过网络发布自己的需求信息。出行者每次发布时需要登录系统,乘客在系统里发布自己的合乘起终点、合乘时间窗、同乘忍受度等信息。私家车主在系统里发布自己的车辆信息、车载容量、车辆起终点和所经过的路线、时间窗等信息。信息平台收到这些信息后,就会自动匹配,并且进行车辆的指派以及路线的规划等工作,同时将这些信息反馈给乘客和私家车主。对于用户来说,个人资料的安全与保密是非常重要的,用户需要登录系统才能修改自己的基本信息,其他用户只能查看部分公开的信息。

三、车辆调度

合乘信息发布后,系统要进行车辆调度,选择合适的车辆来搭载乘客,并规划出合理的路径。当用户发布合乘信息时,中心系统接收用户的信息,由于用户的合乘信息都是随机的,相关信息需要通过调度中心的处理才能传达给私家车主,因此调度中心需要对乘客的路线和时间进行配对,发出调度任务命令。当接收调度任务后,根据匹配算法得到匹配乘客,再将这些乘客节点和车辆起终点排列形成一条最佳路线,并将最佳路线告知汽车私家车主,私家车主得到乘客的相应信息,同时系统将候车时间地点告知乘客,乘客只需在规定时间规定地点等候。车辆调度系统利用 GPS 技术建立一个高效便捷的合乘信息网络系统,通过搜索附近的空载车辆或者可合乘车辆,匹配私家车主和乘客的出行信息,选择相同或相近的出行路线,实现车辆合乘,提高车辆的利用率。

私人小汽车合乘动态调度问题属于车辆动态调度问题的一种。车辆动态调度问题是基于车辆静态调度问题衍生而来的。车辆静态调度问题是指:在进行车辆优化调度之前,调度中心已经获取所有乘客的需求信息,如乘客所在的地点、具体的需求量以及乘客对时间的要求等。这些信息不随时间的变化而变化,一旦确定就固定不变。调度中心依据所有乘客的需求信息对车辆进行调度,制定车辆最优的行车路线为乘客提供服务。由于乘客的需求信息不会发生变化,所以车辆的行车路线一经优化后就不再改变。相对车辆静态调度而言,车辆动态调度问题更为复杂,一般可定义为:在进行车辆优化调度之前,调度中心没有掌握所有乘客的需求信息。依据部分已知的信息,调度中心进行车辆调度以满足当前的乘客需求。在执行调度方案的过程中,可能有新的乘客需求出现或者既有乘客的需求信息发生改变,调度中心需要根据变化的需求信息以及车辆的状态信息,重新进行车辆调度,更新车辆的行车路线。

下面对车辆动态调度问题的几个主要特点加以总结：

(1)时间概念非常重要。

在车辆静态调度问题中，调度中心已经预先掌握所有与调度相关的信息，且这些信息是固定不变的，所以无须考虑时间的变化对车辆调度决策的影响。然而，在车辆动态调度问题中，顾客需求、车辆状态等与调度相关的信息都是随着时间的推移不断发生变化。在每一个需求信息发生变化的时间节点，调度中心都需要进行新一轮的车辆调度，重新优化车辆行车路线。

(2)需求信息动态变化。

车辆动态调度问题的动态性很大程度上与需求信息的动态变化有关。一般情况下，动态调度问题中需求信息随着时间的推移不断发生改变。假设在某一时刻调度中心基于当前掌握的信息进行车辆调度，在下一个时刻很有可能有新的需求信息出现或者既有的需求信息发生改变，如需求时间或地点发生变动等。这些需求信息的变化往往事先无法预知，从而增加了车辆动态调度问题的复杂性。

(3)需要建立信息更新机制。

在车辆动态调度问题中，调度中心制定的车辆调度决策建立在决策时刻所掌握的需求信息和车辆状态信息的基础之上。那么，当这些与调度相关的信息发生变化时，调度中心需要及时对信息进行更新，所以需要建立信息更新机制。调度中心只有在实时感知最新信息的情况下，才能有针对性地制定最佳的调度方案。该机制的建立是求解车辆动态调度问题的重要环节。

(4)调度中心根据信息的变化动态调整调度决策。

在车辆静态调度问题中，调度中心在进行调度优化时已经获取所有的需求信息，且这些需求信息不会随着时间的推移而发生变化。在这种情况下，调度中心只需要进行一次优化调度就可以确定车辆的最佳行车路线。然而，在车辆动态调度问题中，由于需求信息发生变化，调度中心之前制定的调度决策不再是最优的调度决策，所以要根据信息的变化对车辆调度重新优化，动态地调整调度决策。

由于车辆调度问题在实际生活中有着非常广泛的应用，所以该问题一直是学者们的研究热点。自 1959 年提出以来，经过几十年的研究发展，关于车辆调度问题的研究已经取得了丰富的成果。现有的车辆路径问题求解方法可以分为精确算法与启发式解法两大类，其中启发式算法包含传统启发式算法与亚启发式算法两类。

精确算法可以求得问题的最优解，但是只适用于求解小规模的车辆调度问题。当车辆调度问题的规模较大时,精确算法难以在可接受的时间内求得问题的最优解。在实际生活中,车辆调度问题的规模一般较大,并且由于现实中的诸多不确定因素,车辆调度问题多是车辆动态调度问题。为了有效求解这类问题,学者们提出了启发式算法,这类算法虽然无法保证求得最优解,但是可以在合理的时间内求得满意解,能够有效节省时间开销,符合车辆动态调度问题对算法时效性的要求。在众多启发式算法中,遗传算法、蚁群算法以及模拟退火算法最为常用并且具有较好的优化性能。

四、合乘匹配算法

车辆合乘问题是通过选择合适的驾驶员和乘客,在满足乘客和驾驶员利益的条件约束下,形成一条最短合乘路径,降低车辆的空载率。车辆合乘问题首先解决驾驶员和乘客的匹配问题,然后求解每辆车的最短路径。车辆合乘问题中,每个车辆和乘客的起终点和时间窗可能不一样,选择合适的车辆合乘调度算法可以使车辆和乘客的利益得到最大化,实现路径最优。

拼车出行中实现乘客合理化匹配至关重要。通过在车辆经过的节点周围搜索乘客上下车点来实现车辆和乘客的匹配,搜索半径越大,圆域越大,搜索的乘客越多。如果搜索半径过大,则会丧失检索意义;如果搜索半径过小,则会造成符合匹配条件的乘客点过少,从而使匹配的成功率过小。下面介绍可以解决车辆合乘匹配问题的算法。

1.聚类启发式算法

聚类启发式算法可以用于解决从若干乘客合乘需求中筛选同搭乘车辆最为匹配的乘客。1974 年 Everitt 对聚类做出如下定义:同一个类簇内的实体是相似的,不同类簇的实体是不相似的;一个类簇是测试空间中点的会聚,同一类簇的任意两个点间的距离小于不同类簇的任意两个点间的距离;类簇可以描述为一个包含密度相对较高的点集的多维空间中的连通区域,它们借助包含密度相对较低的点集的区域与其他区域(类簇)相分离。

求解车辆合乘匹配问题时,聚类实际上是把可能成功搭载的乘客需求从所有的乘客需求中挑选出来,避免反复尝试,提高匹配率。聚类算法以车辆为聚类中心,将与车辆较匹配的乘客需求聚为一类,通过“先验聚类”思想,执行单车辆插入过程,以寻求最佳搭载方案。

2. 粒子群算法

车辆合乘匹配是将某一个范围内的乘客划分到某车辆上去,而用粒子群算法可以很好地解决乘客和车辆的匹配问题。

日常生活中经常看到一群鸟类向同一个方向迁徙,一群鱼向同一方向觅食,一群蚂蚁一起搬某个食物,社会学研究认为大多数动物都是以群体为组织来活动的,每个个体的活动都是随机性的,然后这种随机性的活动在群体性下逐步演变成群体性活动。虽然这些个体对全局优化没有任何概念,但是最终会将个体的简单行为整合成一个群体性行为,这种行为就称为"群体智能"。

粒子群算法即受到鸟类群体觅食行为的启发而衍生的全局优化计算技术。其基本思想是通过个体之间的互相协作与竞争从而在空间中进行优化搜索。算法容易实现,而且又有群体智能的背景,在一些领域得到了广泛应用。粒子群算法将每个优化问题的可行解作为搜索空间中的一个粒子,每个粒子所代表的可行解根据目标函数得到一个适应度值,适应度值决定了粒子的好坏。每个粒子的速度决定它们飞行的方向和距离。在每一次迭代中,每个粒子都要记录下自己当前所搜寻到的最优位置,同时记录整个群体中所有粒子找到的最优位置,即全局极值。通过搜索全局极值,即可得到乘客和车辆匹配的最优解。

五、合乘路径优化算法

车辆路径问题(Vehicle Routing Problem,VRP)优化的研究很多,VPR 问题可以看作是一个有约束条件的组合优化问题,优化目标是从管理决策的角度出发,在满足乘客出行需求的前提下,最大限度降低车辆派遣数量和行驶总里程,实现系统成本的最优。在求解这类问题时,得到的解可能有多个,只有在问题规模较小时才有可能得到最优的精确解,规模较大时很难求得最优解。

随着人们对优化技术研究的逐步深入,常用的解决车辆路径优化问题的方法有精确算法和启发式算法。精确算法是要求能够求出确切最优解的方法,一般对于车辆路径问题在可以接受的时间内用精确算法很难求出问题的最优解,比较适合小规模问题,在实际应用中有很多的缺陷。精确算法的目的是求得模型的最优解,随着求解规模的扩大,通常算法的计算时间会呈几何式地增长。因此,考虑到实际情况,不对精确式算法做过多的研究,只做简单的综述和分析。

求解车辆路径问题的精确式算法主要有:①线性松弛的方法。在求解规模不太大的情况下,可以通过松弛约束条件,计算最优解所在空间,采用逐渐逼近的方法得到最优解。②分支定界法。分支定界法作为整数规划问题中比较常见的方法,在求解小规模路径优化问题上有一定的适用性。③列生成算法。用列生成算法求解基本最短路的车辆路径问题得到了较好的效果。

启发式算法在求解大规模问题时很有优势,可以在有限时间得到可行解。启发式算法求解优化组合问题未必能够得到最优解,但是可以得到接近最优解的近似最优解。尤其是在求解大规模优化问题时,算法的效率会优于精确式算法。考虑到私人小汽车合乘路径优化问题在实际应用中需求点的个数较多,同时,对于合乘路径的选择近似最优解也可以满足实际需求,适合采用启发式算法进行求解。遗传算法是经典的启发式算法之一。遗传算法是受达尔文进化论自然选择的学说以及遗传学生物进化过程的启发而产生,是一类通过模仿自然界生物进化过程来搜索问题的解的搜索算法。一般来说,遗传算法需要生成可能包含问题潜在最优解的集合,每个解通过适当的编码方式形成染色体,组成算法的初始种群,每个染色体都代表了种群中的一个个体。然后,根据所要求解的目标函数,确定种群中各个个体的优劣,称之为适应度。按照优胜劣汰、适者生存的法则进行筛选,通过选择,留下相对比较优异的个体组成新的种群。模仿遗传的过程,对种群中的染色体个体进行交叉和变异的操作,产生子代种群即所得的新的解。这个过程会导致子代比父代拥有对环境更高的适应度,经过多次迭代,末代种群中适应度最高的个体可以作为问题的近似最优解。遗传算法在求解合乘路径优化模型时,最大的优势在于对种群的操作可以采取并行计算的方式。因为,遗传算法从初始种群的生成到对选择后的个体实施遗传操作的过程都具有相对的独立性。因此,在算法运行的过程中,可以将一个大型的种群随机分解成几个小型的种群,采用并行操作的技术分别运算,然后将运算后的子代混合,进行选择后形成新的种群,再重复上述操作,这大大加快了算法的运行速度。在实际情况中,交通状态信息不仅数量庞大而且更新速度较快,遗传算法并行计算的特性保证了算法能够适应实际的信息更新速度。

第五节 典型案例

一、嘀嗒顺风车

嘀嗒顺风车是北京畅行信息技术有限公司于 2014 年 9 月推出的私人小客车

合乘信息撮合平台,是我国最早出现的顺风车平台之一。嘀嗒顺风车坚持以满足车主自身出行需求为信息撮合前提,合乘双方行程匹配不易成功,成单率仅为35%左右,与国际上私人小客车合乘的运行规律基本一致。平台对成功订单每单收取1元信息服务费以维持正常运转(其中仅上海市按照合乘里程收取1~3元信息服务费),不向车主抽成牟利。驾驶员接单前须提前发布出行时间、路线信息,平台通过技术手段控制接单,接单车主每日平均成单不足2单。由于始终保持合乘出行"以满足车主自身出行需求为前提、不以营利为目的"的本质特征,嘀嗒顺风车是特定人群集约通勤的小众出行模式。

1. 依法合规经营,主动纳入监管

嘀嗒出行在国办发〔2016〕58号文件发布后,派员主动、反复、经常地向已出台私人小客车合乘指导意见的城市交通运输部门汇报平台运行情况,无条件开放信息数据接口,积极申报行政备案,先后在上海、杭州等中心城市获得私人小客车合乘行政备案资格并完成数据对接。相继同深圳、广州、重庆、青岛等城市交通主管部门进行数据交互对接。

2. 严格资质审查,防范安全风险

严格审核车辆行驶证及保险状况等车辆信息,驾驶员身份证、驾驶证等个人信息,严把顺风车车辆、驾驶员资质准入关,不符合条件的,不予以注册。与各地运管部门、出租汽车协会、公司建立联合甄别机制,严防"马甲车"等不法车辆、人员混入平台。

3. 及时足额投保,保障各方权益

嘀嗒出行为通过本平台达成合乘出行的订单购买了公众责任险,保障合乘双方在出行期间的权益。市内合乘每次事故人身伤亡赔偿限额为40万元,城际合乘每次事故人身伤亡赔偿限额为100万元。根据城市智行研究院抽样调查,用户对嘀嗒出行权益保障机制普遍表示满意。

4. 畅通投诉渠道,维护社会稳定

自建专业化客服中心,设立400热线客服,开通App在线客服,实行24h服务。联合多个城市交通热线信息管理系统与政府投诉热线建立绿色处理通道,协助政府主管部门高效处置用户投诉,积极化解社会矛盾,获得天津等多地政府主管部门首肯。

5. 严防非法运营,持续健康发展

嘀嗒出行坚决反对极个别用户利用本平台从事非法客运经营活动。为此,采取接单数量限制、价格监控、鼓励乘客投诉、与地方主管部门联动打击等手段和机制,引导和规范车主行为。对于少数极个别违规的车主,通过技术手段和人工稽查发现一起查封一起,仅2018年上半年,查封违规车主账号345个。积极协助交通执法部门固定极少数车主非法营运证据,确保执法部门在行政诉讼活动中处于主动有利的地位。

二、滴滴顺风车

2012年9月,"滴滴打车"上线;2015年2月,滴滴打车与快的打车宣布战略合并;2015年2月底,滴滴开始研发顺风车项目,6月正式上;2015年9月,"滴滴打车"正式更名"滴滴出行";2016年8月,滴滴全面收购优步中国。短短几年的时间,滴滴一路击败包括国际巨头Uber在内的30多个竞争对手,最终占据了中国网约车市场九成市场份额。滴滴顺风车业务于2015年6月1日上线,作为滴滴平台唯一的C2C业务,仅用三个月时间就累计注册了550万顺风车主,使用过的乘客高达840万,单日最高订单量达223万。

2019年11月20日,滴滴顺风车整改后重新上线试运营,优化上百个安全功能和策略,保障用户出行安全。

1. 驾驶员乘客身份验证

驾驶员需要实名认证以及人脸识别,并且为了保障乘客隐私,在上车之前驾驶员无法得知乘客的性别、头像。车主注册时平台还将以动态拍摄方式采集驾驶证、行驶证和身份证信息,防止证件造假。乘客首次使用滴滴顺风车时,还需要完成"实名信息认证""安全功能确认""乘客安全知识学习"任务,实名信息认证环节要识别人脸。对于驾驶员和乘客均要求1年内无投诉才可发布夜间行程,否则无法在夜间使用顺风车业务。

2. 安全功能升级

去掉附近接单功能,仅能在常用地点件接乘;永久下线用户隐私信息,如自定义头像、用户性别、用户昵称、长文评价等。开启"自动分享行程"功能,在自定义时间内,可自动分享行程给指定的紧急联系人。通过"紧急求助"功能,即可一键向紧急联系人发出求助信息、上传实时录音与定位至滴滴安全平台留证。上线的“女性安全助手”功能，女性用户可以查看合乘方车龄、驾龄、人脸识别时间等相关信息；及时提醒行程分享、紧急联系人、实时位置保护等安全功能操作；查看行程安全信息，当发生轨迹偏移、长时停留等异常情况时，即时预警提示并通知紧急联系人；长距离出行要求合乘用户增加人脸识别，女性用户须设置紧急联系人，车主则自动开启行程录音加密上传平台。

3. 引入信用机制

通过“行为分”对驾驶员和乘客进行约束，用户的更多行为被纳入计分范围，并对用户履约、守规、友好、整洁四个维度综合评估。高分用户将获得更多的优先权益，而低分用户将被严格约束，特殊场景接单限制、400 分以下的用户将被停止服务。

4. 优化客服能力

滴滴将客服体系分为安全体系与服务体系，与安全相关的投诉会第一时间转交给安全响应团队，由专业的安全客服处理。滴滴建立了警方调证的专项对接团队，提供 7 ×24h 的响应服务。

三、哈啰顺风车

哈啰顺风车是上海钧正网络科技有限公司推出的移动出行平台，2019 年 1 月 25 日正式上线。在安全保障方面，哈啰做了一系列规范和专业技术设定，顺风车业务上线时便设立了一系列措施来保障驾乘出行安全。

1. 安全准入

乘客使用哈啰合乘出行服务前，需通过支付宝和身份证实名认证。哈啰合乘服务对车主采取多重审核机制，包括事前、事中、事后各环节的审核体系。事前审核阶段，哈啰出行与阿里云达成战略合作，通过车主线上提交的身份证、驾驶证和行驶证信息进行关联匹配，对车主信息进行严格筛查。主动与公安部门数据对接，参照出租汽车和网约车司机的公安背景审查标准，排除有交通肇事犯罪、危险驾驶犯罪记录，吸毒记录，饮酒后驾驶记录，暴力犯罪记录，最近连续 3 个记分周期内无记满 12 分记录等人员的进入。事中审核阶段，利用人脸活体检测技术确保实际驾驶员与此前提交的车主资料相符。事后环节，系统随机对车主订单抽查检验，针对路线出现偏差、计费出入较大、遭投诉较多的车主进行定向检查。通过车主信用分体系、考核评分体系，考核结果将与派单数量直接挂钩。建立处罚机制，利用降分，降级，封号等措施保障车主服务品质。

2. 安全环境

产品杜绝一切社交功能，不支持社交头像、评论、标签，限制非交易条件下聊天权限，从源头上扼制潜在风险。

3. 预警系统

哈啰合乘服务支持乘客选择车主，车主选择乘客必须得到乘客同意后方可开始行程。哈啰与高德地图合作，对行程轨迹进行动态监控，发现路径偏航、滞留时间过长等现象，通过客服或 IVR 语音电话进行干预。此外，App 还设置实时路径偏航预警、一键报警、紧急联系人、行程分享等安全功能，通过技术预警潜在危险。

4. 客服响应机制

哈啰出行客服部门设有 7×24h 客服，聘请安全管理、应急救援等行业专家组建应急处置团队，制定应急预案及客服应对机制，并对客服人员进行专门培训及事前演练，全面响应车主和乘客遇到的各类问题。针对安全问题还设置了安全专线，专项处理安全相关来电。如果遇到紧急情况，会启动安全应急处理流程，直通警方绿色通道，最大可能保障车主和乘客的出行安全。App 设置“一键报警”功能，并开通警企合作绿色通道，若用户在行程中觉察危险，可在第一时间触发报警，同时平台将自动连线专职客服，并通过平台技术手段积极提供相关信息实时协助公安部门查案办案。

5. 安全保障

哈啰出行与知名保险公司国泰达成合作，为驾乘双方提供免费人身意外险、意外医疗险，全方位保障出行安全。

第六节　私人小汽车合乘的未来

毋庸置疑，科学技术将在私人小汽车合乘的未来发展中扮演关键角色。众多拼车数据库之间的互操作性取得显著进展。多个合乘撮合服务供应商之间的开源数据共享可以让会员在所有数据库中找到匹配。这就需要拼车服务公司在保持公司之间的竞争的前提下，制定一个标准的数据共享协议。

另一个可以促进私人小汽车合乘增长的领域是多式联运——与公共交通和拼车等其他交通方式无缝连接。事实上，Zimride 和 Zipcar（北美最大的汽车共享运营商）已经在 2009 年建立了综合合作伙伴关系。Zipcar-Zimride 平台允许大学生用户将旅行日期、时间和目的地发布到 Zimride 校园社区来匹配合乘信息。如果未能成功匹配，Zimride 成员还可以享受本地的 Zipcar 出行服务。未来，出行者可以通过在线模式查看不同出行方式的旅行时间和费用，并选择最适合自己的方式。多式联运甚至可以促进乘客在不同出行方式之间的转移，使替代出行更方便。然而，未来，如何促进公共机构和私营公司之间的合作将成为多式联运一体化的重大挑战。

本章参考文献

[1] Bonsall P, Spencer A, Tang W S. Ridesharing in great Britain: Performance and impact of the Yorkshare schemes[J]. Transportation Research, Part A (General), 1983, 17(3): 169-181.

[2] Ferguson E. The influence of employer ridesharing programs on employee mode choice[J]. Transportation, 1990, 17(2): 179-207.

[3] Beroldo S. Casual carpooling in the San Francisco Bay Area[J]. Transportation Quarterly, 1990, 44(1): 133-150.

[4] Reddy P D V G. Gis Based Real-Time Rideshare Matching. Gis/Lis'94 Annual Conference and Exposition[J]. Proceedings, 1994: 658-665.

[5] Morency C. The ambivalence of ridesharing[J]. Transportation, 2007, 34(2): 239-253.

[6] Giuliano G, Levine D W, Teal R F. Impact of high occupancy vehicle lanes on carpooling behavior[J]. Transportation, 1990, 17(2): 159-177.

[7] Agatz N, Erera A L, Savelsbergh M W P, et al. Dynamic Ride-Sharing: a Simulation Study in Metro Atlanta[J]. Transportation Research Part B: Methodological, 2011, 17(none): 532-550.

[8] Shaheen S. US Carsharing & Station Car Policy Considerations: Monitoring Growth, Trends & Overall Impacts[J]. Institute of Transportation Studies, 2004.

[9] Burris, M W, Winn, J R. Slugging in Houston-Casual Carpool Passenger

Characteristics[J]. Journal of Public Transportation,2006,9(5):23-40.

[10] Kishi K,K Satoh. Attitudinal study on a reciprocal community transport system in Japan[J]. International Journal of Sustainable Transportation, 2007, 1(3): 161-171.

[11] Caulfield B. Estimating the environmental benefits of ride-sharing:A case study of Dublin[J]. Transportation Research Part D:Transport and Environment,2009,14(7):527-531.

[12] Buliung R N,Soltys K,Habel C,et al. Driving Factors Behind Successful Carpool Formation and Use[J]. Transportation Research Record Journal of the Transportation Research Board,2009,2118(2118).

[13] Xin W,Zhu S,Wang H,et al. Analyzing Early Market Potential and Strategies for Carpooling in China:A Case Study of Wuhan[C]// International Conference on Management & Service Science. IEEE,2009.

[14] Hunsaker B,Savelsbergh M. Efficient feasibility testing for dial-a-ride problems [J]. Operations research letters,2002,30(3):169-173.

[15] Deakin E,Frick K,Shively K. Markets for Dynamic Ridesharing? [J]. Transportation Research Record: Journal of the Transportation Research Board, 2010, 2187(1): 131-137.

[16] Hame L. An adaptive insertion algorithm for the single-vehicle dial-a-ride problem with narrow time windows[J]. European Journal of Operational Research, 2011, 209(1):11-22.

[17] 邵增珍,王洪国,刘弘,等. 车辆合乘匹配问题中服务需求分派算法研究[J]. 清华大学学报(自然科学版),2013(2):110-116,122.

[18] 田丽君,苏瑞超,黄文彬. 可交易通行权和鼓励合乘政策下的通勤选择[J]. 系统工程理论与实践,2017,37(12):171-178.

[19] 于匡员. 基于预约模式的出租汽车合乘路径优化[D]. 哈尔滨:哈尔滨工业大学,2015.

[20] 张斌. 基于需求驱动的出租汽车动态合乘问题研究[D]. 北京:北京交通大学,2019.

[21] 吴晓声. 出租汽车动态共乘匹配优化算法研究[D]. 西安:长安大学,2018.

第五章　需求响应型公交

第一节　定义与特点

一、定义

需求响应型公交(Demand Responsive Transport,DRT)是以吸引私家车通勤者或拟采用私家车通勤的乘客为目的而设计的一种公共交通方式,并通过集合个体出行需求,为出行起讫点、出行时间、服务水平需求相似的人群提供量身定制的公共交通服务。

二、发展历程

DRT 最早出现在 20 世纪 60 年代,是专家学者为弥补固定型公共交通系统的不足而寻找的一种新的公共交通服务系统,以兼具公共交通经济性和私家车的灵活性。

1976 年,美国威斯康星州学者 Flusberg M. 首先提出了灵活公交系统这一构想。1990 年,美国颁布残疾人法案(Americans with Disabilities Act,ADA)规定公共交通系统必须能够为残疾人等特殊群体提供出行服务,促进了 DRT 的发展。

目前,欧洲、美国等地区的 DRT 已积累了 40 年的发展经验,如美国威斯康星州的Merrill-Go-Round 系统、欧盟的“先进的公共交通运营”以及波兰的 Tele Bus 需求响应型公交系统,早期主要是为了满足老弱病残等特殊群体的出行需求或客流稀疏地区的乘客出行需求,后来逐渐扩展为具有特定群体的出行需求,如就医、上学、机场及火车站出行,乘客主要通过电话或短信的方式提前预约车辆。

随着计算机及互联网技术的发展,DRT 开始广泛应用于城市外围区、广大农村偏远地区等出行需求密度较低、公共交通服务不完善和无公共交通服务的区域。

2013 年,我国首条 DRT 线路在青岛市正式开通。据不完全统计,目前有超过 30 个城市开通 DRT 线路,以大城市居多,主要是为满足通勤需求而规划的“点对点”DRT。

三、系统特点

DRT 系统是一种绿色、便捷、舒适、高品质的公共交通服务新模式,通常具有“定人、定点、定时、定车、定价”的特点。

1. 定人

DRT 乘客的主要来源是上下班的通勤者,客源一般比较稳定,乘客通过预约一定的时间段(通常是一个星期或是一个月)来预先购买服务,以较低的价格来取得较稳定和较舒适的一人一座服务。

2. 定点

DRT 停靠点是预先设定好的,出发点、停靠点以及终点都是运营企业根据全体乘客的需求事先规划好的,在行驶过程中是不能更改停靠点的。运营企业为了提供更优质的服务,一般只会设置一个或少数停靠点,以更好地满足乘客“定时”的要求。

3. 定时

DRT 的发车时间和到达设定站点的时间通常是比较固定的,运营企业都会事先了解清楚,在这个时间段里面,正常的情况下从发车点到达设定站点所需花费的时间是多少,并将具体到达站点的时间事先告知乘客,以设定发车时间来满足乘客的需求。正常情况下,运营企业都会按照规定的时间到达事先规定的站点。

4. 定车

DRT 一般采用 40 座以上的客车,也有采用座位较少的小型公交客车,由于采用一人一座的运营方式,保证了乘客预约出行过程中的舒适性。

5. 定价

DRT 线路的票价一般是比较稳定的,通常会为预定一定时间段的乘客提供更优惠的价格,需要乘客通过购买周票、月票或定期票等方式来稳定客源,从而为乘客预约出行提供更优质的服务。

四、服务要素

DRT 以服务本身来进行分层，主要包括服务主体、服务对象、服务配置、服务机制、服务管理 5 个方面（图 5-1），其服务要素在于运营单位或中介服务机构通过网络、电话、短信、微信，或定点调查收集个人出行需求和联络信息，以确定 DRT 服务的乘客单元、发车时间、线路走向、停靠点等相关信息。DRT 有以上 5 个方面，共 11 个服务要素。

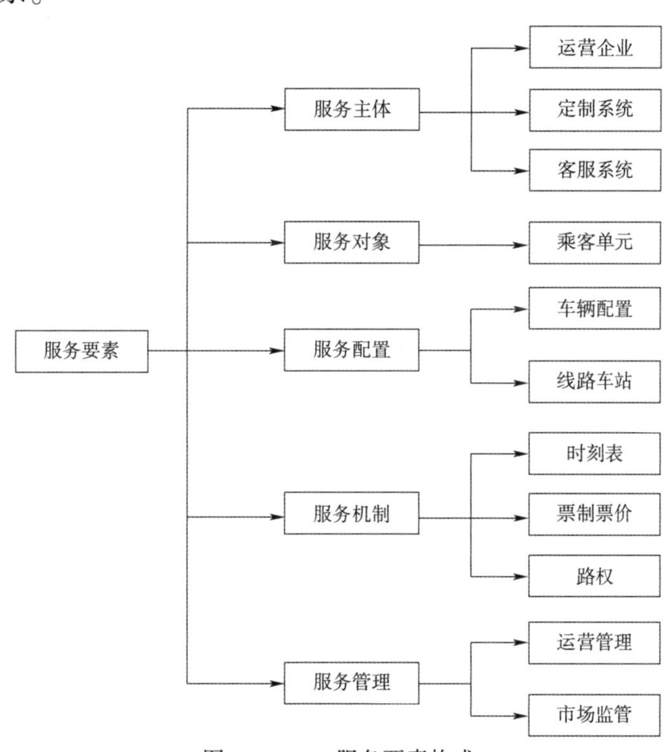

图 5-1　DRT 服务要素构成

1. 运营企业

运营企业负责运营过程中的运营计划、运营组织、运营实施和运营控制，一般可以是城市的公交公司（北京）或者客运旅游企业（武汉、济南），也可以是互联网企业（深圳），还可以是前者和后者的结合（贵阳）。

2. 定制系统

定制系统是运营企业为获取乘客对 DRT 线路、出行时间、乘车地点等出行需求信息的平台，也是乘客表达使用 DRT 意愿、详细定制等的平台。DRT 服务需建立功能齐全的服务定制系统,充分利用固定网点、网络、电话、短信、微信等平台,为市民提供方便的查询、定制、付费、订单修改等服务,便于不同类型的人群(如消费习惯不同、不方便使用网络等)预约出行服务。

3. 客服系统

客服系统是运营企业通过网络、电话、短信等方式来回答乘客疑问,进行业务咨询,接受投诉、意见,帮助乘客更改定制方案等提高服务水平的系统。DRT 需配备单独完善的客服系统,承担业务咨询、投诉、续订、线路调整等相关乘客服务功能。

4. 乘客单元

乘客单元一般是单一运营公交车辆的所有乘客,少量组合线网公交运营模式的乘客单元可以是单一运营公交车辆或是一个运营公交车队。DRT 的乘客需要承诺一定的服务期限,通常不少于一个月,也可以是一个季度、6 个月或年度为服务合同期,合同期长有利于定制服务线路组织架构的稳定性。定制服务可在合约期内变更乘车者。

5. 车辆配置

根据乘客规模和票价水平综合确定车辆类型,在运营初期一般采用 40 座以上的客车,随着服务网络化发展,也可采用小型公交客车。由于采用一人一座的运营方式,车内尽可能布置较多座位,一般采用“2 + 2”座位布局形式,车辆配置和内饰注重乘车的舒适性和实用性,如增加 USB 充电插口、放置笔记本电脑的小桌板等人性化服务设施。

6. 线路车站

车站的位置按照乘客需求预先定制,为方便乘客,车站位置尽量靠近乘客单元大多数人的出行起讫点。车站既可以设置为独立的 DRT 专用车站,也可以利用现有的公交站点。DRT 行驶路径既可以采用固定线路,也可根据道路交通状况灵活选择并适时调整,但要确保车站的覆盖范围满足乘客需求。

7. 时刻表

DRT 在每个车站的发车时间是在定制服务时预先确定的,通常根据到达目的地的期望时间和沿途交通状况推算发车时间。

8. 票制票价

为维持 DRT 客户群的稳定性,通常采取月票、周票或固定乘车日期等票制。

乘客在签订服务合同时需预付合约期的费用。

9.路权

DRT对道路条件没有特殊要求,具备客车通行条件的道路均可通行DRT。为鼓励发展DRT及确保其运营速度和稳定性,经交通运输管理部门允许后也可在公交专用车道内行驶。

10.运营管理

运营商在客流市场调研的基础上,制定初步的运营计划,并根据服务预定情况编制具体的车辆运营调度方案。根据客流市场的变化,运营商可定期对运营计划进行调整。

11.市场监管

DRT服务由国营或私营运营商经营,并纳入城市公共交通体系,由城市公共交通行业主管部门按照有关政策、规范、规定和标准进行监管。

第二节　国内外研究与发展动态

一、国外研究与发展动态

20世纪70年代美国就已经出现了定制公交这一模式。在国外,DRT是定制公交最典型的一种形式,可以理解为定制公交的升级版。在当时,由于智能化技术尚未出现,作为一种为特殊群体服务的公共交通运输方式,这仅是一种比较原始的需求响应型公共交通服务形式,没有规划,是一种应急的运输措施。从20世纪90年代开始,随着城市的不断发展和扩大,原属于城市郊区的地方逐渐变成城市新区,人口急剧增加,市民出行量大增,对公交的需求也大增,同时智能化交通技术开始得到应用并不断发展,需求响应型公交服务也开始尝试应用于城市郊区和偏远乡村的运输中。到了21世纪,特别是近几年来,公交优先的理念深入人心,智能化交通技术发展到一定的高水平,需求响应型公交服务系统也有了突破性的进展,服务水平有了较大的提高,此类型的公交越来越受到民众的欢迎。

目前,欧洲多个国家也都已经成功运营了需求响应型公交服务,深受乘客的欢迎,大大降低了城市私人小汽车的出行量,缓解了城市的交通拥堵,改善了城市居民的出行效率和生活质量。需求响应型公交在满足不同乘客群体出行需求的同时,不断提高服务质量,灵活地运用各种模式降低运营成本。在对待特殊群体,如残疾人、老年人等方面,欧洲各大城市都有针对性地使用合适的车辆开通此种类型的公交服务以满足他们的出行要求。其中发展 DRT 比较突出的示范工程有欧盟的"先进的公共交通运营系统",在乘客出行需求分布比较稀疏的地区针对残疾人、老人等特殊人群提供"门到门"的服务。

John D. Nelson 等对柔性交通服务系统(FTS)近期的演变进行了分析,以往 FTS 主要为特殊群体提供专用解决方案,通常与传统公交网络并存,但是值得注意的是,现在欧洲许多国家更倾向于运用 FTS 为整个社区服务,并且常将 FTS 作为传统公交网络的喂给系统。

Nourbakhsh S. M. 等认为在公共交通的低需求区域,DRT 要设置一个灵活性的线路以降低成本。如果要满足全部乘客需求,那么其运营成本是最高的,如果降低乘客的服务水平到一定程度,满足大部分乘客的需求,那么这时的成本可以是最低的。所以,DRT 设置线路时应在服务水平和运营成本之间权衡。

Scott Le Vine 等调查研究了"点对点"及"往返行程"两种模式的 DRT,预测出伦敦未来"点对点"DRT 人数是"往返行程"DRT 人数的 3 ~ 4 倍,"点对点"DRT 可作为公共交通的替代方式,"往返行程"DRT 可作为"点对点"DRT 的一种补充。

T. Liu 和 A. Ceder 研究了中国 DRT 的发展背景,分析了中国 DRT 的设计运营过程,总结了 DRT 在中国的发展利弊与趋势,为定制公交运营者、政策制定者和学术研究者提供了参考资料。

综上可以看出,国外许多发达城市都致力于建立能够根据乘客需求及时响应的柔性公交系统:根据乘客需求灵活调整的需求响应型公交系统与传统的固定线路公交系统共同发展,并且前者的应用领域有逐步扩大的趋势。而在理论研究领域,学者们也在关注需求响应型公交系统以及其与传统公交系统的耦合问题。但值得注意的是,国外城市的路网环境、乘客出行需求量、出行规律等均与国内人口高度集中的超大型城市存在较大的区别,因此有必要结合公交服务的发展趋势研究适合我国国情和国内城市实际情况的 DRT 解决方案以及其与其他公交方式的协同问题。

二、国内研究与发展动态

国内最近几年才开始针对 DRT 进行研究。研究的成果主要如下:

杨得婷通过分析比较,得出了适合 DRT 的票价制定方法,并用 Logit 模型、效用函数的构建等,对 DRT 的分担率进行了估算。

丁平峰分析了 DRT 出行方式选择特征,运用双基点法,建立了通勤出行方式选择决策模型,构建了不同方式出行者向 DRT 出行选择的二元 Logistic 模型。

林青以北京定制公交为研究对象,基于多种交通出行方式的监测数据,构建了 DRT 服务评价指标体系及灰色关联度综合评价模型,选取典型线路进行了评价分析。

高续以成都市为例,建立了分析需求的 MNL 模型、以运营效益与载客率最优为目标的 DRT 站线优化模型,并求解得到满足需求的 DRT 服务配置。

李艳梅对市民乘坐 DRT 出行意愿进行了二分类 logistics 回归分析,利用层次分析法,建立了乘客需求可拆分的 DRT 线网规划模型,并利用蚁群算法求解。

王姣针对站点规划与时刻表编制问题,建立目标函数,综合考虑乘客、运营企业和社会利益三方面的需求,提出了改进的免疫遗传算法,并进行建模求解。

涂文苑针对 DRT 的特点,研究并确定了线网规划的一般方法,包括乘客出行需求的整理分析、出行交通小区划分、构建路线选择模型、线网方案评价分析等。

国内对于 DRT 的研究尚处于刚起步阶段,针对 DRT 的研究主要集中在优势、存在的问题、运营模式、票价制度、系统评价以及运行方案等方面,如何吸引乘客由私家车出行转变为定制公交出行仍需要国内学者们从合理规划 DRT 线网、完善 DRT 组织运营等角度作出结合实际的研究。

三、国内外研究与发展总结

综合分析国内外关于 DRT 的研究成果,国外主要研究了 DRT 的线路规划,认为 DRT 服务是一种比较灵活的公共交通服务方式,并通过利用一定的模型和算法规划 DRT 的行驶路线,使运输成本最低,以及通过预测乘客的未来需求量做好线路安排,以达到降低运输成本的目的。国外学者还研究了 DRT 的服务质量,通过一个先进数学模型来设计提高 DRT 服务的灵活性。另外,还研究了 DRT 的动态需求和静态需求与运输成本的关系,建议应该尽可能少接受乘客的动态需求。

国内由于开展 DRT 服务的时间还比较短,当我国各大城市相继发生严重的交通拥堵问题时,国内学者才大量地开始探讨如何解决交通拥堵问题。特别是在 2012 年国务院进一步明确意见各城市必须优先发展公共交通后,国内学者才开始着重研究如何发展 DRT 的相关问题。DRT 是对常规公交的有益补充,有利于完善城市的交通网络,提高城市公共交通服务水平,满足市民出行需要。大力发展 DRT 能很大程度上解决交通拥堵问题。国内学者对 DRT 的相关问题的研究包括:概括 DRT 运营的适用条件,对 DRT 的票价制定、服务评价指标进行具体分析等。更多的国内学者对 DRT 的线路规划进行了大量研究,也是通过构建各种数学模型来选择最优的运营线路。

国内外学者都对 DRT 的线路规划进行了大量的研究,以构建模型、应用实例等方法证明该模型的适用性,或证明运营模式某一方面的优势,学者们提出了很多有意义的建议。但是很少有人系统、综合研究 DRT 运营模式的各个方面,并且没有人通过结合城市公共交通实际情况,研究各城市政府如何引导和管理 DRT,也没有人总结设计城市定制公交运营模式的系统思路。

第三节 经营模式与运营特征

一、经营模式

企业经营的首要目标是获取利润。通常情况下,DRT 的经营模式有互联网经营和特许经营两种模式。基于两种模式的经营机理,可以引用"成本-收益"的分析方法(CBA),比较不同场景下的利润水平以及两种模式的运作逻辑和内在动力。

1. 互联网模式:市场环境的正向激励

DRT 互联网模式是指互联网企业利用互联网平台整合线下闲置车辆和驾驶员资源,提供 DRT 服务。互联网时代,企业经营逻辑和盈利模式发生根本性变化。互联网企业的经营收益主要包括票款收入和用户增值收益两大部分,据调查,目前互联网企业的票价按照 0.4 ~0.5 元/(人 · km)计费,高于常规公交规定的公交票价标准,70% 左右的上座率可保证票款收入和经营成本基本持平。与相对有限的票款收入相比,用户增值收益随用户规模增长具有乘数效应,是企业利润的主要来源。互联网企业通过提供 DRT 服务,找到相似度较高的一类用户群体,培养"用户黏性",进而提供一系列衍生服务,拓展用户增值收益。若互联网企业努力提高服务品质,实现车辆满载运营,可以获得高出经营成本 C 的票款收益 B_p,同时获得更可观的用户增值收益 B_y,最终得到利润为 R_1,如图 5-2a)所示。若企业通过降低服务品质来节省成本，经营成本降至 C_0，乘客数量的减少不仅带来票款收益下降，用户增值收益也会大幅缩水，最终得到的利润为 R_2，如图 5-2b）所示。由于用户增值收益与乘客数量正相关，R_1 大于 R_2，即提升品质吸引乘客比降低品质节约成本获得更多利润。基于这种正向激励的经营机理，互联网企业非常关注服务品质和用户体验，视用户认可度和忠诚度为生命线。同时，互联网 DRT 的票价高于特许经营 DRT，所以通过提高服务品质来吸引乘客成为保持竞争力的必然选择。

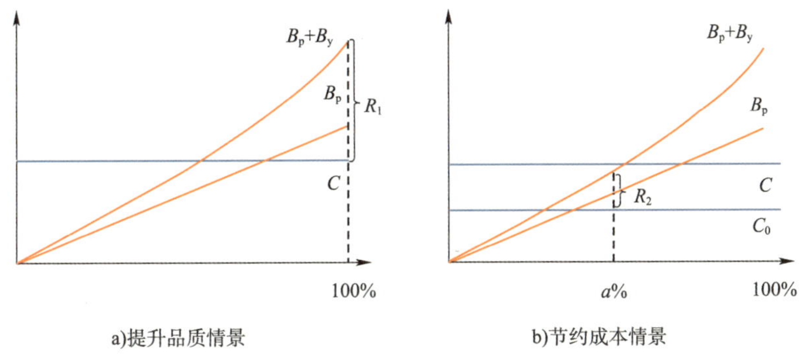

图 5-2　互联网模式 CBA 分析

2. 特许经营模式：受控环境的有限激励

DRT 特许经营模式是指依托公交特许经营企业整合或新增公交车辆，提供 DRT 服务。目前，多数城市公交财政补贴制度采用“定额包干”，即企业完成政府线路考核要求（如发车班次、服务满意度等），政府固定财政补贴额度，企业能否盈利取决于经营收入和财政补贴之和能否超过经营成本。公交特许经营企业的收入主要来源于票款收入和少量的附加收入。由于享受政府补贴，票价必须按照政府规定的公交票价标准执行，单纯依靠票价收入难以盈利。若特许经营企业努力提高服务品质，使票款收益 B_p 加上定额补贴 B_d 超出经营成本 C，可获得利润 R_1，如图 5-3a）所示。若企业通过降低服务品质来节省成本，经营成本降至 C_0，乘客数量的减少仅带来票款收益下降，定额补贴不受影响，最终得到的利润为 R_2，如图 5-3b）所示。由于定额补贴与乘客数量不相关，极端情况下可能存在 R_1 小于 R_2 的情形，即企业可能通过降低服务品质节省成本获得更大利润。目前实际调研中尚未发现这种负向激励的情况，一方面可能是因为不减少班次的情况下很难降低经营成本（也即经营成本相对固定），另一方面定额补贴与乘客满意度有一定关联。不过，由于公交特许经营企业业务经营范围同样受到限制，难以像互联网企业通过广泛整合衍生服务获得可观的用户增值收益。这种经营机理下，公交特许经营企业有一定的动力改善服务品质,但也会考量相关成本的变化。即便做到服务最优,利润提升空间也比较有限。可见,虽然公交特许经营企业获得了政府财政补贴,但其经营行为同样受到特许经营制度的制约,"微利经营"之下企业提高服务品质的动力有限。

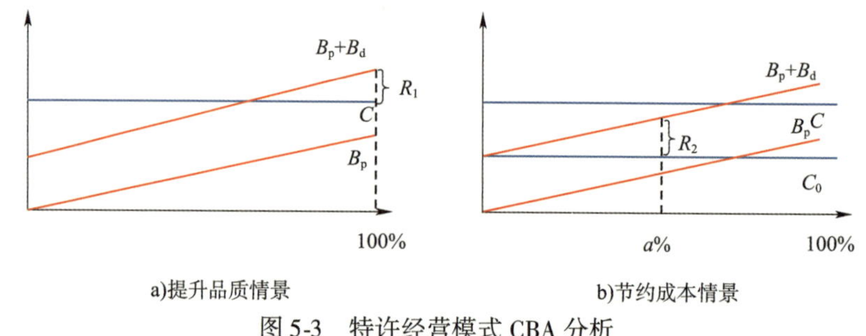

图 5-3 特许经营模式 CBA 分析

综上所述,基于"成本-收益"的分析框架,通过比较研究互联网经营和特许经营两种模式的经营机理,发现互联网模式下,DRT 服务本身不是主要利润来源,是培养"用户黏性"、发掘群体性衍生需求的方式。企业在市场环境的充分激励下,追求更大用户增值收益,总体上提供了更为优质的出行服务,培育了用户市场。而特许经营模式提供 DRT 服务是企业的主要利润来源,但在受限的经营环境下,利润空间有限,企业改善服务质量的动力也有限。虽然在票价方面更有竞争优势,但受制于特许经营体制,企业创新意愿和市场拓展能力受到制约,两种模式的经营机理存在显著差异。

二、运营特征

运营特征归根结底是经营机理的体现。基于"经营-运营"的分析框架,表现出不同经营模式下线路布设、线路起讫点分布、附加服务等方面的异同。

1. 线路布设

两种模式的线路均选择高、快速路为主要通道,并采用"两头密集设站、中途不设站"的不均匀设站模式,与常规公交快线、干线布设模式存在明显差异,如图 5-4所示。DRT 通过这种"独特"的线路布设方式,将出行起讫点和服务水平要求相似的乘客聚集在一起,提供类似"门到门"的快速、可靠、舒适的公交服务。设站方面,特许经营模式起终点区段普遍基于既有常规公交站点设置,站距符合规范要求,但也增加了乘客的步行距离和时间。互联网模式起终点区段则更贴近实际需求设站,部分站距在 100~200m(低于规范要求),以尽量缩短乘客两端的步行距离和时间。由于设站更密且不能使用既有常规公交站点,互联网 DRT 可能存在违规停靠问题。

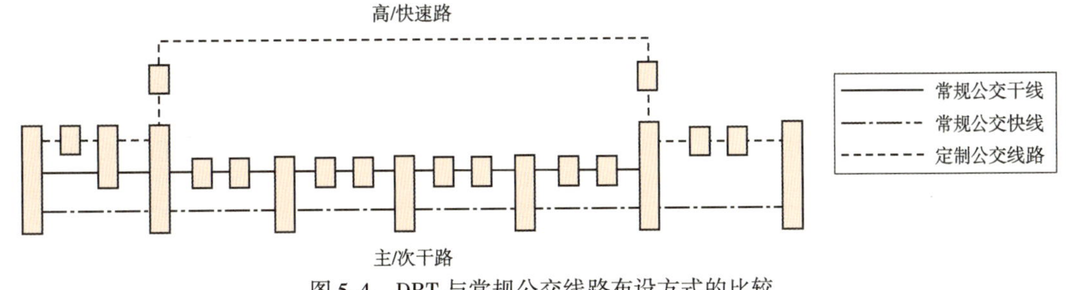

图 5-4 DRT 与常规公交线路布设方式的比较

2. 线路起讫点分布

以深圳市早高峰线路为例,两种模式线路的终点分布上,南山区都是最主要的目的地,如滴滴巴士和 e 巴士分别有 43% 和 49% 线路终点位于南山区(图 5-5),其中绝大部分位于南山科技园片区。在 2017 年开通的 DRT 线路中,约有 500 条以南山科技园为起点或讫点,"聚焦科技园"成为 DRT 线网的突出特征。

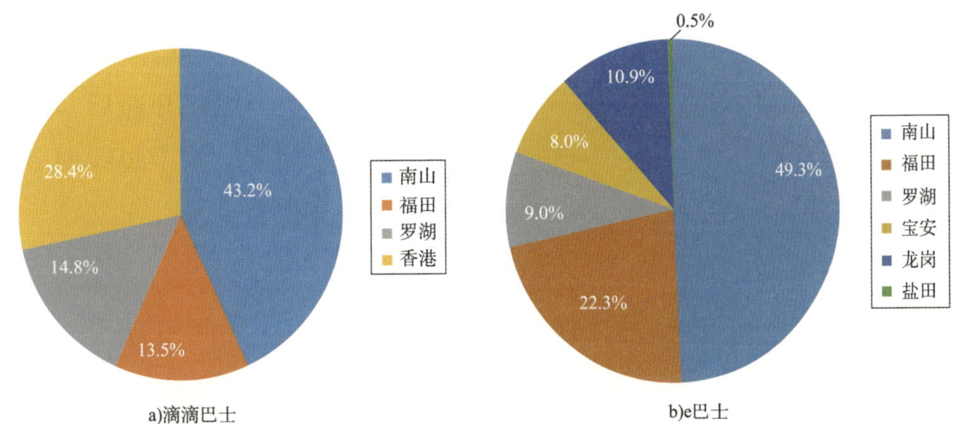

图 5-5 深圳市早高峰 DRT 线路终点分布

"聚焦科技园"现象的出现,充分体现了需求响应型公交在需求识别和快速响应方面具有的突出优势。近年来南山科技园实现了"以高新制造业为主"向"以信息服务业、生产性服务业为主"的蜕变,根据手机数据分析,2012—2016 年南山科技园岗位密度增长了 1.5 倍,早高峰终点为南山科技园的出行量增长了 1.9 倍,大大超出规划预期,南山科技园一时成为深圳交通供需矛盾最突出的地区之一。在地铁线路规划周期漫长、常规公交线路大规模调整程序复杂的背景下,两种模式的 DRT 均快速识别和响应了南山科技园的出行需求,早高峰共计提供了 1.5 万 ~2.0 万人次的运输能力(按每条线路 30 ~40 人计),相当于新建一条轻轨线路。

3. 互联网平台的跨市线路

还以深圳市为例,如图 5-5a)所示,滴滴巴士线路中有 28.4% 开往香港,另有一家互联网巴士企业也开通了部分东莞、惠州临深住宅区到深圳原特区内就业区的线路。这些跨市线路一方面为跨市通勤出行提供了快捷直达的公交服务,弥补了跨市通勤公交服务的空白;另一方面也体现出互联网模式的独特优势,即没有特许经营区域限制,比较容易实现跨市运营。都市圈一体化背景下,跨市公交出行需求将快速增长,互联网模式的 DRT 成为居民跨市公交出行的一种选择,为破解跨市公交一体化运营难题提供了新思路。

4. 长线的竞争

调研结果表明,DRT 更倾向于提供长距离的出行服务:一是弥补以干线为主的常规公交线路服务的不足,实现错位竞争;二是适应居住外迁趋势,未来需求增长潜力大;三是互联网模式的票价与运营里程挂钩,线路越长票价越高,而固定成本分摊越低,利润更大。然而特许经营模式受定价机制影响,票价低于互联网模式,且线路越长差距越明显(如深圳市一条 50km 长的线路,特许经营模式票价为封顶价 10 元,不到互联网模式的一半)。2016 年 e 巴士大规模开通后,互联网模式的长线服务受到了一定冲击。部分互联网企业转向提供一些中短线服务,加剧了与常规公交的竞争。

5. 附加服务

总体上,两种模式提供的都是具有协议定价、预付车费、定车定人、一人一座等特征的 DRT 服务,但在附加服务方面仍有一定差别。互联网模式充分展现了对用户体验的关注,一方面在乘车过程中提供了如免费 Wi-Fi、饮用水、靠枕、车内音乐等更周全细致的附加服务;另一方面利用微信群等方式培养“大家庭”氛围,组织开展各类衍生性活动。特许经营模式则更加关注社会责任,如深圳市 e 巴士积极响应新能源车辆推广政策,线路全部采用新购置的新能源公交车,以降低污染排放。

三、系统优势

DRT 是针对细分出行市场的专属服务,需要具备一定的客流基础和市场竞争优势。在城市公共交通系统中,DRT 是一种新颖的运营模式,具有高效、便捷、灵活、舒适、经济的优势。

1. 高效

DRT 能够灵活调整行车路线避让拥堵路段，提供近似门到门的公共交通服务，节省乘客的出行时间，提高道路资源使用效率，同时确保运营效益。通常情况下，DRT 服务的单程运营时间应控制在 30 ~ 60min，较适合在大城市组团之间以及外围组团往返中心城区的区间内提供服务。

2. 便捷

DRT 运营过程中停靠车站较少，甚至不需要停靠，经允许能使用公交专用车道，还能根据交通状况选择行驶线路，确保 DRT 的运营速度可与出租汽车相当，且明显高于常规公交线路。

3. 灵活

DRT 的运营组织模式较为灵活，可以根据客流规模及出行需求量身定制，其线路和班次也是根据乘客需求制定的，可以根据客流需求变化及时调整，确保 DRT 服务与实际出行需求紧密结合。由于只是确定了车站和发车时间，没有固定的行车路线，行驶过程中可自由选择交通顺畅的路径。DRT 的潜在客流具备以下特点：①出行时间和起讫点相对固定，例如通勤客流，以确保 DRT 服务能够常态化，用稳定的服务吸引客流，并规避客流波动带来的经营风险。②出行需求相对集中，能够在相同时间和路线上形成足以支撑 DRT 服务的客流规模，从而使票款及其运营收入能够涵盖工资、油耗、日常维护、车辆折旧、场站租用、税费等经营成本，确保 DRT 财务的可行性。

4. 舒适

DRT 车辆保障每位乘客均有座位，提供舒适的乘车感受，通常情况下也可配置高速无线网络，乘客上网方便。同时在 DRT 线网布局方面，可采用独立线路的线网格局，即 DRT 线路之间不可以换乘；也可采用组合线网的运营模式，即线路之间可以换乘，且换乘点和时间是通过精心协调后制定的。因此，对出行舒适性要求较高的乘客而言，DRT 具有较强的吸引力。

5. 经济

DRT 为出行计划相对固定、对出行舒适性和时效性要求较高的人群提供服务，具有准确的市场定位。从乘客角度考虑，能够以远低于出租汽车和私人小汽车的出行成本享受近似门到门的交通服务。从运营商角度考虑，一方面能够确保车辆具有稳定的高上座率，另一方面由于服务时间和线路预先已经确定，可以提前制定经济可行的运营计划，提高车辆和工作人员的使用效率。从社会角度考虑，DRT 是一种优化客运交通服务的手段，能够提高客运交通的运转效率。此外，除购置车辆外不需要投入大量资金用于基础设施建设和购置设备。

DRT 的主要竞争方式是私人小汽车、出租汽车和固定线路的公共汽车服务。前两种交通方式较为灵活，可以实时确定出行时间和目的地，多数情况下也比其他交通方式快捷，但作为日常出行，出行费用较高。以大城市的出租汽车服务为例，完成一次 3km 左右的短距离出行需要 10 元左右，而 10km 以上的中长距离出行则需要 25 元以上，特大城市外围新区至核心区的出行费用往往可达 80 元以上。而使用私人小汽车出行，即使不考虑购置成本，还需要计入燃油、停车、车辆维修及保险费分摊等费用，综合成本甚至高于出租汽车。DRT 以经济的价格（例如 8 ~ 15 元/次）提供优质的服务，舒适性、快捷性、准点率与出租汽车和私人小汽车相当。

四、发展趋势

大力发展 DRT 服务是多元化公共交通体系发展的趋势，是大力发展城市公共交通系统的重要一环。面对机动车拥堵日益严重的现状，公共交通政策应促进投资省、见效快、对促进放弃私人小汽车有效的公共交通方式的发展。DRT 服务在中国还处于起步阶段，是一种新型的公共交通服务模式，是“低能耗、低污染、低财政投入、低土地占用、高效率、高品质”的公共交通方式，发展潜力较大。

1. 发展多元化公共交通

固定线路公共交通服务主要包括轨道交通、快速公交和常规公交，出行费用较低，对于主要客流走廊覆盖较好，但对于非主要客流走廊，服务往往不到位，车站距离出行起讫点距离远、车内拥挤、运营速度慢、候车时间长、绕行距离远、需要一次甚至多次换乘等问题普遍存在。现阶段大运量公共交通如轨道交通、快速公交等的线网覆盖面也不大，还有很多服务盲区，DRT 能够扩展公共交通的覆盖范围、增加公共交通线网密度。DRT 服务形式多样，可满足更加个性化、人性化的出行需求。

2. 促进私人小汽车转向公共交通

客流高峰期间，现有公共交通满载率高、车内拥挤、服务水平低，不能实现乘客享有一人一座、准点到达等高品质的服务，因此，很多市民更愿意使用私人小汽车出行。随着很多城市的道路交通状况持续恶化，高峰期间行车难、打车难和停车难问题越来越突出，削弱了私人小汽车和出租汽车在速度和灵活性方面的优势。DRT 可为乘客提供固定座位、一站直达等高效、优越的服务，对有车群体具有较大的吸引力，能够促进私人小汽车出行群体向公共交通转移。

3. 提高城市道路资源利用效率

DRT 具有其他公共交通方式集约化的特点，可以提高交通工具的使用效率，是除常规公交以外的另一种高效率利用道路资源的出行方式。此外，由于运营组织模式灵活，可避让拥堵路段甚至拥堵时段，实现错峰出行，有利于缓解高峰期交通拥堵。

4. 降低社会和个人出行成本

对社会而言，减少私人小汽车引起的拥堵、环境污染、道路和停车场用地占用等社会成本，节约能源。对个人而言，节省了购置、使用和维护私人小汽车的时间和经济成本。DRT 发展成网后，将形成一定规模的 DRT 车队，能够增加城市的就业岗位。

5. 缓解出租汽车“打车难”问题

通勤高峰期间因出租汽车运力紧张会出现“打车难”的问题。DRT 能够吸引较多潜在的出租汽车出行者，既可提高运营车辆运送乘客的效率，又能对出租汽车高峰客流进行分流，缓解“打车难”问题。

第四节　关 键 技 术

一、乘客出行需求

乘客出行需求是 DRT 运营发展的基础保障，是 DRT 线网规划最重要的数据来源，构成了线网规划的数据基础。目前，乘客出行需求主要通过网站与手机 App 平台提交，提交的信息除了预设的上车地点、下车地点、拟到达时间等基本数据外，还包括日常出行方式、可接受的弹性时间变化、票价支付意愿等。通过对这些信息的综合整理，以进行线网的规划制定。根据运营模式情况，DRT 出行需求的来源包括以下几种：

（1）结合常规公交运营总结需求，总结城市主要组团间的出行需求规律，依据运营经验拟定基本线路。

(2)潜在乘客提交出行需求,由潜在客户在网络平台提出个性化出行需求,运营企业根据需求进行整合汇总,形成初始线路。这是目前DRT的主要需求来源之一,也是强调DRT“需求响应型”的最关键的形式。

(3)线下调研或与企业单位合作,运营企业通过线下调研深入了解拟开行线路地区的乘客出行需求,或者与人员集中的大型企业单位合作,初步拟定开行的线路。

(4)通过大数据技术,挖掘利用既有海量出行数据,分析城市出行主要的起讫点与出行交通走廊,确定DRT线路初始路径。

其中,利用互联网平台获取乘客出行需求信息成为目前需求来源的主要媒介。由于DRT随着“互联网+”而兴起,依托互联网与移动网络平台,使得DRT更加普及、便捷、高效,因此在“互联网+”背景下DRT的需求特性也有别于传统公交出行需求特点。

(1)精细化:由于网络平台下,交通出行信息获取便捷,因而乘客出行需求对于乘车站点、出发和到达时刻、乘车时长等要求更加细致。

(2)主导化:传统公交中乘客处于被动地位,需要通过不确定的等待以获得公交乘车出行,而DRT依托网络信息传递,能够及时将需求响应情况反馈给乘客,因而DRT将乘客需求作为运营主导核心。

(3)多样化:由于有了互联网的推广,乘客不再获取单一的出行资讯,对于不同出行目的下的出行需求也有了不同的主张,因此互联网的运用促进了乘客选择有个性需求的多样化公交出行体验,这也给DRT运营企业带来竞争压力和动力。

因此,相较传统公交而言,DRT对于获取乘客出行需求变得不再困难,而难点则转移到如何对乘客需求进行有效整理分析,进行响应实现。

在获得了乘客出行需求之后,需要对出行需求数据进行分析处理。将所采集到的原始需求数据进行整理和计算,其目的是得到与DRT线网规划相关的量化数据,为规划过程提供数据支撑。数据的基本处理主要是两方面:一方面是对上车站点、下车站点的选取,另一方面是站间距离与时耗的测算。

1. 出行需求站点聚类选取

在站点选取方面,由于乘客所提出的出行需求点是分散分布的,因此现有研究中一般采用层次聚类法或K-means聚类法对需求点进行聚类操作,并以聚类中心作为上下车站点。由于在DRT出行需求的整理中一般不知道该将需求划分成多少个区域,无法对 K-means 聚类法中的类别数进行确认,因而采用自下而上的凝聚的层次聚类法对出行需求进行聚类划分,以减少偏离点的遗漏,更适合线网站点的确定。考虑乘客步行可达性因素,一般聚类范围为半径 500m。

在对需求聚类生成出行点的方法中,根据处理流程的差异,可以整理为两种模式:

(1)"先集中再聚类"模式。该模式流程中,针对乘客提出的上下车点的实体地址信息,通过最短路径归纳,先将该出行需求点集中至最近的既有公交、地铁站点处,在完成集中汇总之后,再检查各个既有站点,若该站点需求数量足够,则直接设置为定制公交上下车停靠点。若该站点需求数量不足,则将所有需求不足的站点汇总后进行聚类,根据聚类中心选择最近的既有站点设置为定制公交上下车停靠点。

(2)"先聚类再集中"模式。该模式中,针对乘客提出的上下车点的实体地址信息,先对其进行汇总聚类,采用自下而上的凝聚方式进行聚类,聚类之后形成若干聚类区域,则一般选取其聚类中心作为出行中心,再选择聚类中心最近的既有公交、地铁站点,将乘客出行需求点集中至此,并设置为 DRT 上下车停靠点。

两种出行需求分析处理模式的流程与分析处理方式如图 5-6、图 5-7 所示。

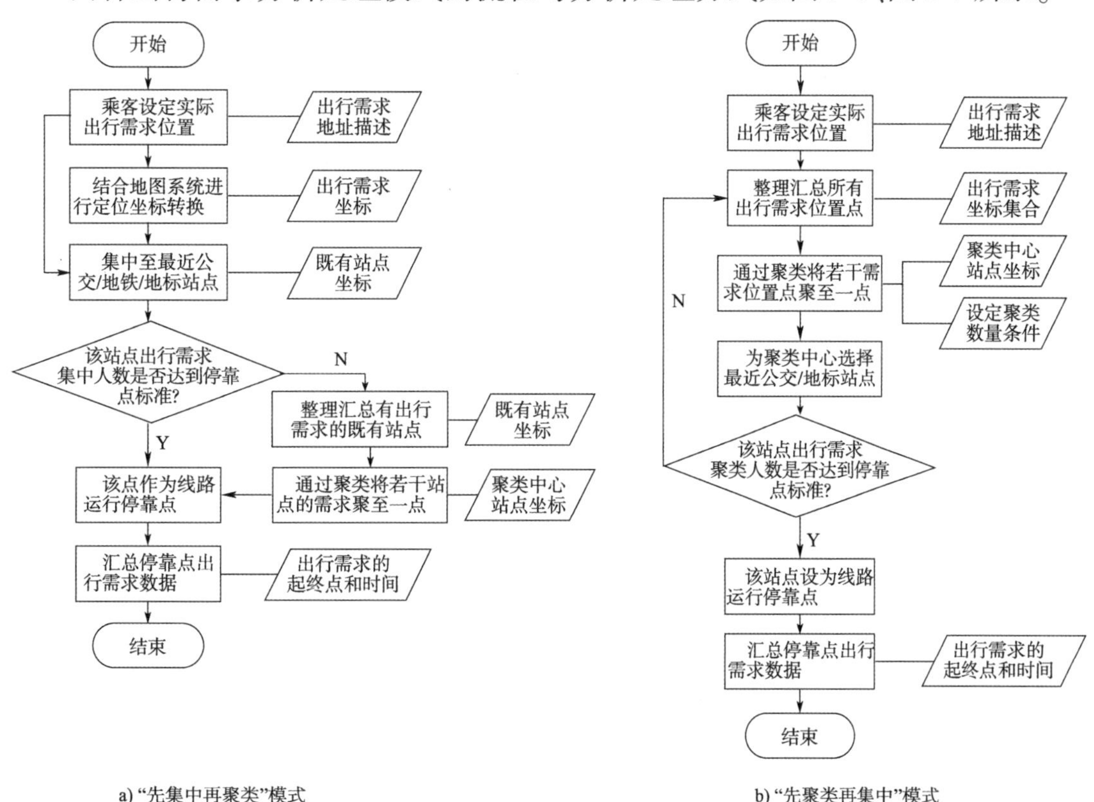

图 5-6　两种 DRT 出行需求分析处理模式的流程

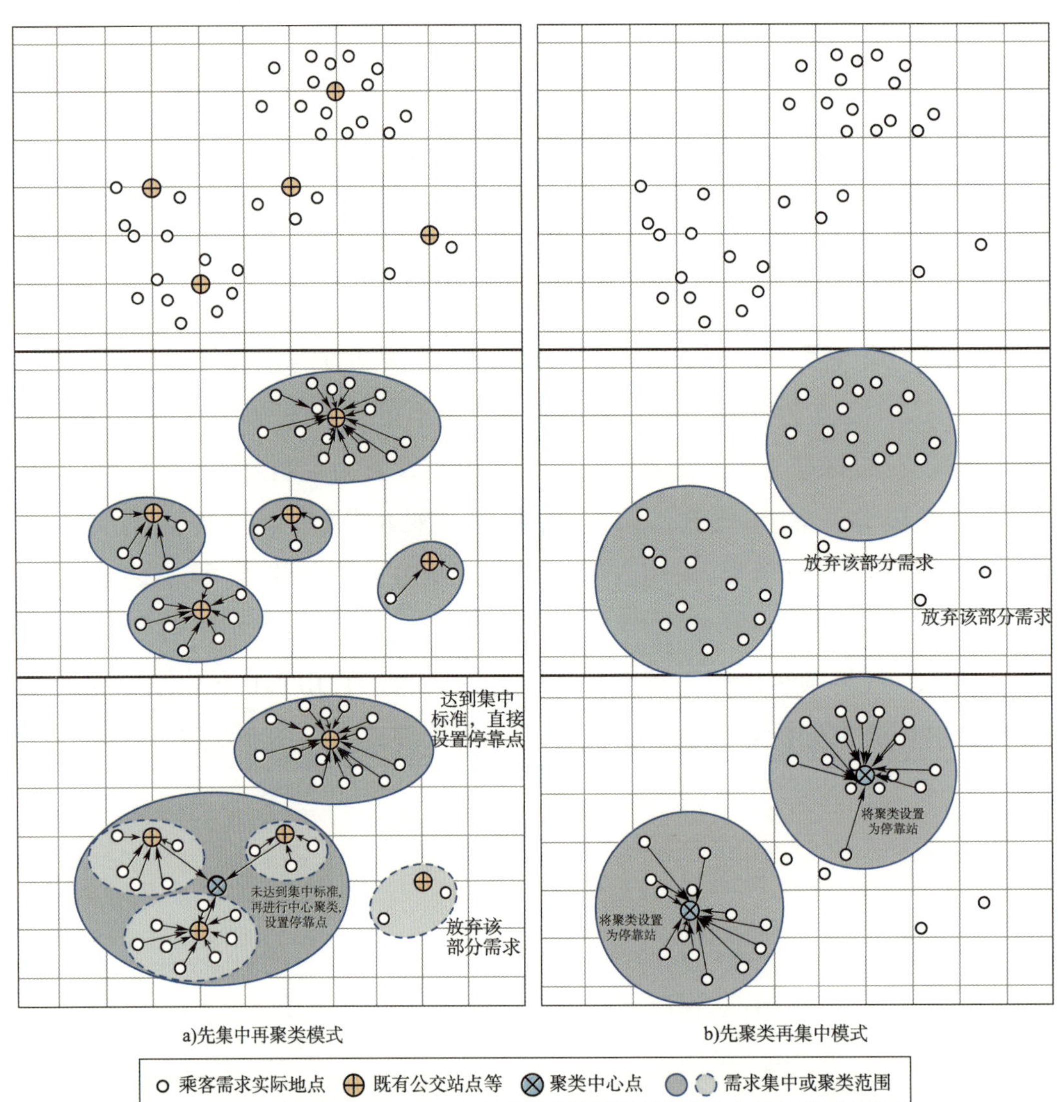

图 5-7 两种 DRT 出行需求分析处理模式示意图

2. 出行需求距离与时耗

在确认出行需求的距离长度方面，由于乘客在发布出行需求时已经提供了出行的出发地和目的地，利用现有网络地图服务商开放平台的 API 开放工具，可以高效准确地获取出发地和目的地的经纬坐标以及对应行驶路线的距离、时间等信息，这样就在很大程度上避免了人工逐一测量确认带来的烦琐工作量和数据误差。

该流程可以描述为：乘客提交需求，提供上下车点的实体地址信息，通过有关平台的地理编码解析服务，获得上车点地址与下车点地址经纬度，再通过行驶路线距离计算服务，获得需求的上车点与下车点的路线距离与路线时耗，如图 5-8 所示。

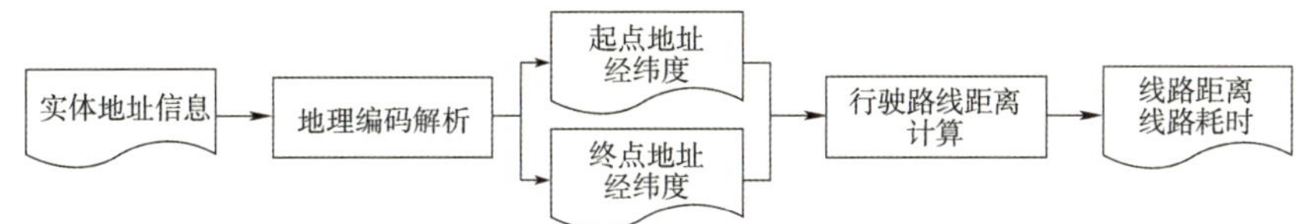

图 5-8　由起终点地址信息获取线路距离数据过程

二、线路运行模式

线路运行模式主要由线路站点的设置决定,其影响着行驶路线的路径选择,也影响着线网规划的约束条件和运营服务机制。按照出发站点和到达站点的数量划分,单条线路运行模式可以分为单点至单点、单点至多点、多点至单点和多点至多点 4 种。

(1)"单点至单点"运行模式:线路中只有首末两端的起始点和终到点两个停靠站点,乘客从同一个上车点出发,到达同一个下车点目的地。

(2)"单点至多点"运行模式:线路中有一个起始点和多个终到点,乘客从同一个上车点出发,下车点根据乘客出行需求选择的不同而有多个下车点,一般下车点在同一个区域范围或走廊内,以减少乘客到达目的地的步行距离。

(3)"多点至单点"运行模式:线路中有多个起始点和一个终到点,上车点根据乘客出行需求预约的不同而有多个上车点,一般上车点在同一个区域范围或走廊内,以减少乘客前往乘车点的步行距离,乘客在同一个下车点到达。

(4)"多点至多点"运行模式:线路中有多个起始点和多个终到点,根据乘客出行需求预约的不同而存在多个不同的上车点与下车点,这些上车点或下车点一般在同一个区域范围或交通走廊内,并有一定数量限制,车辆依次从多个上车点接载乘客,经过途中行驶,再依次停靠多个下车点。

线路运行模式之间的对比分析如图 5-9 和表 5-1 所示。

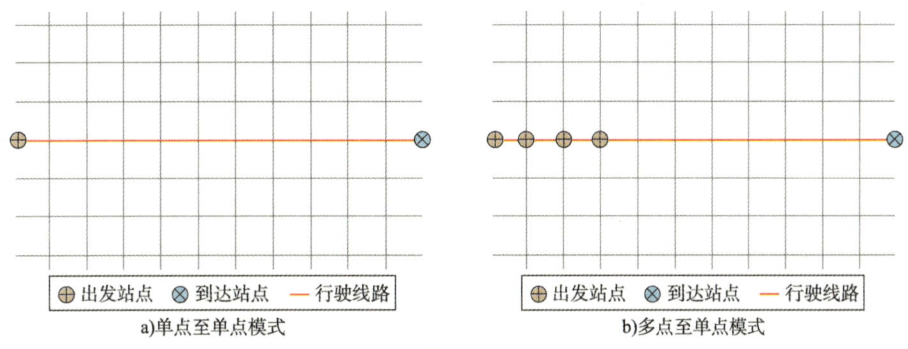

a)单点至单点模式　b)多点至单点模式

图　5-9

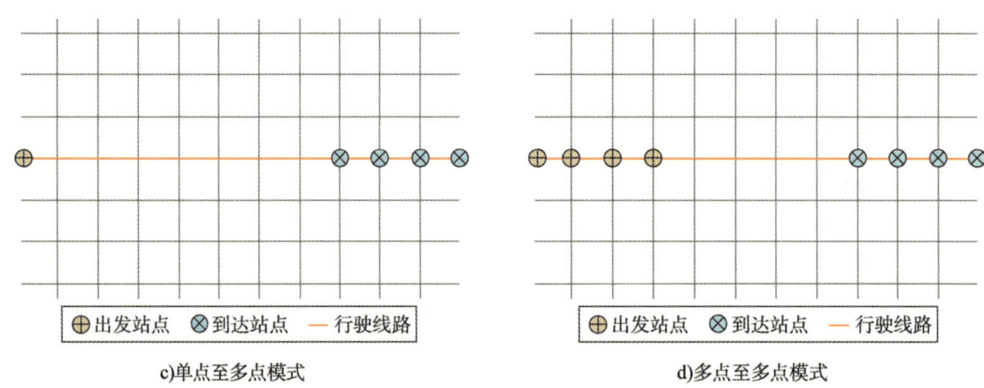

c)单点至多点模式　　d)多点至多点模式

图 5-9　DRT 线路的运行模式

DRT 线路的运行模式对比　　表 5-1

模　式	特　征	优　点	缺　点
单点至单点	两端客流集散点之间直达运行模式	一站直达出行时间短,保障了出行过程的准时性与舒适性	需要有足够的客流来支撑线路开通,服务范围有限
单点至多点	单一集散点至区域走廊多点停靠运行模式	扩大终点区域服务范围,有利于提升客流规模	末端停靠增加了终到区域乘客的出行等候时间
多点至单点	区域走廊多个集散点至单一目的地运行模式	汇集同一区域客流出行,有利于提升客流规模	始端停靠增加了起始区域乘客的出行等候时间
多点至多点	两大区域客流上下集散点之间直通运行模式	在客流规模非集中区域便于组织开通线路	出行时间相对较长,有一定的停站等待

目前国内针对 DRT 线网模式的研究较少,且多局限于单出发地、单目的地的"单点至单点"和多出发地、单目的地的"多点至单点"两种 DRT 线路设计。前者满足条件的节点太少导致 DRT 线路过少,DRT 需求覆盖率低,多数市民无法享受 DRT 服务;后者限制了目的地数量,限制了车辆剩余能力的应用,也对乘客需求聚类提高了要求,不利于需求的全面响应。

三、线网层次体系

在 DRT 的线网规划过程中,一般按照"点-线-面"的方式,分为以下几个层次:

(1)根据需求集中点(或起始 OD 点),确定 DRT 停靠的上下车站点。站点的设置,依赖于乘客的需求是否集中,取决于出行需求的聚类整合是否合理,需要考虑乘客步行至站点的距离和站点的服务覆盖范围,也需要考虑站点实际的地理位置与停靠条件。

(2)根据个体出行的起始OD点,确定逐条DRT线路行驶路径和经行站点。DRT路线的布设,一般是以站点间的运行距离和运行时间为基本参考,按照运营费用最小化和运载出行需求最大化的原则,进行逐步搜寻优化的,其中包括了路段的插入、删除、替换、合并与更新等步骤。由于DRT站点较少,多属于一站直达,因此线路的布设很大程度上将体现运营服务的效率。然而目前运营现状中,线路布设依然是传统公交概念,为每条线路赋予特定的站点和运输任务,而针对DRT的特点,下面将用行车路径来代替运营线路的描述思路,为线网规划提供另一个角度,见表5-2。

行车路径与运营线路的概念差异 表5-2

类型	行车路径	运营线路
描述	运行车辆在运营行驶中,经行各个停靠站接载运送乘客,所形成的行驶路径	根据乘客需求的起终点或上下车站点,串联各个站点所形成的车辆运营服务路线
相同点	都必须在各个站点停靠,供乘客乘降,表现形式都是车辆的行驶路线	
不同点	侧重在不同停靠点之间经行形成的路线,适合不同站点乘客需求的分配整合	侧重首末端点的连接和行驶过程的稳定,适合需求固定统一,起终点一致的客流

(3)根据运营目标和效益评价,汇总各条线路并进行整体优化整合成网。在现有的DRT规划运营中,还缺乏对于线网的深入认知,对线网只是线路机械的叠加,运营现状中往往各条线路相对独立、各自为政,线路间没有有效的协调互补,只依托于客流出行要求完成端点区域的"一对一"出行需求。这不仅限制了DRT车辆充分利用运能的效率,也极大降低了线网的灵活性。

DRT"点-线-面"单一体系如图5-10所示。

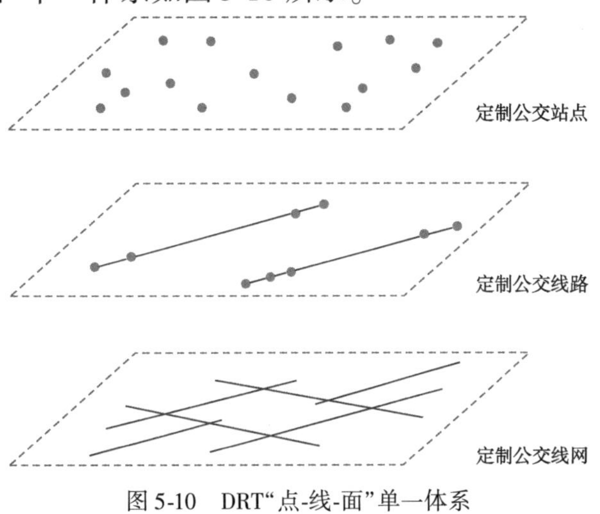

图5-10 DRT"点-线-面"单一体系

由于DRT是城市公共交通体系中的一种辅助客运公交服务系统，作为个性化和精细化出行需求市场的一种补充，DRT必须要与城市主要公共交通方式相辅相成、相互配合。目前，各大一线城市已经形成以轨道交通为“骨架”，以常规公交为“血管”的典型公共交通体系。DRT的规划需要考虑与既有公共交通的配合。一般来说，DRT会选取主要的地铁站点和公交站点作为客流乘降集散点。如此设置在出行上便于乘客集中，也有利于DRT与其他交通方式的接驳换乘。图5-11为DRT在城市公共交通线网中的层次。

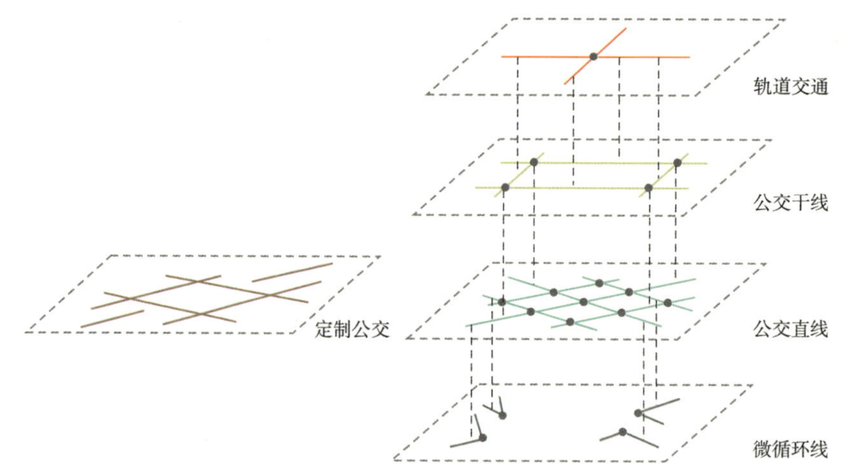

图5-11 城市公交线网层次中DRT的定位

在考虑社会公共交通效益最大化的情况下，DRT的规划运营，目的是将以私人交通方式出行的个体出行者向集约化公共交通方式转移，而不应该是与既有的公共交通方式争夺客源和市场。因此，DRT在城市公交线网中的市场定位，应该是与常规公交不冲突的细分市场下的空白领域，其规划层面的指标细分也有所不同，见表5-3。

DRT与常规公交、BRT对比 表5-3

类型	常规公交	快速公交(BRT)	定制公交
服务范围	无特殊条件	一般跨越城市组团	一般跨越城市组团
运行长度	无特殊条件	一般在10km以上	一般为10~50km
站点设置	常规站点布设	大型专用站点布设	根据需求利用现有车站
道路条件	无特殊条件	多为城市主干道或主客流通道	灵活选择主干通道
速度要求	一般为15~30km/h	一般大于30km/h	一般大于30km/h
发车间隔	一般为5~30min	一般在15min以内	根据需求弹性制定

续上表

类型	常规公交	快速公交(BRT)	定制公交
运行时长	一般为30~90min不等	一般为30~90min不等	一般为60min左右
起讫点性质	常规公交场站	主要客流集散点公交场站	居住区与工作区场站
服务时间段	全天候运营	一般为全天候运营	主要集中高峰期运营
舒适程度	无固定座位	无固定座位、载客量大	一人一座,舒适程度高

四、企业效益机制

DRT运营企业多数处于盈利较少甚至亏损的状态,很大程度上是由于线路规划难以有效权衡乘客需求满足与企业运营效益,往往顾此失彼。运营企业作为DRT服务的提供者,也是线网规划的承担者,只有在规划中考虑企业效益与服务运作,保证企业在运营上积极的效益,才能促进DRT系统的不断发展完善。而企业运营效益方面,运营收益最主要的就是票款收入,运营支出最主要的就是运营成本。票款收入体现于票价机制,而运营成本主要体现在车辆固定成本与可变成本。

1.车辆车型

目前,多数对于DRT的研究,偏向于采用全线网单一车型或每条线路只采用一辆车运输的基本条件进行线网规划。而实际中,运营企业存在不同车队以及不同座位数量的车型,且每条线路所采用的车型车辆并不统一,且由于不同车辆的固定成本与可变成本各有差异,需要结合不同线路的乘客需求数量,专门予以考虑安排,才能充分利用企业车队资源,避免车辆多余空载产生浪费。

2.票价机制

根据运营现状及其特点,DRT票价一般高于常规公交,但低于自驾车或出租汽车支出。虽然DRT能极大化满足乘客出行需求,但乘客交通出行成本的高低,关系到乘客对于交通出行的支付意愿,也会影响到乘客最终是否会选择DRT出行。

DRT票价的确立需要建立在经济价值规律的基础上,同时考虑运营企业的运营成本和运营收益,并保证DRT乘坐者的出行费用相对合理可接受。

针对单条线路,需要考虑采用单一票制还是分段票制,其差异见表5-4。

单一票制与分段票制对比 表 5-4

类 型	单一票制	分段票制
描述	同一线路均支付同一票价	同一线路不同里程分段区间支付不同票价
收费方式	提前在服务平台预付单个周期内的预约出行票款	
优点	计价简单,便于乘客对比选择	阶梯化收费标准,符合企业收益,体现公平
缺点	票价不易确定	计价复杂,不利于乘客对比
适用范围	适合单点至单点运行的线路	适合多点至多点运行的线路

第五节 典型案例

一、国外典型案例

在国外,DRT 有多种形式,包括需求响应型公交和具有定制公交特点的辅助公交。DRT 在国外各大城市出现比较早,发展也比较平缓,经过多年的摸索运营,许多城市已经有了一套成熟、符合各自城市特点的 DRT 运营模式,其中 DRT 形式中最具有特点的就是需求响应型公交。需求响应型公交一般是指电召服务,提供门到门的公交服务。

1. 美国纽约

1)公共交通概况

纽约市是美国第一大城市,由斯泰滕岛、皇后、布朗克斯、布鲁克和曼哈顿 5 个区组成,全市面积为 789km^2。2014 年纽约市人口大约有 849 万人。纽约的公共交通系统尤其是地铁系统非常发达,在客运量、线路长度和车站的数量方面均保持世界前列。纽约市的公交网络遍布纽约市五大行政区,并在多处与地铁路网配合转乘,形成了完善的交通网络。

2)运营模式

(1)纽约 DRT 的准入机制和服务模式。

自 1990 年美国颁布的《美国残疾人保障法案》生效以来,美国交通部下属公共交通署要求各地实施法案规定的诸如需求响应型公交等各项辅助公交服务,1997 年法案各项规定得到了全面实施。在这段时间内,美国包括纽约的 DRT 的需求和服务都得到了快速发展。

纽约市的公共汽车大部分由国营的大都会公共交通公司统一经营，在纽约市一些比较偏僻的地区，尤其是大都会公共交通公司的公共交通车辆不运行的地方，比如农村，大部分公交运行模式是诸如 DRT 等辅助公交模式。另外还有为残疾人等特殊人群提供的专门的需求响应服务。这些类型的 DRT 服务主要是纽约市捷运局承包给私营公司并签订营运合同，进行许可经营，由私营公司提供公交服务，同时由捷运局给予一定的补贴。

纽约的 DRT 有两种模式：一种是服务于残疾人等特殊群体的定制公交模式。由纽约公交公司（New York City Transit）进行管理，规定要有陪护人员陪同。此定制公交模式体现了公共交通资源使用的公平性，其较低的价格和良好的服务越来越得到残疾人等特殊群体的欢迎，客流量不断增长。另一种是面向普通大众的定制公交服务模式。在纽约，此类客运服务主要有沿半固定的线路、按不同的时刻表为地铁车站和曼哈顿地区提供接驳集散服务，还有为居住在郊区、农村地区服务的定制公交，以及为 5 个行政区域的保健组织的医疗补助和医疗保险成员提供可靠的辅助运输服务。据估计，纽约共有 3000～5000 辆车辆（14～20 个座位）在运营此类服务。

（2）纽约 DRT 的票价机制。

在纽约，大都会运输署是一个社会公益性部门，不以营利为目的，且纽约政府认为公共交通包括 DRT 等辅助公交具有正外部性，实行资金补贴制度，尽可能为乘客提供高品质的公交服务。

由于 DRT 的运营承包给私营公司运营，在满足大都会运输署合同的规定和服务后，私营公司更多考虑的是投资收益，降低成本，还有 DRT 的特殊性，使得私营公司并未全部使用与大都会公共交通公司相同的票价系统。不同类型的 DRT 有不同的定价原则和补贴机制。

对服务于残疾人等特殊群体的 DRT 的票价有强制的规定，其票价是统一的，并且陪护人员的票价是免费的，此类 DRT 受到政府专门的补贴。为确保此类服务的顺利发展，《美国残疾人保障法案》在安全、服务质量和出行费用等方面作出了细致的规定。

服务于普通大众的 DRT 的票价相对较高，但其费用比起私人小汽车和出租汽车的出行费用还是比较低的，如为地铁车站和曼哈顿地区提供集散服务的 DRT，其票价高于地铁和普通巴士，但使用交通卡可享受打折优惠。此类 DRT 总体规模较小,车辆数目、停放场地要求、初期资金投入都比较低,收益较好,再加上财政补贴,私营公司可得到预期投资回报。此种 DRT 的服务模式有利于鼓励此类客运服务市场化。

(3)纽约 DRT 的服务评价和政府监管。

在城市公共交通的发展过程中,纽约政府主要扮演着扶持和监督的角色,一方面对包含 DRT 在内的公共交通的正常运行和发展加强补贴,另一方面对包含 DRT 在内的公共交通的服务进行监督。每年纽约大都会运输署组织对 DRT 的服务进行评价,评价主要通过数据统计和问卷调查的方式进行,统计的数据主要有准点率、故障间平均行驶里程、里程完成率等;问卷调查就是通过问卷的方式让乘客对相关指标进行评价,这些指标包括服务态度、安全性、车票性价比、等车时间等。乘客可以对这些指标的意见进行评价。通过统计数据和问卷调查的综合评价结果直接影响到政府对 DRT 等公共交通的补贴,关系到 DRT 私营公司的盈利水平。

3)经验启示

随着《美国残疾人保障法案》各方面规定的全面推行,纽约的 DRT 得到快速发展,起到多方面的效果,得到可靠经验。

一方面,对于残疾人、老人等特殊人群来说,由于有了 DRT 提供的高品质的服务,还有低价格的票价,越来越多的残疾人、老人等出行不便的人们选择了 DRT 的服务,人们对公交服务满意度的提升,促进了 DRT 的发展。国内 DRT 可加强这方面的服务,提高公交服务满意度。

另一方面,对于普通市民来说,特别是住在郊区、人群比较稀疏的小区的市民,他们愿意对能保证有座位和运营速度、可靠的 DRT 服务付出更高的费用,其票价仅高于常规公交而大大低于出租汽车。DRT 提高了市民在上下班高峰期的出行效率,提高了公交的服务水平,兼顾了公交资源分配的公平,也提升了私营公司的投资收益,车辆更新加快。国内 DRT 应该大力提高这方面的优势以促进 DRT 的发展。

第三,对保健组织的成员等专业化组织提供的 DRT 服务,进行提升相关专业组织的运输服务水平,有利于与专业化组织建立稳定的合作关系,有利于推动 DRT 服务的发展。目前国内 DRT 在这方面做得不够,为专业化组织提供专业服务,对国内 DRT 的发展是一大促进作用。

2. 爱尔兰 Bealach

1) DRT 运营背景

爱尔兰 Bealach 主要地形为丘陵湖泊,面积约为 1500km^2,人口约为 12120 人,人口密度约为 8 人/km^2,共有 1 个市中心、20 个郊区和 4 个离岸岛屿。由于人口的分布比较稀疏,对出行的需求也比较分散,一直以来该城市的公交运营效率比较低,民众一直不满公交的服务水平。为提高公交的出行效率和满足民众的出行需求,中央运输部门把该城市偏远地区划分为 34 个区域,对 DRT 服务进行补贴,以加强这些地区的公交服务,同时通过派遣中心整合协调民众的出行需求,提供弹性的预约派遣服务。

2) DRT 运营模式

(1) Bealach DRT 的准入机制。

Bealach 于 2003 年 2 月开始实行 DRT 服务,具体服务由私人巴士公司进行运营,主要服务的对象为老年人、残疾人士、青少年以及无私人小汽车的民众。实行 DRT 服务的目的是扩大民众使用公共交通的范围,并对弱势群体提供更完善的运输服务。私人巴士公司根据区域内的人口分布与出行需求,提供每周 1 ~ 2 次的运输服务。

运输部门通过与私营公司签订合同的方式详细规定了私营公司所承担的责任,在合同到期后,如果私营公司有意继续提供服务,须重新提出线路申请,然后重新签订合同以保障路线营运的权益。规定私营公司的营运车辆必须为残疾人士提供无障碍设施,以方便乘客的上下车。

(2) Bealach 定制公交的营运线路规划。

中央运输部门设定的每个区域都设有派遣中心,根据人口社会经济的特性分布,对于人口密度较低的区域,出行需求比较分散,为顾及私营公司运营服务的收支平衡,每周仅提供一次运输服务;对于人口密度较高的区域,民众的出行需求比较集中,每周提供两次运输服务。在营运线路的安排上,只能在规范区域内巡回载客,不得跨区营运;而在路线的设计上,为增加路线的易达性,提供到门的服务,并在主要城市设有站牌以聚集民众的出行需求。另外,在一些面积比较大的区域,特别是对于需坐长途的乘客,私营公司提供到达长途站点的服务,在部分车站或站牌设有时刻表,以方便乘客查询长途客运信息。

除了 Bealach 市区,在其他偏远、低需求地区,对残疾人士专门提供迷你巴士,以方便乘客的出行，而对于其他一般民众，则提供 14 座的巴士，作为接驳运输之用。

(3) Bealach DRT 的票价机制和运营效果。

为了照顾弱势群体，特别是老人、残疾人等，运输部门制定了一套简单、有弹性的票价机制，对残疾人和 65 岁以上的老年人发放免费通行证，免票乘坐，陪伴老人和残疾人的乘客也享有一定票价乘坐优惠，对 16 周岁以下的青少年则有半价的优惠。

Bealach 的 DRT 服务一年约为 2232 班次，其班次的形态多以购物需求（占总班次的 60%）和医疗需求服务（占总班次的 24%）为主，其运营服务获得当地民众的好评。

3) 经验启示

由于 Bealach 郊区人口分布比较稀疏，实行 DRT 服务既可以提高公共交通的服务水平，也可以节约成本。Bealach 城市 DRT 的成功实施，有如下几个方面的原因：

一是按照交通需求划分区域，分别承包给私营公司运营定制公交服务，并与私营公司签订一年合同，合同期满可根据服务情况决定是否续约。另外，政府对郊区 DRT 服务有专门的补贴政策。这便于政府的分类管理，可以提高公共交通服务水平，有利于政府对服务的监管。我国城市应对不同区域运营的 DRT 进行分类管理，制定不同的扶助政策，才能更有利于 DRT 的发展。

二是对老人、残疾人和青少年等的票价优惠政策，使这些人可以享受到城市交通的福利。照顾弱势群体，体现了公共交通资源利用的公平性。

三是政府设置派遣中心，收集各区域的交通需求，并通过收集的信息来安排公交服务。这样可以通过政府平台来综合利用城市的公共交通资源，合理分配车辆的出行，大大节约成本，并有利于政府的监管。

二、国内典型案例

随着“互联网+”在交通领域的快速发展，近年来 DRT 服务正式在我国各大城市开通。DRT 这种新的公共交通服务模式完全不同于以往的公共交通服务模式，当前的法律法规等尚未有相关的规定，而目前国家也未针对此种公交服务模式出台相关的政策，只能用传统的国家对于客运的政策对此种服务进行监管。私营企业提供的定 DRT 服务与国企提供的 DRT 服务是否有同等的政策，对此也未有明确的规定和说法。DRT 在我国还处于起步阶段，其政策、规划、机构组织、运营、行业管理等方面还有许多内容需要进一步研究。虽然 DRT 是缓解城市交通拥堵的有效战略举措之一，但是它在全国范围的推广仍存在诸多的挑战，如政府及相关规划对定制公交的定位、运营补贴、票价制定机制、运营服务保障体系等。然而，由于 DRT 投资低、见效快、服务水平高，未来将会在国内多座城市得以应用，具有较好的发展前景。

1. 北京

1）地面公交概况

北京的地面公共交通客运一直是由一家大型公交企业集团经营，即北京公共交通控股（集团）有限公司。2015 年，北京常规公交的运营车辆达到 22250 辆，常规公交的运营线路有 847 条，年行驶里程达到 12.95 亿 km，平均每天行驶 354.73 万 km。2015 年，常规公交的年客运总量达到 38.8 亿人次，日均客运量达到 1063 万人次，最高日均达到 1241 万人次。

2）发展历程

2011 年 4 月，北京公交集团在昌平区交通局的支持下，在天通苑和回龙观两大社区开通了可以预定专座的通勤快车服务，通过社区网站收集乘客交通需求的方式来决定提供相应的运营服务，成功开通了 4 条线路，满足了两大社区居民的出行需求。得益于两大社区开通通勤快车服务的探索和成功实践，2012 年北京公交集团决定建立电子商务服务平台发展 DRT，并于 2013 年 9 月 1 日正式运行。9 月 9 日，3 条 DRT 线路正式开始运营。此后 DRT 线路陆续开通，于次月 12 日北京公交集团已开通了 27 条 DRT 线路，有 1600 多名乘客享受到了 DRT 服务。由此北京 DRT 的发展走向了快车道，于 2015 年 8 月 3 日又开通了 DRT 的快速直达专线，同年 12 月 7 日快速直达专线已经陆续开通 75 条线路，日均运送乘客 7000 多人次，日均发车 400 车次。到 2016 年，北京 DRT 已经开通了 177 条线路，日运送乘客约有 9000 人次，累计运送乘客超过 200 万人次。并且有多种形式的 DRT，分为商务班车、快速直达专线、休闲旅游专线和节假日专线 4 种形式。

3）运营模式介绍

（1）线路规划。

北京 DRT 采取的是自下而上、基于需求的线路设置方式，无论是公交集团开通的,还是其他网络平台公司开通的,都是根据乘客的数量来确定的,达到条件就开通此线路。DRT 线路的开通,特别是对于商务班车和快速直达专线类型的开通,是由北京公交集团组织人员进行调查,或在公交集团定制公交网页上、App 平台上进行出行信息调查,根据响应的人数和相关数据、道路情况等综合研究,在专门网页和 App 平台进行宣传和进行新线乘客招募,当缴费人数达到车辆座位的 50% 以后,公交集团便决定在一周内开行此线路。至于沿途的上下客站点,则根据乘客的需求和道路情况决定。

(2)服务监管。

由于 DRT 是当前公共交通服务的一种新的模式,属于一种互联网形式的公共交通创新服务,国内各大城市政府运输管理部门,包括北京市的运输管理部门,都未有针对性的规定对 DRT 服务进行监管,只是利用常规公共交通的监管手段去管理。

4)经验启示

在北京,DRT 作为一种新的公共交通服务模式,从开始到现在也只发展了几年左右的时间。在国内,北京市是发展 DRT 服务最早的城市之一,目前来说,运营的状况还比较成功,其中的一些发展经验比较适合国内各大城市的借鉴。

(1)通过公交集团充分的调查了解,将该地区乘客的普遍出行需求和乘客各自的出行特点需求有效结合,在专门的网页和 App 平台提前进行乘客招募,加强宣传,可以为顺利开通 DRT 服务打好基础。

(2)要实现 DRT 服务方式的多样化,不能局限于开通商务班车,要充分挖掘市民的出行需求,为市民打造适合的 DRT 服务方式,才能充分推动 DRT 的发展。

2. 深圳

1)发展概况

2014 年 4 月 5 日,深圳巴士集团试运行首批两条 DRT 线路,拉开了深圳市 DRT 发展的序幕。之后多家互联网企业大举进军 DRT 市场,到 2016 年 9 月,深圳市共计开行 DRT 线路约 1400 条,日均客运量约 5 万人次,成为国内 DRT 发展最快的城市之一。

2)经营模式

深圳 DRT 市场共有 6 家经营主体,经营模式可归纳为两类。一类是互联网企业利用互联网平台整合线下闲置车辆和驾驶员资源,提供 DRT 服务,包括小猪巴士、嗒嗒巴士、嘟嘟巴士和滴滴巴士等品牌。另一类是依托公交特许经营企业整合或新增公交车辆，提供 DRT 服务，包括深圳巴士集团开通的优点巴士及深圳东部公交集团开通的品质公交 e 巴士。其中，四家互联网企业共开通线路约 1000 条，日均客运量合计约 3.5 万人次，占总客运量 70%。两家特许经营企业共开通线路约 400 条（其中 95% 为 e 巴士），日均客运量约为 1.5 万人次，占总客运量 30%。

3）经验启示

作为国内 DRT 发展的典型代表，在互联网技术变革和市场机制双重作用下，深圳 DRT 迎合了居民日益增长的高品质出行服务需求，在客运市场中迅速占据一席之地。目前，DRT 行业发展尚处于起步阶段，发展路径的选择尤为重要。

深圳 DRT 发展的经验启示有以下几点：一是明确 DRT 的功能定位，丰富公共交通服务体系，满足居民日益增长的高品质出行需求。二是划清政府和市场的边界，充分发挥市场机制作用，激发企业活力，提供更有竞争力的公交服务。三是落实政府管理职责，在公交优先战略的框架下为 DRT 发展提供有效的设施供应。四是提升行业监管能力，规范市场经营行为，保障运营安全和乘客权益。

（1）明确 DRT 的功能定位。

DRT 主要服务城市通勤出行，是城市公共交通服务的一种。DRT 是一种需求响应型的高品质公交服务，具有快捷、舒适、可靠和类似“门到门”等特征，具备与私家车竞争的服务水准。DRT 线路设置和调整更灵活，能够快速识别和响应需求，有助于提升公交服务网络的应变能力。DRT 与常规公交更多是补充而非竞争关系，应与常规公交错位发展、差异化经营。

（2）营造公平竞争的市场环境，鼓励多元主体参与经营。

DRT 经营体制与常规公交应有所区别。目前深圳“低票价 + 政府补贴”的常规公交经营体制，旨在提供基本的、可负担的公交出行服务，保障居民参与社会活动的基本出行条件。DRT 主要满足居民高品质、个性化的出行需求，其行业规模、服务供应、票价规则应由市场决定和调节。在市场环境的正向激励下，企业有动力提供更好的服务，乘客也愿意接受相对更高的票价，行业发展可以不依靠政府补贴。政府应营造公平竞争的市场环境，既不“歧视”互联网企业，又要给特许经营企业“松绑”，允许其 DRT 服务采用更灵活的票价制度，同时取消政府补贴和相关经营限制。互联网模式和特许经营模式各有优势和特点，政府应鼓励互联网平台与特许经营企业开展合作,发挥互联网平台关注用户、创造价值的优势,同时利用特许经营企业线路运营方面的经验及车辆、场站配套设施资源,实现互利共赢。此外,在完善行业监管体系的前提下,可允许互联网模式提供部分跨市公共交通出行服务,快速响应都市圈一体化发展需要。

(3)加强站场和路权保障,提高 DRT 运行效率。

DRT 线路布设方式不同于常规公交,对站场和路权有特殊要求,在公共交通配套设施规划中应予以专门考虑。一是充分利用路内既有停车空间,为 DRT 设置专用的首末发车位。同时增加全市公交首末站供应,重点提升主要就业片区公交首末站的规模和密度,允许 DRT 通过合作协商等方式,使用部分常规公交首末站。二是考虑 DRT 密集设站和停车候客需求,为 DRT 设置专用停靠站点,避免占用常规公交车站停车候客,影响常规公交线路正常运行。三是结合快速公交走廊规划及 HOV 车道网规划,形成覆盖主要高、快速路的路中公交路权优先体系,允许 DRT 使用快速公交车道、HOV 车道,进一步提高 DRT 运送速度,拓宽有效服务时间。

(4)提升行业监管能力,规范市场经营行为。

DRT 作为客运行业的一种新兴业态,目前尚处于无行业监管的真空状态。同时陆续暴露出不少违法违规问题,比如部分平台使用无营运资质的车辆和驾驶员,部分车辆安全和保险状况达不到跨市、市内营运要求,互联网平台主体责任不明确等,容易引发经济、法律纠纷,存在安全隐患。交通运输行业管理部门应从防范市场失灵的角度明确管理职责,守住行业发展底线。通过出台 DRT 经营管理办法,完善 DRT 运营企业备案和安全生产管理制度,依法落实行业监管职责,规范市场经营行为,保障消费者合法权益。

3. 广州

1)地面公交现状

2015 年广州市日均机动化出行量约 2495 万人次,比上年增长 3.0%。空间分布方面,核心区(占全市人口超过 40%)的出行约占 58.2%,比上年的 58.9% 有所下降,而核心区外的主城区出行量则从上年的 12.6% 增长到 13.1%,显示核心区的出行量向外围地区有所扩散。除此以外,北部、南部、东部片区的出行量都有所上升,显示了外围地区的迅速发展。

在城市道路交通运作方面,2015 年主城区城市道路工作日平均运行速度为

30.64km/h,同比下降2.7%;晚高峰时段干道网平均速度为25.8km/h,同比下降3.2%,早高峰时段平均速度为30.22km/h。受制于机动车保有量的增长,必须依赖集约化公共交通出行以缓解道路拥挤压力和城市交通负担。

2015年,全市共有公交线路1178条,公交线路运营总里程20067km,其中中心城区865条、新辟2条、调整70条,运营线路里程达到13963.3km,中心城区基本形成干线公交、支线公交和微循环公交三层线网体系。

由于个性化、多样化出行需求增长,尤其是2015年以来受网约车等个性化服务迅猛发展影响,近年来公共交通总体出行比例继续下降,2015年公共交通出行比例为55.7%,同比下降2.9%,而个体机动化出行比例由2010年的40%增加至2015年的44.3%,虽然轨道交通小幅升至17.4%,但仍然无法改变公共交通与小汽车博弈的劣势。如图5-12所示。

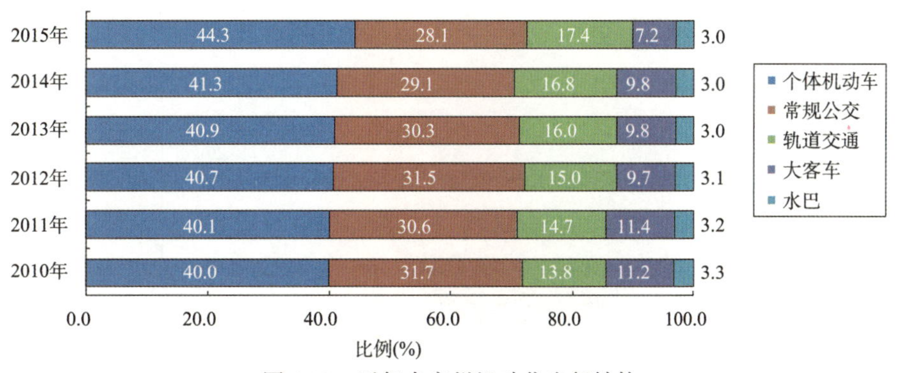

图5-12 近年来广州机动化出行结构

2)DRT运营现状

2015年,广州市结合移动互联趋势与个性化公交服务需求,推出了"如约巴士"的DRT服务,运营企业包括广州巴士一汽、二汽、三汽、电车等市内巴士公司。乘客用户可通过网站、App、微信等方式提交线路定制需求及约车订单,在平台完成"发起需求、订购座位、在线支付、乘坐车辆"的一条龙服务,创新集约化交通出行方式。目前,"如约巴士"不接受政府公共交通补贴以及缺少行业指导政策,以市场为导向,自负盈亏和开拓市场。

2016年11月,"如约巴士"共开行运营线路443条,包括通勤线路272条、校园线路113条、旅游线路36条、商务线路19条、夜间线路3条,覆盖全市各区,平均上座率达到75%以上。

(1)在停靠站点方面,三分之一的DRT线路只有首末两个站点,采用"一站直达"式的"单点至单点"行车模式;有过半数的站点为多个上车点、一个下车点的

“多点至单点”行车模式，鲜有“多点对多点”行车模式。如图5-13所示。

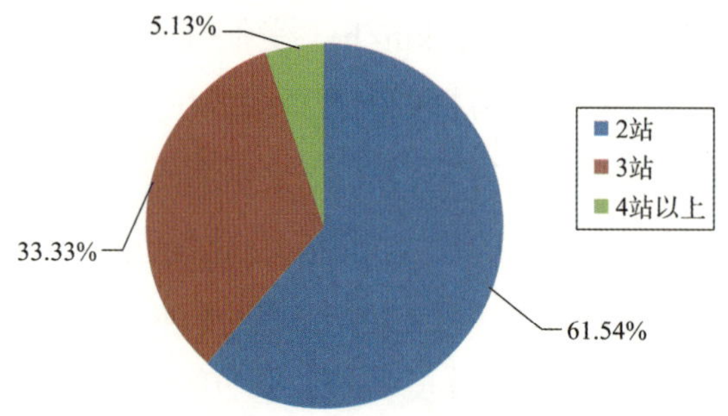

图5-13 广州市DRT不同停靠站点数量的线路比例

(2)在线路运行距离方面，有六成的线路运行距离在10～30km之间，可以看出出行距离在20km左右的乘客是DRT的主要使用者；超过30km的线路占总数不到20%，说明过长距离的运行线路不适合开行DRT。如图5-14所示。

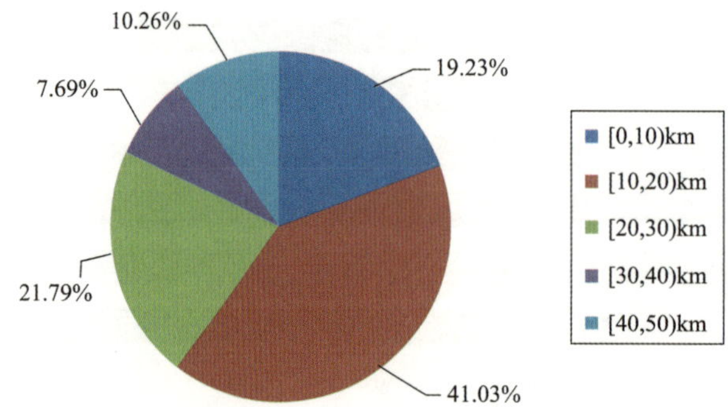

图5-14 广州市DRT不同运行长度的线路比例

(3)在票价方面，四分之三的线路的票价不超过7元，票价在5元以下的线路占到了总数的65%，最低票价为3元，可以看出DRT在运营初期为了稳定客流，票价十分优惠，但这也是目前广州DRT难以盈利的重要原因。如图5-15所示。

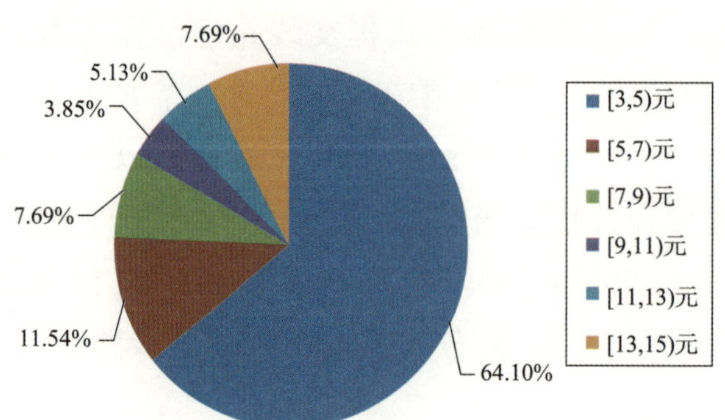

图5-15 广州市DRT不同票价的线路比例

(4)在线路运行时长方面，运行时长在20～50min之间的线路占到总线路的六成,超过 60min 的线路不到 15%,可见目前 DRT 线路在考虑舒适性的情况下主要以 20～40min 的运行时为首选。如图 5-16 所示。

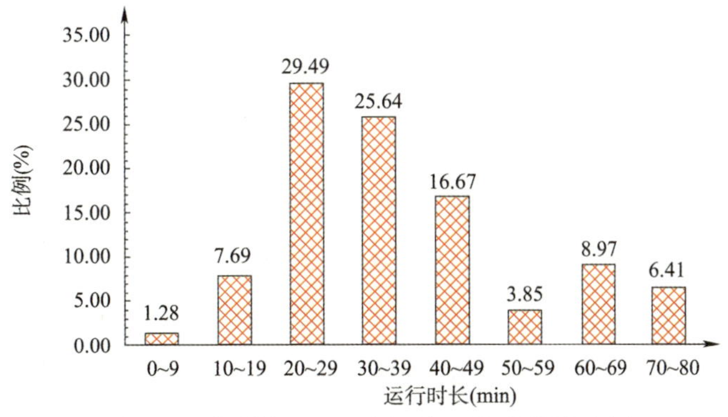

图 5-16　广州市 DRT 不同运行时长的线路比例

(5)在起终点站性质方面,可以看出,超过七成的站点都是设置在地铁和公交站点周围。如此设置,在出行上便于乘客集中,也有利于 DRT 与其他交通方式的接驳换乘。如图 5-17 所示。

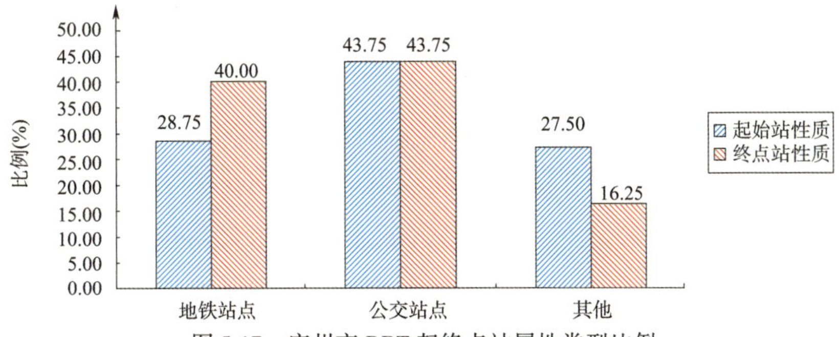

图 5-17　广州市 DRT 起终点站属性类型比例

(6)在票价与运营里程的关系方面,可以看出,票价基本随着运营里程的增加而增加,但也存在个别极端的里程与单价存在巨大差异的线路。如图 5-18 所示。

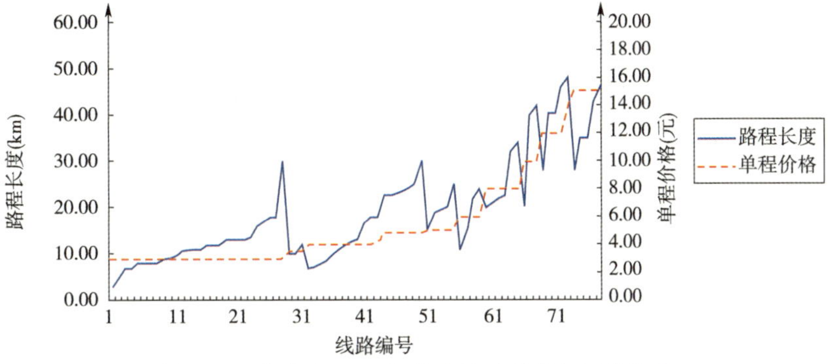

图 5-18　广州市 DRT 各线路运行路程与票价关系

3)经验启示

(1)在停靠点数量方面,多数线路只有首末两个停靠点,即单纯的"单点至单点"运营,一定程度上放弃的线路沿线可能存在的客流需求,也导致线路客流极度依赖单一站点的出行需求集聚,增加了乘客前往出发站点的步行距离,降低了对乘客的吸引力。

(2)在票价方面,运营里程与票价不相匹配,存在个别运营里程与票价有巨大差异的线路,票价无法有效反映运营服务的距离和乘客出行效益,说明目前对于票价的制定,运营单位主要还是依靠经验与既有运营情况进行抉择,没有考虑乘客支付意愿,票价的价格梯度不明显,低于 5 元的低价票的比例占到一半以上,没有有效表现出 DRT 出行价值。

(3)在线路运营时长和运行里程方面,存在部分线路运营时长小于 20min 和运营里程低于 10km,这些线路可以由其他公共交通方式予以代替,DRT 服务于 20min 以下和 10km 以内的出行距离没有优势,可以适当减少过短距离和时间的线路安排。

(4)在车型运用方面,目前如约巴士采用的运输车辆包括既有常规公交车辆与客运车辆两种,以常规公交车辆运行为主的行驶虽然可以有效利用公交剩余运力,但常规公交座位有限、车内服务配置较低,难以满足乘客出行需要,且不适合长距离的出行要求,存在公交车空驶率较高、上座率较低等问题。

4. 香港

1)公共交通概况

香港的巴士服务有专营巴士、非专营巴士和公共小型巴士 3 种类别。专营巴士由香港的 5 家私营公司经营,分别为新世界第一巴士、九龙巴士、城巴、龙运巴士和新大屿山巴士,目前约有 5580 辆巴士,日载客量约有 388 万人次,是香港日载客量最多的公共交通系统。

香港公共交通的巴士服务中具有 DRT 特点的服务模式就是非专营巴士服务,有别于专营巴士。2011 年香港的公共交通系统的日载客量达到了 1100 多万人次,而铁路和巴士服务系统的日载客量在整个公共交通日载客量中占了近 70%,非专营巴士所占的比重较少。香港政府的运输政策认为要维持公共运输系统的平衡,协调各种公共运输工具的发展,确保市民获得安全、有效率和合乎经济原则的运输服务,减少恶性竞争和减低对路面交通和环境的影响,符合公众利益。

2)运营模式

(1)香港 DRT 的准入机制和服务定位。

在准入机制方面,根据香港的《道路交通条例》第 374 章第 27 条规定,非专营巴士即 DRT 服务的营运受运输署署长发出的客运营业证所规管,规定每辆获发营业证的车辆,均须领有客运营业证证明书。一个营业证可授权持证人经营 7 种公共巴士服务中的一种或多种服务,或署长所批准的任何其他类别的服务。各种服务类型见表 5-5。

七种公共巴士服务类型　　表 5-5

代码	服务类型	批准特点	备注
A01	游览服务	属于非专线服务,其营运在营业证制度下享有较大的弹性,以便向乘客提供特设服务。属于专线服务,其线路、停车地点、时间表等内容。均须符合署长批准的服务细则或服务详情表内所订明的细则	这些服务的定义载于《公共巴士服务条例》第 230 章第 4(3)条
A02	酒店服务		
A03	学生服务		
A04	雇员服务		
A05	国际乘客服务		
A06	居民服务		
A07	复式类型交通服务		

在服务定位方面,由于香港的道路条件有限,加上香港民众很关注车辆所引起的环境污染问题,所以香港政府的公共交通发展的政策是以集体运输工具为优先,即以发展铁路和专营巴士为优先,其他的公共交通模式为辅助。而非专营巴士即 DRT 应该在此政策下发挥辅助作用。

香港的非专营巴士即 DRT 在公共交通系统的角色定位是辅助运输工具,其辅助的角色有 3 种。第一种是在一些地区由专营巴士和专线巴士提供营运服务其效益太低而无法提供服务,由非专营巴士提供服务,满足乘客需求;第二种是为特定的乘客提供特色的服务;第三种是缓解市民在上下班高峰期对专营巴士和专线小巴服务的需求。

(2)香港 DRT 的票价机制。

香港有关非专营巴士即 DRT 的规定,为防止经营未经批准的服务,除运输署长批准的国际乘客服务及居民服务外,一律禁止乘客在非专营巴士上以现金缴付车资。另外,新的居民服务线路未经署长批准,不得接受以现金或八达通卡缴付车费。车费必须在署长批准的指定售票处或地点收取,或以乘车券、预付车资车票、月票或者其他任何经署长批准的形式缴付。香港政府对非专营巴士实行市场化动作，不给予财政补贴，制定了严密的政策来监管其运营服务。

(3)香港 DRT 的服务监管。

非专营巴士即 DRT 服务的营运，受署长发出的营业证所规管。香港政府规定非专营巴士即 DRT 的酒店服务、居民服务、国际乘客服务、居民服务和雇员服务必须制订服务详情表，其内容包括所有关乎营运的细节如车资、路线、服务时段、班次、巴士数目及车重、停车站等，有助于政府的监察和执法，如不依照服务详情表的内容提供服务，即构成了违反发牌条件，相关部门将根据有关法律进行查处。

根据非专营巴士违规的程度，香港政府对其进行发出警告、罚款、提出检控和进行研讯等措施。香港政府规定把一般违反营业证条件的行为按定额罚款告票制度处理。另外，为确保获准营运的非专营巴士不会造成交通阻塞，并解决活动引起的问题，香港政府会实行交通管理措施，这些措施包括规管获批准的非专营巴士服务上下客、设置一般交通限制以杜绝非专营巴士营运未经批准的服务。

3)经验启示

由于香港的公共交通发展政策是以发展大众运输方式为主，即以铁路和专营巴士为主，其他公共交通服务模式为辅，把其他公共交通服务模式的发展控制在一定的规模，使之不影响铁路和专营巴士的服务。当 DRT 服务模式发展过快时，立即进行限制，同时根据乘客的需求有针对性地改善常规公共交通服务，提供具有竞争力的常规公共交通服务，以达到限制 DRT 的目的。如 1998—2003 年，已登记的非专营巴士的数量由 5868 辆上升到 7206 辆，升幅达 23%，非专营服务即 DRT 服务得到快速的发展，而同期的专营巴士数量的增长才 4%，高出了 19%，香港政府随即加强对非专营巴士服务的管制，严厉处罚非专营巴士的违规服务，同时有针对性地改善常规公共交通服务的水平，对个别非专营巴士活动对交通造成影响较大的地点进行各类型的管制，改善有关地点的交通状况，鼓励专营巴士服务营运商提供优惠以吸引乘客使用常规公共交通服务。这种政策有利于兼顾公共交通的公平性，合理地安排公共交通资源，让更多的市民能享受到常规公共交通的服务。

香港关于非专营巴士即 DRT 服务的一些规定可以起到非常好的借鉴：

一是对非专营巴士即 DRT 的各服务进行分类，实行专项发牌制度，有利于 DRT 服务的专业化。我国城市可以对各种类型的 DRT 进行分类管理，提高 DRT 服务的专业化。

二是要求非专营巴士即 DRT 服务运营商要提供说明服务详情,包括车资、路线、服务时段、班次、巴士数目及车重、停车站等的内容,有利于乘客的选择和政府的监管。从政府监管的角度来看,我国城市可以要求各 DRT 服务企业详细提供服务的细节,也有利于提高乘客对公司服务的满意度。

三是对非专营巴士的服务进行严格的管理,对违反各种规定的车辆和服务商进行严厉的惩罚,有利于规范非专营巴士的服务,有利于整个公共交通市场的健康发展。

三、国内外经验借鉴

通过对国外城市美国纽约、爱尔兰 Bealach 和国内城市北京、深圳、广州、香港的 DRT 案例的详细介绍和效果分析,总结出一些经验,结合我国城市当前 DRT 存在的问题,我国 DRT 发展可借鉴的经验主要分为以下几个方面:

(1)在 DRT 的准入机制方面,香港对非专营巴士即 DRT 的各种服务进行分类,实行专项发牌制度,实行严格的准入,有利于政府对 DRT 的管理,有利于 DRT 服务的专业化。在这方面,我国城市可以参考香港 DRT 的专项发牌制度,这样可以解决我国城市准入门槛过低造成 DRT 混乱的问题。

(2)在 DRT 的线路规划方面,爱尔兰 Bealach 按照交通需求划分区域,设置派遣中心,收集各区域的交通需求,并通过收集的信息来安排公交服务。这样可以通过政府平台来综合利用城市的公共交通资源,合理分配车辆的出行,大大节约成本,提高 DRT 服务效率。Bealach 的这种做法只适合这种郊区地域宽广人员比较稀疏的地区。而我国大多城市作为人员密集的城市,对 DRT 的需求较大,不可能都通过派遣中心来分配安排出行,解决不了我国城市当前 DRT 线路资源分配不均衡和规划无秩序的问题,但是我国城市可以对 DRT 平台进行统一管理。

(3)在 DRT 的服务方式方面,特别对于残疾人、老人等特殊人群,纽约和爱尔兰 Bealach 都特别制定了相关政策,为这些人群提供高品质的 DRT 服务和低价格的票价,让残疾人、老人等出行不便的人们享受到城市交通的福利,使公共交通资源利用得更加公平,提升人们对公交服务满意度,促进了 DRT 的发展。另外,纽约对保健组织的成员等专业化组织提供的 DRT 服务,进行提升相关专业组织的运输服务水平,有利于与专业化组织结合稳定的合作关系,有利于推动 DRT 服务的发展。北京实现 DRT 服务方式的多样化,不局限于开通商务班车,充分挖掘市民的出行需求,为市民打造适合的 DRT 服务方式。我国其他城市在这些方面可以借鉴这些城市的模式,提供多种专业化的 DRT 服务,不断完善 DRT 的服务方式,形成多种服务方式有效结合,大力推进 DRT 的发展。

(4)在 DRT 的服务评价和政府监管方面,纽约建立了科学的服务评价体系和政府规范的管理制度,对 DRT 服务的公正评价直接影响 DRT 运营公司的补贴,很大程度影响到了私营公司的盈利水平,从而督促私营公司严格按照合同规定的内容提供服务,保证了 DRT 的健康发展。

爱尔兰 Bealach 承包给私营公司运营 DRT 服务,并与私营公司签订一年合同,合同期满可根据服务情况决定是否续约。另外,政府对郊区 DRT 服务有专门的补贴政策。这便于政府的分类管理,可以提高公共交通服务水平,有利于政府对服务的监管。

香港要求非专营巴士即 DRT 服务运营商提供说明服务详情,包括车资、路线、服务时段、班次、巴士数目及车重、停车站等的内容,有利于乘客的选择和政府的监管。

在这方面,我国城市可以借鉴纽约 DRT 的科学服务评价体系,通过评价结果来影响 DRT 的补贴,还可以借鉴爱尔兰 Bealach 与 DRT 运营公司签订定期合同来加强政府对运营公司的监管,也可以借鉴香港的做法,详细规定服务详情,并规定各种严厉的惩罚措施加强对 DRT 的监管。但是这些城市的做法不能照搬,只能参照其做法。我国城市要根据自己的实际,制订出一套科学完善的服务评价体系和监管机制,才能提高 DRT 的服务水平,促进 DRT 的健康发展。

本章参考文献

[1] Jerky S, Cedar A. Optimal Routing Design for Shuttle Bus Service Transportation [J]. Research Record: Journal of The Transportation Research Board, 2006: 14-22.

[2] John D Nelson, Steve Wright, Brian Masson, Giorgio Ambrosino, Aristotelis Naniopoulos. Recent developments in Flexible Transport Services [J]. Research in Transportation Economics, 2010(29): 243-248.

[3] Nourbakhsh S M, Ouyang Y. A Structured Flexible Transit System for Low Demand Areas [J]. Transportation Research Part B: Methodological, 2012, 46(1): 204-216.

[4] Vine S L,Lee-Gosselin M,Sivakemar A,et al. A new approach to predict the market and impacts of round-trip and point-to-point carsharing systems:Case study of london[J]. Transportation Research Part D Transport & Environment,2014(32):218-229.

[5] Liu T,Ceder A. Analysis of a new public-transport-service concept:Customized bus in China[J]. Transport Policy,2015(39):63-76.

[6] 杨得婷.定制公交票价制定与运营相关问题研究[D].西安:长安大学,2015.

[7] 丁平峰.定制公交出行方式选择模型研究[D].南京:东南大学,2015.

[8] 林青.定制公交服务的评价指标及模型研究——以北京市为例[J].调研世界,2016(2):46-49.

[9] 高续.成都市定制公交需求研究[D].成都:西南交通大学,2016.

[10] 李艳梅.定制公交系统线网构建方法研究[D].成都:西南交通大学,2016.

[11] 王姣.定制公交行车站点规划与时刻表编制研究[D].北京:北京交通大学,2016.

[12] 涂文苑.定制公交的线网规划研究[D].北京:北京交通大学,2016.

[13] 徐康明,李佳玲,冯浚,等.定制公交服务初探[J].城市交通,2013,11(5):24-27.

[14] 许茂兴.深圳定制公交运营模式优化研究[D].哈尔滨:哈尔滨工业大学,2017.

第六章　定制客运

随着我国智能手机的普及和快速发展,越来越多的中国网民开始使用手机接入互联网。2019 年 3 月,中国互联网络信息中心(CNNIC)发布的第 43 次《中国互联网络发展状况统计报告》显示,截至 2018 年 12 月,我国网民规模达 8.29 亿人,普及率达 59.6%,我国手机网民规模达 8.17 亿人,网民通过手机接入互联网的比例高达 98.6%。手机在上网设备中占据主导地位。各类出行服务厂商结合互联网的特点,纷纷推出专业的移动端服务。定制客运业务就是在这样的大背景下应运而生,它利用互联网的信息优势,解决乘客出行需求与运输市场运力共计信息不对称的问题,乘客可以随时随地的预约到快车、包车、拼车等不同价位、不同运输形式的出行服务。据不完全统计,截至 2017 年底,中国移动端出行服务用户乘客数量总计接近 4 亿,在所有移动端出行服务中,出租汽车约车、专车(快车)与拼车在出行服务中用户覆盖量较高,定制客运作为最受大众欢迎新兴出行方式得到认可,出行行业定制时代已经来临。随着大众旅游时代的到来和人民群众日益增长的新的出行需求,旅游客运市场需求持续增长。根据国际旅游业发展经验,当人均 GDP 达到 5000 美元时(2018 年我国已超过 8000 美元),即步入成熟的度假旅游经济,休闲需求和消费能力日益增强并出现多元化趋势。目前,发达国家居民一般每年出游 8 次以上,而我国居民人均每年出游只有 2.6 次,旅游消费才刚刚释放,未来必将持续快速增长。据统计,2017 年国内旅游达 50 亿人次,同比增长 12.8%。未来,随着国家对旅游业的支持力度不断加单、人民群众旅游出行需求将日益旺盛,旅游客运日益成为道路客运行业最具活力和潜力、需求最为迫切的领域之一。道路客运行业必须不断创新旅游交通产品、优化运输组织模式、提升旅游交通服务品质，扩大新需求，创造新供给，推动公路旅游客运向现代、舒适、精准化的服务模式转变，更好地适应经济社会发展和人民群众旅游需求新变化。

第一节 道路客运概述

一、道路客运定义

道路客运，全称为道路旅客运输，是指人们利用客车，通过道路、站场等基础设施实现人的空间位移的活动。

道路旅客运输与其他客运方式相比，具有以下特点：

(1)道路旅客运输是沟通城市与乡村，连接内地和边疆，在各种客运方式中分布最广阔、网络最为密集的运输方式。

(2)以汽车为主要运输工具，对道路条件适应性强，能够通达山区、林区、牧区等不易到达的地方。

(3)具有机动、灵活、方便等特点，既可组织较多车辆完成一定规模的、大批量的旅客运输任务，也可单车完成小批量的旅客运输任务，还可以为铁路、水路、航空等运输方式集散旅客，具有其他运输方式所没有的“门到门”运输和就近上下客等特点。

(4)道路客运线路纵横交错、干支相连，线路和站点形成网络，并易于根据情况调整，便利旅客乘车，能较好地满足旅客出行的需要。

(5)投资少，资金回收快，车辆易更新，能适应国民经济的发展和人民物质文化水平提高的需要。

二、道路客运主要业务

《道路旅客运输及客运站管理规定》中指出：道路旅客运输可以分为班车客运、包车客运和旅游客运 3 类。

1. 班车客运

班车客运是指有固定的线路、班次、时间和停靠站点，在城市之间、乡镇之间进行中长距离运输的客运营运方式，是公路客运方式中最基本的一种。

1)直达班车

直达班车是指由始发站直达终点、中途只作必要的停歇，但不上下旅客的班车。它的主要特点是旅客运送速度高,节约时间。其多采用高级或中级的大型客车。

2)普通班车

普通班车是指站距较短,在途中的站、点(含招呼站)都要停靠上下旅客的班车。它的主要特点是沿途停靠次数多,行车时间利用系数小,降低了运送速度,且需要配备乘务人员,但是为沿途的短途旅客提供了便利。其适于大多数日常性旅客需求。

3)普快班车

普快班车是指只在县、市、镇等站停靠的班车。它的特点是运送速度比普通班车要高,不配备乘务人员,只在有关停靠车站售票,运价率与普通班车相同。

4)加班车

在客流高峰期,不能满足旅客的乘车需要时,公路运输企业增开的班车,称为加班车。加班车不列入班次时刻表,加开前临时进行公告,即时售票上车。

此外,班车客运还可按运行区域划分为县内班车客运、县际班车客运、地市际班车客运、省际班车客运、出入境班车客运等,或按运行距离划分为一类班车客运(也称超长距离班车客运,运距在800km以上,含800km)、二类班车客运(400~800km,含400km)、三类班车客运(150~400km,含150km)、四类班车客运(150km以内)。

2. 包车客运

包车客运是指将客车包租给用户安排使用,按行驶里程或包租时间计费的一种营运方式。

与班车客运相比,其在接洽方式、运行线路、开停车地点、开停车时间、乘车对象、运费结算、运行组织等方面有所不同。与出租汽车相比,其在使用车辆、要车方式、使用时间、行驶距离等方面有所不同。包车客运的需求极不稳定,随机性较强。

包车客运分为两种类型,即计程包车和计时包车。

3. 旅游客运

旅游客运是指以送旅游者游览观光为目的的客运服务方式。旅游客运有其特殊之处,即主要在于乘客旅行目的和车辆运行的要求。

旅游客运具体可以分为旅游班车和旅游包车两种形式。旅游班车即实行定班、定线、定时，在风景游览点和城市及景点与景点之间的线路上运营的班车。旅游包车即按照用户要求的线路、景点、时间等，运送团体旅游者的旅游客运。其计费方式分为计时包车和计程包车两种。

三、定制客运的兴起

道路客运是综合运输体系的重要组成部分，是保障人民群众便捷出行的基础性服务行业。道路客运在我国经济的发展中起了巨大的作用，曾经有过辉煌的历史，一度成为我国综合客运体系中的主力军，客运量曾占总客运量的92%，创造了世界道路客运发展史上的奇迹。

近年来，随着城镇化进程的加快、多种运输方式的快速发展，道路客运的发展环境发生了巨大的变化。自2013年以来，受高铁、私家车、城际顺风车等运输方式的冲击，道路客运客流量下滑较为严重，迫切需要从优化道路客运供给结构的角度出发，科学确立道路客运发展定位，满足旅客出行新需求。

1. 定制客运是传统道路客运企业改革供给侧的有效举措

较传统道路客运而言，“互联网＋道路客运”是在居民收入不断增长，消费升级进程不断加快，人民群众的出行需求呈现个性化、高品质、定制式的大背景下，通过利用移动互联网、云计算、大数据、人工智能等现代信息技术，更好地实现客运企业供给侧与旅客出行需求侧之间的信息高效互通，打通传统的信息不对称瓶颈，进而可实现道路客运供给品类、供给效率与旅客出行体验及满足感的同步提升。

2. 定制客运将呈现爆发式增长，成为道路客运的“新业态”

在移动互联网、云计算、大数据、人工智能等现代信息技术快速发展的当下，供需信息渠道已经畅通，满足柔性化、定制化的出行需求成为可能，道路客运体系中相关要素间的关系及商业模式已发生显著变化，并进入了新的业态，主要表现为传统的“旅客—车站—客车”向“旅客—信息平台—客车”加速转变。车站吸附旅客的功能逐步弱化，而信息平台吸附旅客功能正在加强；传统“站到站”的班车运输组织模式日渐萎缩，而“个性化、小批量、高品质”的定制式出行方式呈现爆发式增长。

定制客运正是为了顺应行业发展需要，是“互联网＋”道路客运发展新业态，是依托互联网技术，通过网站、手机App、微信等在线服务方式，将道路旅客运输行业中具备相应资质的企业、车辆、驾驶员等信息进行整合，向乘客提供跨区域、门到门预约化的运输服务，满足乘客定制化、个性化出行需求。2016年底，交通运输部下发了《关于深化改革加快推进道路客运转型升级的指导意见》(交运发〔2016〕240 号),明确提出"规范发展道路客运定制服务,鼓励开展灵活、快速、小批量的道路客运定制服务"。目前,上海、江苏、浙江、江西、湖北、贵州、陕西、甘肃等省(直辖市)已下发了本地区鼓励道路客运定制服务规范发展的相关政策文件,详见表 6-1。

各地鼓励道路客运定制服务发展政策文件情况　　表 6-1

序　号	省　份	下发时间	相关政策文件要求
1	上海	2017 年	在行业内下发通知,从平台准入条件、营运车辆条件、从业驾驶员条件、企业主体责任、行业日常监管五个方面明确了定制客运模式的基本管理原则
2	江苏	2015 年	印发了《关于积极推进"互联网 + 道路水路运输服务与管理"行动的实施意见》《关于同意江苏长运定制客运服务有限公司开展"互联网 + 道路客运"试点工作的意见》(苏运客〔2015〕283 号)
		2017 年	制定了团体标准《定制客运服务规范》
3	浙江	2017 年	出台了《关于加快推进我省道路客运转型升级的实施意见》(浙运〔2017〕31 号)
4	江西	2017 年	修订了《江西省道路运输条例》,其中第十条第二款中增加了定制客运的内容
5	湖北	2013 年	印发《湖北省武汉城市圈城际约租客运试点工作实施方案》(鄂运物运〔2013〕138 号)
6	贵州	2015 年	出台了《关于深化道路旅客运输改革的意见》《关于认真贯彻落实道路旅客运输行业改革意见的通知》
7	陕西	2017 年	下发了《陕西省交通运输厅关于深化改革加快推进道路客运转型升级的实施意见》;与省物价部门联合发文,明确了定制客运服务票价实行市场调节价
8	甘肃	2016 年	印发了《关于开展"互联网 + 定制客运"试点工作的意见》(甘运发〔2016〕64 号)
		2017 年	制定了《关于加快推进全省道路客运行业转型升级的实施意见》(甘运发〔2017〕56 号)

定制客运细分中高端旅客与普通旅客市场,促进道路客运消费分级发展,让道路客运回归本位属性,切实发挥短小灵活多样的优势,很大程度上解决了传统道路客运行业存在发车时间、地点、线路固定,只能实现站到站运输,不能充分发

挥客运“门到门”运输优势，不能满足不同消费水平旅客多样化出行的需求的问题。

为充分满足旅客多样化、个性化出行需求，全面提升道路客运发展质量和服务品质，各地积极组织试点企业创新开展道路客运定制服务试点工作，促进道路客运转型升级，取得了阶段性进展。如广州试点推出的“如约城际”App及微信公众号、设立试点配客站点等，实现了“按需定制、一键购票、便捷换乘”等各类定制服务，有效提高运输效率和服务质量，在满足人民群众个性化高品质出行需求方面进行了有益的探索实践。各地在推动定制客运规范管理上，在经营主体上要求原则上投入试点的定制客运资源以现有的客运班线、旅游包车运力等基础运力，结合市场需求进行定制化改造，起讫点继续实行许可管理。在线路许可上，明确线路走向、停靠站点、日发班次、车型以及车辆数等由试点企业根据旅客需求自行确定。在管理形式上，大部分省对定制道路客运按照定制班车的模式来管理，例如，江苏、浙江明确规定，“提供道路客运定制服务的，企业应当具备相应道路客运经营资格，并已取得该线路经营权”。广东省对于新增线路上开展的定制道路客运，则参照包车模式进行许可。在车型选择上，鼓励试点企业根据市场需求选择7座（含）以上客运车辆从事经营活动，所选车辆技术性能符合营运车辆技术等级一级标准。在计费模式上，鼓励试点企业积极探索计程、计时、计程+计时等多种计费模式。在车辆停靠上，试点企业在条件允许的情况下，原则上在城市内的停靠点由企业依据客流等情况自行设置。

各地以移动互联网技术为依托，以省域联网售票平台为基础，大多建设了线上信息化服务平台，强化线上线下资源整合，通过网络、手机App、在线服务等方式，为社会公众提供道路客运出行方案设计、出行信息查询、预约、票务和“门到门”运输服务。例如，浙江“巴巴快巴”平台、江苏“巴士管家”平台等，以用户体验为中心，集售卖汽车票、城际定制快车、公务用车、定制巴士、校园巴士、机场巴士、旅游、包车等集聚多元业务板块的一站式服务平台。

近年来，随着定制客运业务的不断发展，多样化的组织模式和方便快捷的乘车方式，受到了广大乘客的普遍认可，市场规模初显。各地结合当地客运市场结构，统筹新老业态发展，落实企业安全生产主体责任，强化试点定制客运安全管控，切实维护道路客运安全与稳定。在企业选取上，要求试点企业一般为具备传统道路客运生产经验、安全及服务情况良好的企业。在车辆条件上，要求试点车辆均持有道路运输证件,安装使用卫星定位装置和视频实时监控体系,并配备手持安检设备及消防设备。在人员要求上,驾驶员持有从业资格证并纳入诚信考核体系。在安检乘车上,根据实名制管理的要求,省际、市际定制客运车辆均实行实名制检票,并配备手持式安检仪等设备,具备安检乘车条件。在运行安全上,试点企业、车辆和人员要严格按照《道路运输车辆动态监督管理办法》等有关文件规定,落实动态监控主体责任。

第二节　定义与内涵

一、定制客运的定义

2016 年 12 月 31 日,交通运输部发布《关于深化改革加快推进道路客运转型升级的指导意见》(交运发〔2016〕240 号),提出:"充分发挥移动互联网等信息技术作用,鼓励开展灵活、快速、小批量的道路客运定制服务。"这是在行业规划文件中首次明确地提出"定制客运"这一概念。定制客运迎来加快发展的重要时期。

二、定制客运的特点

1. 定制客运是"互联网 +"道路客运新业态

定制客运是"互联网 +"运输服务的重要体现形式,是借助互联网技术将用户个性化出行需求与道路客运行业运力资源高效匹配的行业发展新业态,主要依托网站、手机 App、微信等在线服务方式。定制客运结合行业转型升级要求,优化运力结构,提高运输效率,真正发挥到了客运行业"点对点""门到门"运输优势。

2. 定制客运是对班线客运、包车客运的有效补充

传统道路客运主要包括班车客运、包车客运和旅游客运,是各种客运方式中分布最广阔、网络最密集的运输方式。但随着我国社会进入社会主义发展新时期,传统道路客运方式已不能满足人民群众日益增长的对出行便利性、个性化的需求,定制客运的出现弥补了道路客运形式单一、"门到门"优势不明显的缺点。

3. 定制客运承担跨区域、点对点乘客运输服务

定制客运本质上是道路客运的一种旅客运输形式,有别于城市交通运输中的公交车、巡游车、网约车,主要承担跨区域、点对点的旅客运输服务。

4. 定制客运平台应具备在线、预约属性

定制客运服务发布形式有别于传统道路客运方式，定制客运经营者须通过互联网平台发布定制客运资源信息，乘客通过互联网平台预约行程。

5. 定制客运组织者及承运者须具有相应资质

定制客运是道路客运的有益补充，定制客运经营企业、互联网经营平台、车辆应按照相关规定取得经营资质，在定制客运平台开展定制业务的司机须按相关规定取得从业资格。

三、定制客运发展现状

目前，全国已有 15 个省份开展了道路客运定制服务，其中 12 个省份已正式出台了贯彻实施意见或配套政策；上海、四川、江西等省已下发了本地区鼓励道路客运定制服务规范发展的相关政策文件，为定制客运发展提供良好条件。从全国城际出行定制服务开展情况来看，大多都是依托互联网平台开展定制出行服务，呈现出多种形式。归纳起来表现为以下几种：

1. 道路客运企业开展定制服务

各地围绕深化道路客运改革，加快适应道路客运市场变化，满足旅客出行新需求，推动传统客运企业主动拥抱互联网和互联网企业开展运输服务创新，道路客运定制服务工作有序开展。目前，全国开展道路客运定制服务的经营主体多为传统道路客运企业，主要利用班线客运及旅游包车客运经营资源开展定制客运业务。从开行区域来看，为省内、跨省的毗邻城市之间，距离在 200km 以内为主。例如，广东定制道路客运服务经营区域主要集中在珠三角地区，江苏主要是省内，尤其是市到县，或到毗邻的上海市。在车型选择上，以 7 ~ 19 座为主力优选车型。例如，江苏以 7 座乘用车为主，浙江以 7 ~ 19 座小型车辆为主，广东则是 9 座商务车、40 ~ 50 座大巴车均有。从票价来看，江苏、浙江定制道路班线价格基本比传统高 20% ~ 40%，广东基本维持在同线路班线执行票价的 6 ~ 7 折水平。

2. 私人小客车以合乘名义开展城际出行定制服务

私人小客车合乘，也称拼车、顺风车，是由合乘服务提供者事先发布出行信息，出行线路相同的人选择乘坐合乘服务提供者的小客车、分摊部分出行成本或免费互助的共享出行方式。根据滴滴顺风车对外披露的数据：2016 年春运期间滴滴顺风车共运送190万乘客跨城出行;2017年春运期间运送848万乘客跨城出行,接近南航国内航班在春运期间的运送人数;2018年预计将运送3300万乘客,占到民航预测数据的50.77%、铁路旅客发送量的8.48%。但是,目前各地大量存在着私家车以合乘名义,利用微信、QQ、滴滴等互联网平台变向从事道路客运经营活动行为。

3. 网约车长期经营城际线路

2017年8月以来,滴滴出行在其快车业务板块下相继上线了成都至德阳、长株潭以及苏州至无锡等城际专线服务。网约车从事城际出行服务势头呈现出加速扩张态势。按照网约车管理办法规定,网约车应当在许可的经营区域内从事经营活动,超出许可的经营区域的,起讫点一端应当在许可的经营区域内。在实际运营中,一方面,部分网约车也打着"一端"在城市的幌子,长期变相从事城乡、城际间道路旅客运输经营活动,已与网约车作为城市公共交通的补充功能定位明显不符,加剧了与道路客运之间的矛盾。另一方面,还有很多平台上的"网约车"并未真正取得运营资格。

4. 利用租赁车辆从事城际出行服务

部分汽车租赁公司利用租赁车辆,依托互联网、微信、QQ等渠道组客,通过多方合同形式,开展城际出行定制服务。如西安雨辰汽车租赁公司在甘肃合水县投放30辆租赁车辆,违规从事合水至西安、兰州、银川等城市的省际班线客运业务。

综上所述,城际出行定制服务的几种形式对比分析见表6-2。

四、定制客运发展核心问题

1. 现有法规政策不能适应发展需求

现行的《道路旅客运输及客运站管理规定》将旅客运输分为了班线客运、包车客运、旅游客运(旅游客运按营运方式的不同,可纳入班线客运或包车客运管理),在概念、经营行为、管理要求等方面都是明确的。《交通运输部关于深化改革加快推进道路客运转型升级的指导意见》(交运发〔2016〕240号)首次提出道路客运定制服务的概念,即"规范发展道路客运定制服务。充分发挥移动互联网等信息技术作用,鼓励开展灵活、快速、小批量的道路客运定制服务。提供道路客运定制服务的,企业应当具备道路客运经营资格,驾驶员应当取得相应从业资格,车辆原则上应当使用7座及以上的营运客车。"

城际出行定制服务形式对比　表 6-2

<table>
<tr><td rowspan="3">项　目</td><td colspan="5">形　式</td></tr>
<tr><td colspan="2">道路客运开展定制服务</td><td rowspan="2">私人小客车以合乘名义开展城际出行定制服务</td><td rowspan="2">网约车长期经营城际线路</td><td rowspan="2">利用租赁车辆从事城际出行服务</td></tr>
<tr><td>“道路客运 + 互联网”服务模式</td><td>“互联网 + 道路客运”服务模式</td></tr>
<tr><td>适用法规</td><td colspan="2">《道路旅客运输及客运站管理规定》</td><td colspan="2">《网络预约出租汽车经营服务管理暂行办法》</td><td>无</td></tr>
<tr><td>经营主体</td><td>传统道路客运企业</td><td>互联网平台企业</td><td>私家车</td><td>网约车</td><td>汽车租赁企业</td></tr>
<tr><td>经营范围</td><td colspan="2">在班线/包车客运许可经营范围内</td><td></td><td>起讫点一端在许可经营区域</td><td></td></tr>
<tr><td>开行区域</td><td colspan="2">省内、跨省的毗邻城市之间,距离在 200km 以内为主</td><td colspan="3">跨城</td></tr>
<tr><td>使用车辆</td><td colspan="2">7 ~ 19 座小型车辆为主</td><td>7 座及以下乘用车</td><td>7 座及以下乘用车</td><td>7 座及以下乘用车</td></tr>
<tr><td>安全管理</td><td colspan="2">需符合安全生产等一系列要求</td><td colspan="3">安全管理及投入较低</td></tr>
<tr><td>合法性</td><td>合法</td><td>游离在行业管理部门监管之外,暂无法定性</td><td>少量合法,大量不合法</td><td>合法,但很多网约车并未取得资格</td><td>非法</td></tr>
</table>

然而,由于定制客运是新形势下应运而生的一种客运服务,在法规、规章层面上尚未明确。定制客运的核心要义是随客而行,是基于旅客的出行需求,通过互联网等方式传导给企业,由企业提供相应的出行服务。这虽与包车客运有类似之处,但亦有不同。例如,A 市至 B 市的城际“门到门”(城际拼车)业务,不同的旅客在不同的时间、不同的地点上车和下车,这种客运服务既有一定的班线客运特征,也有一定的包车客运特征。虽类似于网约车,但由于客运企业有车站资源,也有一些旅客是通过在车站买票乘车。因此,定制客运应该是兼有班线客运、包车客运、网约预约客运特征的一种特有的客运服务方式。

2. 上下客停靠点设置存在政策障碍

一方面,道路客运定制服务的核心是通过充分发挥道路客运“门到门”的优势,为旅客提供快速便捷的出行服务,要求在线路两端起讫地的景区、校园、大型社区、集散中心等灵活设置停靠点,而按照目前规定,班车客运开展定制服务仍需符合“车进站、人归点”的有关要求,车辆至少在“简易站”才可停靠上下客,成为制约道路客运定制服务有效开展的主要政策障碍。另一方面,对停靠点设置的标准要求,缺少规范性引导。按现有规定,客运站需满足消防和相关功能配置要求,经验收合格方可投入使用。但停靠点主要是实现上下客功能,不存在经营行为,在经济属性上与客运站有明显区别,应该不属于客运站经营范畴。在停靠点设置许可没有放开,设置要求无规范标准可依据的制度前提下,出于安全责任考虑,县级运管部门基本不对停靠点设置做出许可,不利于道路客运定制服务长远规范发展。

3. 平台公司定位不明和主体责任不清

道路客运借助互联网技术开展定制化服务,方便了旅客出行,对满足公众高品质、多样化出行需求发挥了积极作用。但目前还存在平台公司定位不明和主体责任不清的问题。从服务过程看,在有线下道路客运企业支撑的“互联网 + 道路客运”服务模式中,线下客运企业实际扮演承运人角色,平台公司作为信息服务商的属性更强,但乘客在借助互联网完成的整个出行过程中对线下客运企业承运人角色的感知也不明显;在没有线下道路客运企业支撑的“互联网 + 道路客运”服务模式中,平台公司不仅负责供需信息撮合,还负责调配车辆和驾驶员、确定运价、收取运费等,扮演着典型的运输组织者角色,具有明显的承运人属性,但平台公司往往以多方协议等形式来规避其承运人责任。

在不同服务模式下,虽然平台公司在服务过程中所扮演的角色和发挥的作用区别较为明显,但在现行管理制度框架下,各类从事道路客运定制服务的平台公司均不需要取得道路运输经营许可,按信息服务提供商或承运人对其给予定性,还是视角色类型不同予以不同定性,确定不同的主体责任,目前尚无相关规定,互联网平台公司、传统道路客运企业、行业管理部门等之间也没有形成统一认识。

4. 信息共享不充分,部门协同仍存“壁垒”现象

部门间数据共享不充分,交通运输、旅游、公安、市场监督等相关部门均已具备大量的管理服务信息和市场监管信息,部门间数据不对接、信息不共享、共享不及时的问题仍然突出。地区间数据共享不充分,省际、市际信息不互通,通过信息分析支撑决策、强化监管监测与应急管理、为游客提供精准信息的服务能力不足,景区内外交通拥堵、旅游运输组织不科学不适应等现象仍时有发生。

5. 安全监管和企业管理责任落实难

在安全管理责任主体方面,平台公司不需要取得道路运输经营相关许可,对其企业资质、技术条件等没有相应要求,部分企业开展道路客运定制服务业务却游离于法律监管之外,安全监管缺失,乘客安全和合法权益缺乏保障。在安检手段方面,在站外上下客服务模式下,对传统例行的行包检查、车辆例检等带来一定难度,部分企业虽配置了车载身份证读卡器和手持安检仪,但对液体、粉状危险货物等隐患无法安检到位,传统安检方式已不能适应新型服务模式的发展需求,安全监管手段需要创新。在安全监管理念方面,目前的安全管理的制度设计主要还是偏重于对企业具体经营行为的监管,安全监管的重点没有聚焦在安全管理责任主体企业上,企业安全管理的主体责任没有得到真正落实,通过管责任主体实现管生产安全的制度安排没有完全形成。

第三节　主要类型

一、定制拼车

通过使用互联网平台自有系统开展的业务。以 7 座车为主导车型,开展城际之间的用户门到门的自定义时间的拼车出行的客运服务。

1. 定制拼车产生背景

伴随经济跨越式发展，日渐凸显的交通问题严重影响城市发展：交通拥堵日渐严重，环保压力加大，在此背景下，国家在鼓励乘客广泛参与公共交通、绿色低碳出行的同时，拼车作为一种新型解决方案受到广泛关注。定制拼车可实现共享车辆资源，降低车辆空驶率，最大限度利用车辆的目的，在一定程度上缓解交通堵塞问题，也可以降低出行成本，节约能源，有效帮助实现城市交通的可持续发展。

在美国，20 世纪 70 年代末—80 年代初的能源危机使得人们选择拼车出行的比例达到了峰值 19.7%，随后便一直下降，到 2003 年下降到了 8.3%，由于发展中国家对能源的需求而导致的能源价格上涨又使得这一比例回升到了 10.4%。在如加拿大、英国、澳大利亚等发达经济体中，拼车出行有着类似的发展轨迹。这些国家的某些地区修建了拼车停靠点、HOV 车道（High-Occupancy Vehicle Lane，共乘车道或多乘员车道）、HOT 车道（High-Occupancy Toll Lane，共乘车道或多乘员免费通道），对拼车车辆免收过路过桥费等，鼓励人们选择拼车出行。在 HOV 车道和 HOT 车道上，车载人数超过一定人数的小汽车可以免费使用这些带有钻石标志的车道，从而免受普通道路上的交通拥挤。随着智能交通技术的发展，拼车识别和路段收费成为可能。政府将拼车作为一种合法的交通模式，是解决环境污染、交通拥挤等一系列社会问题的一种重要方法。在实际生活中，拼车出行也是很多人选择的类似自驾车出行和公共交通出行的一种重要出行方式。

2. 定制拼车定义和特点

拼车出行是指有共同起讫点的人们共用一辆小汽车出行，这时，该辆小汽车中车载人数多于一人或规定的人数。拼车的对象可以是亲人、朋友、同学、同事，也可以是陌生人。广泛意义上的拼车是车主自发行为，具有松散的组织模式，不以营利为目的。行业运营层面的定制拼车具有目的性强、有健全的组织模式、平台化运作的特点，将这种具备运营服务能力的拼车称为定制拼车。

定制拼车由于使用更少的车辆出行满足了更多人的出行需求，所以被认为是解决交通拥挤、排放污染、能源短缺等一系列问题的好方法。定制拼车的人们可以分担出行费用，如过路费、过桥费、燃油费、停车费等，在发生能源危机和石油价格上涨的情况下，选择定制拼车的人会更多。但是，定制拼车方式的发展也面临着很多挑战：想拼车的人不一定能找到拼车对象；由于需要接送其他人而导致的出行不方便和出行路线选择的灵活性；与陌生人同行的也理障碍和安全因素等。

定制拼车的优势和挑战影响着人们出行方式的选择。

3. 定制拼车典型案例

在我国,定制拼车发展迅速,北京、杭州、广州等50多个城市已经产生了拼车服务机构。2014年9月成立的嘀嗒拼车属于一款典型的定制拼车平台,嘀嗒拼车产品定位十分明确,只做“共享型、社交型的拼车软件”,始终以“顺路”为原则;让有车族为在自己工作地点附近及住址附近有乘车需求的人,提供互助出行,共同分摊出行成本,在不增加道路负担的情况下提升交通运力。

嘀嗒拼车为广大上班族提供一个便捷、实用、安全的拼车平台。通过嘀嗒拼车,开车的用户可以分享车辆的空余座位,在上下班的途中搭载顺路的乘客,不开车的用户可以通过嘀嗒拼车来找到与自己上下班顺路的车主坐上顺风车;随着拼车行为的日渐流行,交通拥堵、限行带来的不便,还有公共交通工具的拥挤等问题都得到了缓解。截至2016年9月,嘀嗒拼车总行驶里程达48.2亿km;按照拼车每公里减排0.27kg来计算,嘀嗒拼车在过去的时间里减排量高达130万t,这个数量级别的碳排放,大约需要3500hm^2,即接近19个奥林匹克公园面积的森林耗费一年时间才能吸收完毕。除此之外,嘀嗒拼车已经成为春运返乡大军中的一个新星。经过两年的践行后,越来越多的人通过嘀嗒拼车的城际拼车实现春运返乡,2017年春运,有超过528万人次通过嘀嗒拼车成功返乡过年。2018年1月,嘀嗒拼车宣布将品牌升级为嘀嗒出行。嘀嗒拼车服务界面如图6-1所示。

图6-1 嘀嗒拼车服务界面

二、定制包车

1. 定制包车产生背景

近年来,随着我国经济社会和旅游产业的快速发展,人民群众需求多样化、高品质包车出行需求不断增长,包车客运市场发展迅速,成为道路旅客运输市场的一个重要增长点,结合“互联网+”思维的不断深入和互联网平台出行服务的兴起,与贴近乘客出行需求的定制包车业务应运而生。客运企业、旅行社与互联网平台合作,开展个性化的旅游客运定制服务,依托现有客运站场和运力,协同旅游景区,为游客提供体验度较好的旅游服务产品。当前定制包车主要通过互联网平台开展，乘客可根据需要选择具体的上车点和下车点、车型，获得不同的报价。

2. 定制包车定义和特点

定制包车是指按照旅客要求的用车时间、运行路段提供汽车的客运营运方式，其车辆资源主要来源于原来的包车市场，结合互联网服务平台，形成更为灵活、可定制的出行服务产品之一。定制包车在包用时间和范围内，由用户支配使用，使用完毕后结算费用。

3. 定制包车典型案例

1）深圳巴士

2016 年，深圳巴士公司城际定制包车开通（图 6-2），率先开通两条城际定制包车专线：线路 1 为深汕合作区管委会—龙岗龙城广场地铁站；线路 2 为深汕合作区管委会—黄贝岭地铁站。均采取“优点巴士”App 预售购票形式，单线单日单边 6 个班次。后续深圳巴士集团还将推出旅游定制巴士，以旅游运输资源为支点，通过旅运豪华旅游大巴和大众化的常规公交车辆互补方式，采取互联网 + 高端（优质车 + 优质价格）定制班车和大众化（常规公交 + 优惠价格）定制班车搭配，实现差异化服务；优化、整合机场巴士业务资源，利用定制服务提供门到门出行，为市民提供更加便捷的体验。通过搭建手机移动智能出行平台，利用大数据精准计算，帮助每个乘客精准匹配出行线路，为相同相近出行地点、出行时间和目的地的人群提供快捷直达的定制服务。市民通过下载“优点巴士”App，实时查询线路运营信息，提出自己的出行需求，灵活购票。线路的查询—预订—支付—乘车—评价环节均采用线上的方式进行，方便乘客规划自己行程，同时全部采用纯电动巴士运行，车上配载免费 Wi-Fi。

图 6-2　深汕城际定制包车开通启动仪式

2）运游融合

浙江省鼓励客运企业、旅行社与互联网平台合作，开展个性化的旅游客运定制服务,依托现有客运站场和运力,协同旅游景区,为游客提供体验度较好的旅游服务产品,相继开通了上海迪斯尼乐园、千岛湖景区、横店影视城等定制旅游景区直通车(图6-3)。推进跨行业票务合作,在重点旅游景区推出了15条班车客票+景点门票(含住宿)运游结合班线,为旅客自助出游提供了新的选择方式。创新集“吃住行游购娱”于一体的“慢游”交通产品,因地制宜建设旅游风景道,结合沿线景观风貌和旅游资源,打造具有通达、游憩、体验、运动、健身、文化、教育等复合功能的主题线路。

图6-3　千岛湖直通车

三、定制快车

1.定制快车产生背景

定制快车的概念最早由滴滴提出,滴滴快车于2015年5月7日起正式登陆“滴滴出行”App,它定位于城市出行,旨在为消费者提供实惠的出行选择,缓解出租汽车在城市出行高峰时段供不应求的现象。其使用方式非常简单,乘客通过“滴滴出行”App内的“快车”入口即可呼叫快车。

2.定制快车定义和特点

定制快车是与传统意义上的专车互补的用车服务,主要采用经济型车辆或7座商务车,开展城际之间的点到点的固定班次的客运业务。价格与出租相当,主要通过使用互联网平台自有售票系统开展的业务。

3.定制快车典型案例

2017年9月20日,株洲至长沙黄花国际机场的定制快车正式上线试运行

(图6-4),市民不仅可以实现株洲直通黄花机场的客运服务,还可以体验株洲市区沿途站点随时上下车的便捷服务。株洲"定制快车"服务,有一桥线、五桥线两条线路供当地市民选择,车上配备专职驾驶员,一票直达,途径株洲重要商业区、住宅区,最终抵达长沙黄花机场,全程运行70min左右。该线路采用纯电动客车,具有零排放、无噪声、驾乘便捷等优势,逐渐成为市民出行的首选。

图6-4 株洲至长沙黄花国际机场的定制快车

2018年8月3日,南阳至郑州"宛运定制快车"开通(图6-5)。南阳宛运集团有限公司依托客运服务的品牌和管理优势,斥资900余万元购置上汽大通商务用车50台,为乘客提供服务。该集团还在此基础上,逐步在部分县区及乡镇发展定制快车服务。

图6-5 南阳至郑州"宛运定制快车"开通

四、其他

1.机场定制专线

机场定制专线是特定场景组合的业务,组合了机场大巴、定制快车、定制包车、机场拼车4个类型的业务。

例如携程的空铁联运覆盖全国225座机场和93个没有机场的城市,空巴通则连接全国59个车站和46个机场,帮助旅客实现了从家到机场的"零距离"连接。国航联合携程、上海空港巴士公司升级华东地空联运产品,将原有线路增加至9条。南通、常州、昆山、嘉兴等9个城市的旅客,可以在家门口乘大巴直达浦东机场,省去了中转换乘环节。吉林宇别尔运输集团旗下宇通国际旅行社与延吉机场密切合作,合理整合资源,在珲春国际客运站成立了延吉机场珲春客运站航站楼,依托集团优势客运资源,开通珲春客运站至延吉机场直通巴士,旅客由在珲春航站楼安检、值机,乘坐公司机场直通巴士一站式进入延吉机场登机。

2. 定制公务车

定制公务车是通过使用互联网平台自有系统,同时整合各家线下已有业务,解决平时公务出行的需求。

第四节 典型案例

一、典型省市

1. 上海市

2017年,为规范定制客运市场经营行为,维护公平竞争秩序,保障乘客合法权益,上海市印发了《关于做好本市道路旅客运输定制客运(市内)备案的通知》(简称《通知》),对上海市定制客运经营行为实施行政备案管理。

《通知》明确,定制客运监管实行定制客运平台和线路备案制,由市、区两级交通管理部门分别执行。定制客运平台备案需具有道路旅客运输经营资质、具有不少于50辆持有《道路运输证》的道路旅客运输车辆等条件;定制客运线路备案需具备原则上为直达线路,中途不得随意设站上下客,开行定制线路及停靠站点需至少提前30日按要求向所属地运管部门报备等条件。《通知》还分别从企业资质、车辆资质、从业人员资质、网络安全、营运安全管理、数据汇总及服务等方面对从事本市定制客运的经营者提出要求。

随着《通知》的出台,首批定制客运线路2017年7月初已上线营运。崇明开通了5条定制客运线路(南门—淞南新村、南门—顾村大家园、新河—顾村大家园、新民—顾村大家园、堡镇—顾村大家园),主要服务于以出租汽车驾驶员夜间通勤为主的乘客群体,兼顾市民夜间赴市区就医、乘坐高铁、红眼航班出行等需求。乘客只需通过相关客运企业的 App 或微信公众号提前订票,并可在线支付车费。

上海驿动、上海馨星这两家具备资质的汽车服务公司先后开出了 5 条往返市区和崇明岛之间的定制客运专线(图 6-6),根据线路不同,车票单程 20 或 25 元,包月 500 元或 600 元。通过手机 App、微信即可预约,在线支付,扫码上车,每人都有座位。据统计,服务上线后上座率最高近 9 成,最低也有 5 成。

图 6-6 上海驿动、馨星推出的定制客运服务

2. 浙江省

2017 年 9 月,浙江省印发《关于加快推进我省道路客运转型升级的实施意见》,要求道路客运企业要充分发挥移动互联网等信息技术作用,鼓励开展灵活、快速、小批量的道路客运定制服务。提供道路客运定制服务的企业,应当具备相应道路客运经营资格,并已取得该线路经营权;驾驶员应当取得相应从业资格,车辆应当使用 7 ~ 19 座的营运客车,停车场地应配备手持式安检仪、实名乘车等设备。提供出行信息服务的互联网平台应当接入运管部门客运监测系统,不得组织非营运车辆和未取得相应从业资格的驾驶员从事定制运输。开展定制客运试点的企业需编制试点工作方案(包括营运方案、安全管理、服务标准和标志标识等),经具有相应许可权限的道路运输管理机构同意后实施。

浙江还鼓励客运企业提供高品质客运服务,推广免费 Wi-Fi 网络在客运站场、车辆等公共场所的应用;鼓励道路客运企业提升车辆装备水平,推广应用新能源和节能环保型车辆;鼓励道路客运企业利用微信、二维码等公布企业、线路、车辆、服务承诺、监督投诉电话等基本信息,方便公众查询,提供优质服务。另外,在健全城乡客运长效发展机制方面,浙江鼓励推广农村客运经济适用车型,灵活采取通公交车、班车、集市班车或者提供预约定制服务等多种方式方便居民出行。

2018 年 12 月，浙江诸暨往返杭州各大医院的定制班车开通（图 6-7），这是诸暨市长运公司和杭州长运公司联合开通的首条定制营运班线，两公司各投入两辆 14 座客车，线路经停杭州汽车南站、浙江大学医学院第二医院、浙江大学医学院第一医院、邵逸夫医院、诸暨市中医医院、诸暨市客运中心，杭州汽车南站和诸暨市客运中心为始发站。

图 6-7　浙江诸暨推出的定制客运服务

3. 四川省

2018 年 3 月，四川省发布了《四川省道路客运定制服务试点工作方案》（简称《方案》）。

1）试点原则

一是坚持创新发展。充分利用互联网、大数据、云计算等信息技术手段，改造升级现有道路客运运输组织方式，提供差异化、多元化服务产品，更好满足群众个性化出行需求。二是坚持融合发展。充分发挥传统道路客运企业与互联网企业的积极性，鼓励通过资本运作、技术合作、管理协作等形式开展全方位合作。三是坚持开放包容。以满足旅客出行需求，提高道路客运供给效率为出发点，包容和支持新业态、新模式发展。四是坚持重点突破。按照“先试点、后推开”的工作思路，选取部分线路先行试点，总结经验，以点带面，逐步扩大试点范围，加快道路客运转型升级。

2）试点范围及条件

试点范围主要包括实行客运车辆统一调度管理，建立了参营企业利益共享、风险共担协调机制的一、二类市际客运班线。县际、县内班车可由市、县级道路运输管理机构依据管理权限参照本试点方案组织开展试点工作。

试点条件：一是试点企业应当具备道路客运经营资格以及与试点线路相适应的客运经营范围。二是驾驶员应当取得相应从业资格。三是车辆应当使用 12 座及以下营运客车,安装具有视频功能的卫星定位装置并接入全省重点营运车辆联网联控系统。鼓励在总运力不增加的前提下,通过优化现有客运运力结构投放车辆开展试点工作。四是应当具备提供出行信息服务的互联网平台,并通过互联网平台组客和实施车辆调度。互联网平台应记录和保存相关运输信息。鼓励同一条定制客运线路使用同一个网络平台。五是定制客运车辆不得实行承包经营,不得从事定制客运线路以外的其他运输经营活动。试点企业应当对定制客运车辆实行全过程监控。

3)试点内容

一是探索运输服务新模式。要充分发挥客运企业和互联网企业各自优势,鼓励线上线下资源整合,以旅客出行需求为导向,开展快速灵活的定制客运服务,不断探索道路客运服务新模式。按照“分步实施、稳步推进”的原则,试点线路实行起讫地管理,在不违反道路交通安全法规,不影响交通秩序,确保安全的前提下,试点企业可根据旅客出行需求,在试点线路起讫点服务区域内自主确定上下客点,服务区域以外不得上下旅客。

二是探索定价机制新模式。定制客运价格实行市场调节价,计费模式应在互联网平台进行公布,保证价格公开透明。

三是探索资源整合新模式。鼓励道路客运组建经营联盟,整合试点线路客运资源,不断扩大定制客运覆盖范围,促进定制客运规模化、连锁化、网络化经营。经起讫地市级道路运输管理机构同意,试点线路起讫点服务区域可根据试点推进情况合理调整。

四是探索安全管理新模式。定制客运参照包车客运管理。试点企业应通过互联网平台与所有乘客签订电子包车合同,并按照合同约定的时间、线路和停靠点提供定制客运服务。鉴于定制客运快速灵活的需求特点,定制客运不再实行趟次批准制度,但相关运输信息应长期保存,并按要求定期上传至指定的行业监管平台。为确保定制客运车辆技术状况良好,试点企业要在每日首次发车前对车辆进行安全例检,检查合格的方能开展定制客运服务。

《方案》要求到 2019 年 3 月,试点线路的定制客运在服务模式、监管方式、进退机制等方面取得重大突破,形成可推广、可复制的定制客运发展新模式,为下一步全面推行奠定良好基础,鼓励具备试点条件的企业参与试点工作。

2018 年 9 月,射洪—绵阳城际专线获得四川省交通运输厅首批的定制客运试点(图 6-8)。该城际专车采用班线车运营和网上约车模式,车辆全部使用全新 7 座商务车,用户手机下单,驾驶员上门接送,到发车时间定时发车。除运输资质齐全外,车辆配置上还装载了 3G 视频监控和报警装置,市民乘坐该城际专线车安全有保障。

图 6-8 四川推出射洪—绵阳城际专线定制客运服务

二、典型企业

1. 江西"九江至昌北机场"定制客运

2016 年,江西省运管部门正式同意江西九江长途汽车运输集团有限公司开展定制客运试点工作。江西定制客运试点采取灵活高效的经营模式,在营运车辆符合相关规定的前提下,自行确定停靠站点、日发班次、车型、车辆数及行驶路线,分别上报市级、省级道路运输管理机构备案后执行,车辆使用"九江至昌北机场"定制客运线路牌。如图 6-9 所示。

图 6-9 江西"九江至昌北机场"定制客运车辆

定制客运试点工作方案以互联技术为依托,强化线上线下资源整合,通过网络、手机 App 等多种方式,为乘客提供出行方案设计、出行信息查询、预约、票务等各类运输信息服务，并建立有效的服务质量监督评价机制。此外，在确保安全稳定、规范有序的前提下，定制客运试点结合群众出行的特征和需求，探索计程、计时、计程+计时等多种计费模式，为乘客提供多样化、多层次的出行服务。

与机场大巴相比较，定制客运车辆早上发车时间提早半小时，晚上发车时间推后50min；发车班次由1h一班缩短为30min一班，基本可实现乘客随到随走。“九江至昌北机场”定制客运业务的开展，极大便利了来往于九江和昌北国际机场的旅客，也让运营企业获得了实惠。据统计，2017年春运期间，江西全省客运量同比下降19%，而九江至昌北国际机场单线客运量却逆势增长20%，运营成本下降5%，实载率则由此前的51%上升为58%。

2. 江苏“巴士管家”定制客运业务

2015年5月，江苏大运交通运输集团股份有限公司联合同程旅游成立了车巴达（苏州）网络科技有限公司，2015年7月上线公路客运出行服务平台——“巴士管家”，可以实现汽车票和用车服务在线预订，为乘客提供道路客运出行设计、出行信息查询、预约和“门到门”的班线客运、旅游客运、机场高铁接送、公务商务出行等个性化定制运输服务，让乘客出行更加方便、快捷。旅客可通过“巴士管家”进行在线预订、支付、评价。以链接为核心，巴士管家团队根据旅客实际需求出发，快速优化迭代，于2015年底率先上线“定制客运”板块，陆续开展城际拼车、城际快线、定制包车等定制运输服务。2018年春节期间，江苏省共开行了城际拼车、机场接送等定制客运线路228条，投放营运车850余辆，运送旅客9872人次，服务人次与去年同比净增长133.6%。截至目前，“巴士管家”定制客运业务保持以平均每月120%的速度快速增长。定制客运开启了传统客运新经济形态，打破了长期以来班线固定、车型单一、站点唯一等传统经营模式对客企发展的桎梏，并为客企拓展多元化发展提供了强大支持。

图6-10 “巴士管家”第一条“定制”班线客运车辆

2015年12月，常州加快推进班线客运企业的转型升级，开启了第一条“定制”班线客运——常州至镇江（图6-10）。班线选用了11座海格绿色环保豪华商务车，车身统一标识“定制快车”，车上安装有北斗3G视频定位装置，对车辆运行轨迹、安全行车、到点停靠、服务质量等实施全程即时监控，极大地提升了常州市道路客运发展水平和服务能力。

2018 年 4 月,常运集团正式开通常州至南京禄口机场红旗专线车。常州至南京禄口机场红旗专线车依托“巴士管家”互联网平台,采用定制客运模式,先期投放 8 辆 5 座红旗 H7 车,日发 16 班,往返 32 班。常州至南京禄口机场首班时间 4:30,末班时间 19:00;南京禄口机场至常州首班时间 9:20,末班时间 22:50。途中行驶时间 2h。该专线 24h 接单,在范围内提供免费上门接送服务。

3. 山东“交运行”定制服务平台

交运集团(青岛)主动适应经济发展新常态,运用互联网思维创新激发道路客运市场新活力,以满足顾客需求为出发点,充分体现道路客运回归人本属性,打造全国首个由专业综合交通企业自主研发并投入运营的道路交通互联网综合出行服务平台——“交运行”手机客户端(图 6-11),提供联网售票、定制校车、城际约租、公交出行信息查询以及交通旅游业务等服务模块,并将“交运行”服务平台的成熟技术在全省范围内复制推广,实现资源共有、共用、共享。

图 6-11 “交运行”手机客户端

1)定制校车(图6-12)

2011年9月22日,交运集团(青岛)开通首批专业校车试点运行线路。随后不断扩大专业校车规模,实现了青岛市农村区域专业校车的全域覆盖,形成了“市区校车、社区校车、郊区校车、新区校车、农村校车和山区校车”六位一体的发展格局,拥有专业校车2000辆,开通专业校车线路4000余条,运送学生15万人次。近年来,在保障主力服务农村专业校车市场的基础上,加速市区专业校车市场拓展。2015年,交运集团(青岛)以市场需求为主导,由乘车学生家长参与线路设计,推出更贴合青岛市区学生乘车需求的定制校车,有效解决市区4000余名学校学生上放学安全问题,缓解家长接送学生与上下班间的矛盾。

图6-12 定制校车

2)城际约租(图6-13)

交运集团充分发挥道路客运门到门的比较优势,积极推进业态转型升级。2016年9月21日,交运集团(青岛)率先在青岛至莱西线路推出城际定制包车服务,投入全新7座豪华商务车型,升级车内设施设备,统一配备空调、纸巾、饮水机、报纸杂志、医药箱、Wi-Fi等人性化服务设施,满足商务人士高效率、高品质出行需求。乘客通过“交运行”微信公众号或手机客户端即可进行线上预定。通过前期市场培育,该线路上座率已达60%以上。

图6-13 城际约租

3）定制旅游（图6-14）

随着大众旅游新时代到来，约85%以上的游客选择自助游、自驾游，针对日益增长的散客群体，交运集团（青岛）积极推进旅游与交通融合发展，依托车站资源，建设14处旅游集散中心，10处旅游咨询中心。同时，利用网络对游客数据资源收集整合，加快大数据工程建设，依托现有网络信息技术，实现线上和线下双向配合，为团队游客和散客提供旅游业务咨询、景点公交查询、旅游包车、旅游票务服务等便捷服务，加快智慧旅游交通工程建设。

图6-14 定制旅游

4）运能融通平台

为进一步提高客运车辆运能资源使用质效，降低能源消耗，倡导绿色出行，交运集团（青岛）“交运行”平台推出升级版定制客运服务，建设集团化管控的车辆调度体系，通过平台实时掌控运力使用情况，根据车辆分布，合理调配运力，达到运输效率最大化，服务成本最小化的效果。平台针对用户推出网页版下单平台，操作简单便捷。

第五节 关键技术

原则上，定制客运是实现“门到门”服务的运输模式，但为了提高运输效率，一般在一定区域内沿着主要道路会设置一定数量的载客点,以减少因驾驶员过多的绕路造成运营效率的降低。另外,已知预约定制客运载客点和需求人数,在满足车辆运载能力和最低载客率的条件下,合理的设计车辆行驶路线,配置合适的车型,使定制客运企业运营成本和服务水平达到平衡,客流集散区划分和线路优化等关键技术是提升定制客运服务水平、提升运营效率、降低运营成本的关键。

一、客流集散区划分技术

1. 客流集散区划分思路

定制客运业务(适用定制公交)需要通过模型预判合理的客流集散区域,才能提高上座率,减少道路拥堵带来时间和资金成本的增加。需要综合考虑客运企业区域运力配置、客流量、距离等因素,分析出适合开通定制客运的集散区域。客流集散区划分思路如下:

1)出行需求的调查分析

定制客运的开行要充分满足乘客的实际乘客需求,全面、准确的数据基础是进行集散区域确定方法的基础。通过网上问卷调查方式、手机 App 采集乘客早晚高峰出行信息,全面掌握乘客出行的起终点、时间信息。将采集得到的所有居民通勤出行信息进行量化分析,整合期望使用定制客运出行的乘客的有用信息,最终得到所有预约请求站点的位置信息、站点的乘客需求总量。

2)站点聚类

定制客运开行的意义是满足大多数具有相似通勤出行需求的乘客,在早高峰时段,其上车区域集中在某一居住小区内或相邻的某几个居住小区,下车区域集中在某一商圈或者相邻的几个商圈。根据乘客出行的起终点位置分布,将相近的需求集中到一个区域,乘客在起始区域内的站点乘车,在终到区域内的站点下车,起始区域和终到区域之间的路段采用一站直达的方式。

3)确定集散区域

根据客运企业的历史数据以及收集到的居民通勤出行的终点信息可确定某些商圈作为定制客运的终到区域,考虑区域的最大运力配置,可以划分出定制客运的上车区域,将上下车区域两两配对,得到不同的定制客运线路,再通过客流量和线路长度约束条件,删除不满足条件的定制客运线路,得到适合在通勤高峰时段开通定制客运服务的客流集散区域。

2. 客流集散区划分方法

定制公交拟提供“站点对站点”的服务，如果需求点比较分散，那么可以将所有需求点设置为站点，然而对于人口密度较低的站点区域，如果单独开设一条定制客运线路，会对车辆的投入造成不必要的浪费，有损客运企业的经济效益。在聚类之前，站点分散，行车站点规模模型的求解难度过大；聚类后，车辆只在同一区域的站点内接送乘客，行车站点数量大大降低，能大大缩短定制客运的行车时间，提高其运行效率。

聚类算法是常见的按照个体特征分类的方法，聚类主要用来研究数据间的关系，表现为数据之间的逻辑或者物理关系，聚类后的结果不仅可以展现出数据间的潜在联系与区别不同，还能进行更进一步的数据分析，并为更深层次的知识发现提供可能。客流集散的上车点和下车点，可通过聚类算法获取。在具体对乘客聚集点聚类时，还要综合考虑企业运力、潮汐效应、乘客群体特征等因素。

站点的位置与需求量信息量化后，在下车区域确定的基础上，考虑区域的最大运力配置，将站点之间的距离因素与站点客流量作为影响因子，将相似站点合并为一类，作为适合在早晚高峰时段开通定制客运的区域。每条连接上车区域和下车区域的线路作为定制客运开行的一条备选线路，如图 6-15、图 6-16 所示。

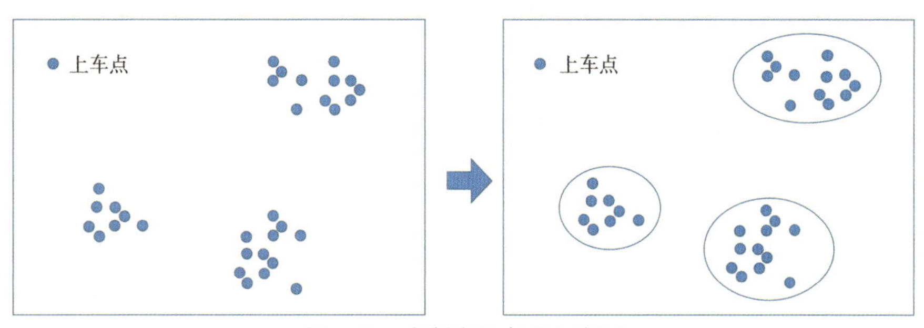

图 6-15 定制客运备选上车区

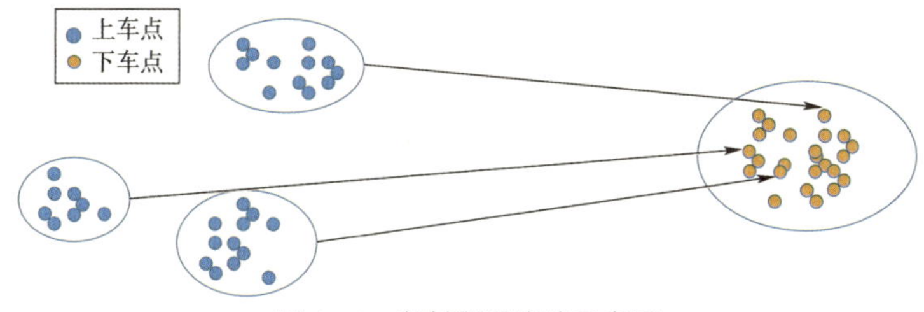

图 6-16 定制客运线路示意图

在下车区域给定的基础上，考虑区域的运力最大配置，对出行需求的上车站点进行聚类，可将上车站点区域和下车站点区域进行配对，构成不同的定制客运线路。

二、最优线路规划技术

车辆路径问题(VRP)最早由Danzig和Ramser于1959年首次提出,存在输出和接收货物的两个集合,它们各自具有不同的约束限制,输出集合考虑容量限制、发送量等因素,接受集合考虑需求量、时间限制等因素,设置诸如费用最省、路程最短等目标,使得从输出端发出合适的车辆,满足各个接收点的需求量,这种情形往往与实际情况联系起来衍生出许多更加复杂的问题。VRP问题自1959年提出以来,作为优化问题中非常经典的模型,其适用范围渗透各个领域并且能够在实际操作中产生很高的经济价值,一直备受关注。车辆路线问题可以描述如图6-17所示。

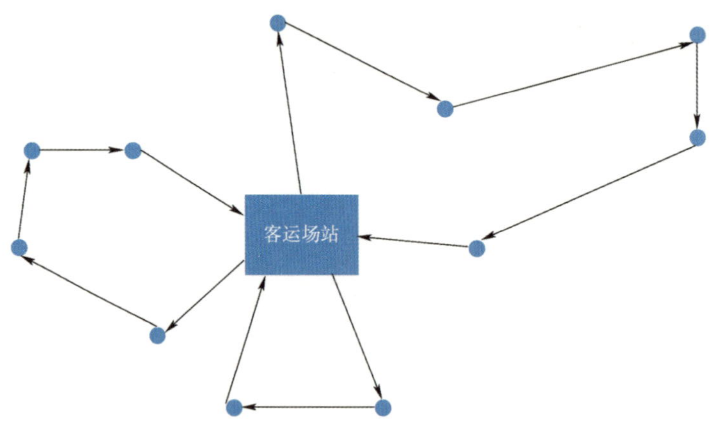

图6-17 线路规划VRP问题示意图

定制客运上下车区域行车站点的规划是定制客运线网优化最重要的一部分,合理的车辆走形路径能增加定制客运的吸引力,提高定制客运上座率,降低公交企业的支出成本,为乘客带来便捷舒适的新型客运服务,还能带来一定的社会效益。

1. 上车点规划

在人口规模及构成一定的情况下,必要性出行的乘客,其出行行为具有很强的时空规律性,在家和工作地点之间展开出行,在确定的时间段内相对稳定。通勤高峰时段的乘客希望在其要求的时间窗下,尽可能以最短的时间到达目的地。不同乘客的乘车时间窗是不同的,因此车辆的上车站点行车路径规划需要考虑不同乘客的时间窗要求,在车辆数及时间窗限制的情况下,以最低的路径成本,尽可能满足大多数乘客的出行需求。

2. 下车点规划

车辆在客流集散区的上车区域行车路径确定以后,需要将所有的乘客以最短的时间送到客流集散区下车区域的各个站点,并且保证他们到达目的地的时间最短。在客流集散区下车区域站点给定的基础上,定制客运需要考虑车辆经过站点的路径成本与乘客步行到目的地的时间成本,选取合适的站点、合适的线路将所有乘客送达目的地。

第六节　运营模式

一、运营机制

在社会经济和互联网技术快速发展的今天,各种运输方式快速发展的客运市场为旅客提供了多种多样的出行方式选择,旅客可以根据自己的出行消费水平层次、出行时间速度要求选择合适的运输方式,方便、合适、快捷、及时成了不同层次、不同类型旅客的出行方式选择标准,定制客运的运营要顺应这种趋势,在灵活组客和服务多样化两个方面创新运营机制。

1. 灵活客流组织模式

定制客运可以尝试以某个运输企业或某长途汽车站为中心设立客源组织平台,通过多种方式在社会上广做宣传,让有出行需求的广大旅客都能了解这个平台的功能作用,使之成为沟通旅客和承运者的一个桥梁,建成传统道路客运向定制客运转型的销售调度中心,应当具有信息发布、组织客源、发售客票、车辆调配等功能,能在第一时间发现客源,引导客流,及时地安排车辆进行组织运输。

2. 定制服务多样化

定制客运要充分发挥其灵活的优势,定制服务可以多样化:一是由旅客自己定制。旅客向客源组织平台发出个人出行信息,平台根据旅客的需求信息及时进行汇总分析,通过平台选择安排定制客运线路,及时地与申请定制人进行联络,尽快地组织客运服务。二是运输企业主动为有一定个性出行服务需求的旅客进行定制。客源组织平台可以尝试推出向特定区域、特定客源、特定人群提供非常规服务的长途客运定制班线,旅客根据平台发布的定制客运信息进行选择定制。三是通过第三方进行客源组织,如与高等院校学生会、社会组织、酒店商业单位等能够聚集客源的团体、单位合作组织长途客运定制,实行送车上门服务。

二、开展模式

市场上定制客运模式主要有两种类型：一种是“道路客运 + 互联网”服务模式，另一种是“互联网 + ”道路客运服务模式。在操作模式上一般是通过 3 种方式进行定制：第一种是基于旅客的需求，旅客在网上平台发起线路后，如果达到一定人数就会开通线路；第二种是根据现有的需求开通线路，在试运营阶段若上座率达不到要求，则通过对线路方案的优化，变动站点、线路并再次运行直至达标；第三种是通过实地考察并进行分析来挖掘旅客需求。

“道路客运 + 互联网”服务模式，也称自营模式。主要是由以传统道路客运企业为主体，依托互联网平台（道路客运企业主导或政府主导开发智能出行平台、互联网企业开发智能出行平台）合作开展定制客运服务。这种模式中，互联网平台属于信息服务商。以江苏“巴士管家”、浙江“巴巴快巴”、广东“如约城际”、深圳“运发出行”等互联网平台为例，它们都是依托省联网售票平台搭建，由省内主要地市龙头骨干客运企业联合成立线上平台公司，在既有班线资源基础上，开展定制客运服务，运营企业在停靠站点、运营模式上自主权加大。江苏 13 个设区市开行机场专线、校园专线、运游结合等各类定制班线 150 余条，投入车辆 600 余辆，形成由点及面、由线及网的发展格局。安徽建立“皖美出行”“安行巴士”线上平台，推出商务快客、景区直通车等客运创新产品。河南郑州交运集团试点开通郑州至新乡定制班车，自主定价、按需优化行车路径，日发送旅客由不足 100 人快速攀升至 2000 人。山东充分发挥互联网业务平台作用，选择部分道路客运企业，开展灵活、快速、小批量“门到门、点对点”的定制客运服务试点，为传统道路客运企业发展注入了新活力。

“互联网 + ”道路客运服务模式，也称无车承运人模式。这种模式最大的特点是互联网平台属于运输服务的承运主体，由互联网平台发布客运服务信息，组织客流，收取票款，并通过与实际承运人（含客运企业及其承包人和非营运车辆的所属单位）签订包车合同，将乘客运送服务外包给实际承运人。实际承运人则按照互联网平台的要求组织车辆，运送乘客，依据业务量（使用车辆、运送线路、运送次数等）取得收入。以广东“淘巴士”为例，主要利用互联网平台组客，组织包车企业开行定点、定线的班线和高校专线，自主定价和设置上下客，以淘巴士品牌对外经营，具有承运人的明显特征，当然这种模式突破了现行客运管理对班车、包车的管理界线,现行法律法规难以对其约束。

此外,携程、巴士365(中国公路客票网)、12308汽车票预定平台等客票代理互联网平台,由于掌握了大量的线上乘客C端用户出行数据信息,也会利用传统线下资源吸引倒流客户资源,拓展进入到类似无车承运人的"互联网+"道路客运服务模式。例如,携程除了代售客票外,在部分区域和线路上会组织包车企业开行定线的旅客专线。

本章参考文献

[1] 田仪顺. "互联网+"道路客运发展定位研究[C]. 2018世界交通运输大会论文. 北京:2018:1543-1550.

[2] 杨忠华. 道路长途客运定制班线经营模式之探讨[J]. 交通企业管理,2014,29(1):12-13.

[3] 杨忠华. 公交开始定制,长途客运应做些什么?[J]. 运输经理世界,2013(12):28-29.

[4] 吴群琪,胡兴华. "定制客运"的崛起和出路[J]. 中国道路运输,2017(9):55-56.

[5] 安桐. 城市定制公交运营系统及线路设计研究[D]. 长沙:长沙理工大学,2016.

[6] 李佳玲. 定制公交服务的规划方法研究[D]. 昆明:昆明理工大学,2014.

[7] 黄健. 含拼车的多模式交通网络配流模型及系统优化[D]. 南京:南京大学,2016.

[8] 程锐. 深汕特别合作区深汕巴士公司成立当日开通2条深圳至合作区城际定制包车[J]. 城市公共交通,2016(12):69.

[9] 中国客车网. 中车电动与株洲"定制快车"优雅邂逅[EB/OL]. [2017-09-22](2020-08-12). https://www.chinabuses.com/buses/2017/0922/article_80722.html.

[10] 吴镇宇. 面向通勤需求的城市定制公交线网优化[D]. 合肥:合肥工业大学,2017.

[11] 林榕. 道路客运联网售票体系系统设计与应用[M]. 北京:人民交通出版社股份有限公司,2016.

第七章　共 享 停 车

第一节　定义与内涵

共享停车,也称停车共享(Shared parking),是指在一定区域内利用一天中不同时段的停车特性,在各种用地性质的停车场间共同使用停车位的停车组织形式。这一理念主要是基于“共享经济+互联网”,考虑到不同的用户(停车位的拥有者和外部使用者)对同一地块的停车需求产生的时间不同,将城市闲置停车位汇总归纳,利用大数据信息技术,打破信息孤岛,提高车位和车主的供需匹配率。比如,车位拥有者外出工作时,自己拥有的车位空闲,而此时恰巧存在外部使用者需要在附近停车。如果能开放私人停车位的使用权,既可以满足一部分停车需求,也同时使得车位拥有者从中获益。

停车共享利用城市用地混合使用的内在规律,其基本思路是指多用途的一个或多个建筑物共用停车设施,利用不同用地性质停车需求在时间上分布的特性(如停车特性在一天、一周或一个季度甚至是一年中具有很大的差异),分时段共同使用车位,提高停车位的周转次数,科学确定停车位供给数量。

一、用途

在停车位越来越紧缺的情况下,停车共享可使每个泊位通过停放时间的合理调配得到充分利用,减少泊位空置率,提高泊位利用效率和平均收益,避免停车设施的重复投资,留有更多的土地进行绿化铺设或商业开发。

1. 提高既有停车设施的利用效率

根据停车泊位在不同停放时间可供不同车辆利用的特性，将每个停车泊位分配或租用给多个使用者，从而减少停车泊位的空闲时间，进而提高停车设施的利用效率，实现同一停车空间内可以停放更多车辆的目的。

2. 减少停车空间需求

停车泊位对外共享，提高了具有不同停车高峰时段的建筑物共用停车场的供给能力，减少了停车设施的建设投入，增加了土地的绿化或商业开发面积。

3. 提高停车泊位收益

共享停车实施后，每个停车泊位的闲置时间减少，增加了停车泊位的使用频率，若以收费方式对外进行出租，则可以提高每个停车泊位的平均收益。这有利于提高共享停车参与者的积极性，促进停车产业的良性发展。

综上所述，共享停车可以提高停车设施的利用效率，减少停车空间需求，提高停车泊位收益。共享停车使城市中心区域特定时间段内溢出的停车需求和空置停车位得到平衡，提高车位的利用率和周转率，使城市中心区域供需矛盾得以缓解。同时，在一定程度上有利于降低停车位配建标准，减少总体停车位数量，引导出行者选择公共交通等更为绿色的出行方式，抑制小汽车出行比例的增长。

二、优劣

1. 优势

1）缓解停车供需矛盾

对于已经建成并投入使用的建筑物，实时掌握停车场停车数据，提供数据给诱导平台，根据相互之间停车需求的时间差异性实施停车共享，可以最大限度地提高现有停车设施的利用率，提高泊位周转率，有效地缓解停车供需矛盾。在建筑物规划审批阶段，也可以为确定混合用地开发项目停车配建指标提供参考。

2）节约土地资源

相较于不考虑混合用地当中各单一地块停车需求的时间差异性，简单叠加得到混合用地的停车配建指标，考虑泊位共享可以降低混合用地的停车配建指标，能够有效地减少混合用地投入到停车设施规划的资金和土地资源，对于寸土寸金的城市 CBD 区域显得尤为重要。

3)改善交通拥堵

据资料调查统计得知,选择高峰出行的比例大致会随着平均提供给每个出行者的停车位数量的增加而增加,大致随着平均提供给每个出行者的停车位数量的减少而减少。混合用地在规划审批阶段,如果按照泊位共享的理念,就可以适当降低混合用地的停车配建指标,那么提供给每个出行者停车位的数量会降低,既而选择高峰出行的比例就会低一些,取得改善城市交通拥堵的收益。

4)带动新兴企业及产业的发展

国家发改委、科技部、工信部等已经将物联网应用确定为战略性新兴产业重点产品和服务,因此,共享停车行业也越来越受到社会资本的重视。例如,智能停车行业强者“ETCP 停车”,在 2015 年获得了 5000 万美元 A 轮融资,而 BAT(百度、阿里和腾讯)早在 2014 年下半年就开始在智慧停车领域提前布局。

2. 劣势

配建停车设施的对外开放,对其所属地块的安全性以及与地块相关的停车需求者利益,均会产生负面影响。在停车共享策略的实施过程中,鼓励专用配建停车设施对外开放,因而不可避免地对配建停车设施所属地块产生了一定的影响。

停车共享策略的实施也增加了小汽车使用者从停车设施至目的地的平均步行距离。与地块内部挖潜布设停车泊位、拟开发地块独立配置停车泊位相比,停车共享策略的实施在促进不同地块停车需求间共用车位的同时,也导致地块吸引的停车需求须由出行者通过步行更长的距离解决,使用其他地块的配建停车设施、路内停车泊位或路外公共停车设施,不同程度地降低了小汽车使用者的满意度和城市停车系统的整体服务水平。

三、前景

根据《“互联网 +”智慧停车指数研究报告》分析,北京、上海、广州和深圳四城市的平均停车泊位缺口率为 76.3%,每城市至少超过 200 万辆车无正规车位可用。共享停车在目前停车供给严重不足的形式下,为缓解停车供需矛盾提供了出路。

共享停车未来发展趋势前景广阔,随着分享经济意识的推进,政府、企业及民众也看好共享停车平台的未来发展,它将成为经济发展的另一增长点。智能化是 21 世纪发展的重点,停车智能化和信息化是共享停车平台未来发展的重要趋势,是现阶段缓解停车难更为有效的措施。通过智能化和信息化的方式管理停车场,采用智能化停车设备、IC卡收费管理系统以及停车信息管理平台，在推动平台建设的同时，重视大数据的建设及维护，提升移动终端软件技术发展及市场推广，将共享停车平台运用到民众实际生活工作当中去，推动我国城市建设，促进经济进一步发展。

通过建立停车基础数据库，实时更新数据，并对外开放，加强不同停车管理信息系统的互联互通、信息共享，促进停车系统、智能停车诱导系统、自动识别车牌系统等高新技术的开发与应用。鼓励出行前进行停车查询、预订车位，实现自动计费支付等功能。目前，全国各地正在加快对城市停车资源状况的调查，随着停车行业智能化水平的不断提高，停车资源不断地整合，将会为共享停车创造更好的环境。

在实现共享停车的过程中，需要社会协同，细化规则，克服目前面临的种种困境。一是要进一步加大宣传力度，使全社会特别是有关各方都能认识到推行“共享停车”的必要性和必然性，以求行动上更加自觉。二是完善相关配套措施，比如相关物业公司的成本和利益问题，要尽可能地合理妥善予以重视和解决，最终达到“多赢”局面。三是从政府相关部门的角度考虑，应对“共享停车”抱着开放的心态。在现实中，有些人可能会提出这样那样的相反意见，但不应不加分析论证地否定“共享停车”，而应在找准症结的基础上做好引导工作，搞好配套服务，让城市的管理规范能够跟得上。

基于我国停车位的需求和停车场的发展现状，共享停车经济具有很好的发展前景，共享停车位系统，无论从硬件上还是软件上都应解决目前的技术难关，由个人或物业将车位闲置时间挂上平台，车主出门前用App预订停车位，即到即停、即时计费，离场自动结算，费用从手机中扣除。这种共享方式提高了停车位的使用效率，整合了车位资源，并实现了个人、物业、平台的多赢局面，在市场经济领域具有可持续发展的潜力。目前共享停车领域，尚未有共享平台占领空白市场，未来会有很大的发展空间。

第二节　国内外研究现状

一、国外研究

1983年，美国城市土地研究所(ULI)出版专著《共享式停车》(*Shared Park-*

ing)首次提出共享停车理念,定义了共享停车并提出共享停车规划“九步骤法”。2005 年出版第二版,对部分参数进行了修正,并新增了停车垄断市场调整部分内容。

之后,共享停车得到美国联邦和地方政府部门的高度重视。联邦政府支持美国运输工程师协会(ITE)进一步细化相关规划参数,地方政府也积极推动共享停车发展。1997 年,美国波特兰市首个发布《波特兰市区共享停车手册》(*Shared Parking Handbook*: *Shared Parking in the Portland Metropolitan Area*)专题报告,基于波特兰都市区的停车状况建立了停车泊位共享模型,并融合多方意见提出了共享停车协议范本,是首次将共享停车的理论应用于实践的成功案例。之后,美国加利福尼亚曼莫斯湖、利弗莫尔等地区也相继编制了类似的共享停车手册。经过 30 多年的发展,共享停车策略在美国拥有了完备的理论体系和实践支撑,从规划建设阶段就开始协调不同单位间停车设施共建共享,较好地提高了停车资源利用效率。

国外学者认为共享停车理念体现了协调、优化区域资源的思想,其实施需要同时具备两个条件:单一场所的共享泊位是动态变化的,且一定区域范围内不同场所的关联性促使用户在一次出心中可途径多个目的地。因此,部分学者针对共享停车的实施进行了理论研究。

Oanh 等从物联网的角度出发,基于匹配理论方法,利用雾计算和路边云构建共享停车模型,为驾驶员找到可用的共享停车位。Iman 等通过分析共享泊位周转时间,建立 SPATT 模型用于分析共享泊位供给的空间分布。Lalani 通过可实施共享停车的各类场所进行对比评估,研究认为影院、商场和酒店更适合实施共享停车。Chen 等分别以出行时间、出行距离作为主要因素,对不同信息环境下散布在不同区域的停车泊位共享分配问题,建立以总社会费用最小、总出行距离最短为目标的泊位分配模型。Xu 等主要针对通勤出行群体的共享停车,提出不同条件下的车位共享分配方法,并通过算例对不同方法的共享效果进行验证。

二、国内研究

共享停车理念引入我国的时间较晚,目前我国对于停车共享的研究尚处于初步探索阶段。

首先,部分学者通过研究证明共享停车能够促进停车资源合理配置、有效增加停车供给、缓解道路拥堵并减少环境污染。秦焕美等基于停车共享的理念，通过分析北京市某混合区域的停车需求特性，建立了基于单一用途建筑物停车需求叠加模型和停车共享需求模型，通过不同模型对比，得出停车共享能够降低片区所需的总停车泊位数。李全通过构建多功能建筑共享式停车需求预测模型来预测城市混合用地的实际停车需求，并通过实际案例进行分析证实停车共享确实能够减少供给、协调区域停车资源。秦延平等运用共享的思路，对一个区域内相邻四个地块各个方向的停车需求进行验算，得出采用泊位共享措施，可以减少该区域内的交通巡航，以此减轻区域内的交通堵塞、环境污染等问题。

之后，部分学者针对共享停车如何实施进行探索和研究。李菲等针对居住区停车设施共享潜力开展分析，梁景宇等基于 GIS 混合用地识别对城市内部的共享停车潜力地段进行了分析。何寰等分析了“互联网 +”与城市共享停车管理相结合的可能性和优势，并探讨了其发展过程中可能遇到的问题。徐昀彤认为停车需求分析是共享停车建设和发展的依据和基础，提出依据停车需求和泊位周转率分析进行共享泊位的规划，通过信息平台实现动态共享停车管理。然而，共享停车需求分析主要聚焦在供需预测和泊位匹配两方面，共享停车泊位匹配受到严格的时间限制。供需预测主要是共享时间窗的预测，陈恺等利用时间序列分析法分别对不同场所的共享时间窗进行预测；王浩鉴于停车行为选择特性，成功将分时段停车需求预测模型优化并应用到实际预测中。泊位匹配方面，段满珍等综合考虑了高峰供应限制及步行距离，利用双层规划模型有效解决停车分配产生的局部拥堵问题；陈峻等充分考虑需求的时变状态，对共享泊位开放条件以及供需特性进行了透彻的分析；路扬等基于共享停车供需关系和泊位利用率最大化为目标，通过虚拟泊位概念对多种泊位时间窗进行分配并利用整数规划逻辑判断，建立共享停车泊位供需匹配优化模型。

经历了一段时期的发展后，针对共享停车现状暴露的问题，部分学者分析阻碍共享停车发展的综合因素，以研究促进共享停车良好发展的策略和措施。王淑伟等认为，限制共享停车发展的原因是泊位供给不足、平台技术受限和市场共享意愿不足；李想等从运营模式和盈利模式进行分析，识别导致共享停车交易成本过高的因素和发展策略，从而提出通过提升政府、企业及大众共享意识，搭建畅通的沟通渠道和高效的技术平台，完善安全可靠和保障机制，推动共享停车的发展。

第三节　现状特征

如果说共享单车、共享汽车只是打着共享旗帜的租赁项目，那么共享停车位才是真正的共享，它是充分利用闲置资源并基于陌生人进行转移使用权获取报酬为目的的一种商业模式。

另一方面，它真正打到了用户痛点，因为停车难无疑是当今许多城市的一大痛点，“开车十分钟，停车一小时”已经成为许多有车一族的口头禅。之所以如此，在于全国车多而车位少的现状，停车位是一种稀缺资源。以北京为例，根据早前的数据显示，截至2017年，北京市机动车保有量是561万辆，而停车位只有290万个，停车位缺口接近一倍以上。

共享停车，如果一些单位或个人将专有停车位对外开放，并通过这些共享停车App管理软件进行分时出租，既增加收益，也方便他人。当前共享停车（停车位租赁）的主流思路是，错开小区与商业区停车位的停车高峰。即上班时间，小区的居民都会把车开到写字楼等商业区，而下班时间，商业区写字楼的上班族会把车开回小区。上班时间，小区存在大量闲置停车位，而商业区爆满；下班时间，反之。

而共享停车的思路则恰恰对这种停车位的错位高峰情况进行了优化，将停车资源错时共享。比如上班时间，小区个人可以通过移动互联网共享平台将车位挂上共享App平台，把车位开放租赁出去，那么附近商业写字楼或公司上班族可以用App预订附近小区停车位，把车开进小区共享闲置的停车位，即时计费，离场自动结算，利用商业区附近居民小区的共享停车位在高峰时候错时停车；反之，亦然。

一、行业规模

从实际发展情况来看，我国共享停车位发展缓慢。虽然行业发展前景被看好，但面临的难度不小，入场门槛较高，目前共享停车行业规模较小。

从如今共享停车行业来看，当前共享停车位平台软件基本都是小玩家，并没有强势的平台入口与影响力可以快速推动规模化。总的来说，目前来看，这种商业模式还不够成熟，主要风险点在于共享停车要打通各种停车场，需要政府、物业、市场多方面的力量配合。第一，市场推广的难度很大；第二，数据精准匹配的难度很大；第三，在关键时间、关键场景下，依然无法有效满足停车需求，如核心的

CBD 和商贸中心区,如高峰期的停车问题。这些问题导致共享停车行业目前没有发展成一个较大的规模。

二、企业运营现状

当前共享停车平台本身的入口效应没有出现,如果共享停车要发展起来,需要有一家强势的共享停车 App 平台形成超级 App 入口效应,聚集起海量的用户与拥有停车位并且有意愿共享的车主与物业,继而形成独角兽效应,才能在全国铺开引发爆发式的扩张。目前共享停车类 App 过于细分,而不是大而全的共享 App 模式,比如有车位搜索 App,如 ETCP,专注于停车搜索、预约用车、错峰停车之类的业务。

据统计,广州共有十余家专注共享停车领域的企业。但当前共享停车 App 平台的定位基本是区域性的,是针对某一个城市或地域而做出来的 App 平台,如丁丁停车主要是以北京地区为主。这并非没有原因,因为共享停车前期的冷启动过程是一项高度依赖线下"地推"的工作,需要一家一家小区、商业区物业去谈,阻力很大,这要快速做到全国铺开,难度可想而知。

另一方面,利益方牵扯太多。共享停车的背后,牵扯业主、物业公司、车主、平台方四者的利益,而利益方牵扯太多,要平衡各方利益的难度就有困难,比如,共享停车平台要拿下某一个小区,核心是要看物业公司的态度,而现在许多物业之所以难以接受共享停车,安全因素是其一,但主要核心还是利益层面,除了前面提到的管理与改造成本之外,当前共享停车的费用还要低于临时停车的费用。如果将共享停车的费用调高,愿意找共享车位的车主的意愿就会降低。

当前,许多小区的车位属于业主共有,不能买卖,全体业主共有的住宅小区开放内部停车设施,要通过业主大会决议。如广州,许多小区由于车位配比不够,小区停车位都是基于优先满足小区业主停车的需求,车位以月保为主、临保为辅的方式向业主开放。月保车位显然很难对外共享,而临保车位也是需要优先满足小区业主临时停车需求,显然也难以征得小区业主的一致同意对外共享。目前,国内共享停车平台背后也少了巨头的推动,这导致许多主打共享停车位的企业没做起来或是没有知名度与影响力。大多共享停车的软件都仅与各自的合作停车场签约,导致信息分散,App 推广难度大。平台方只能是利用自身的人脉与资源,一个一个小区推进。其次,共享平台要投入的成本过高,一方面需要大批量布点,另一方面需要大量人力去地推,也需要大量营销推广的资金。

共享停车位的商业模式,一方面是通过分时租赁来部分变现,通过收取押金来回收资金,实现现金流并进行扩张,而另一方面是通过大数据+精准广告引流来实现盈利。前期即抢占市场,提高知名度和用户体验,赢得各方面的关注和支持,通过促销活动进行营销。此阶段盈利不作为主要经营。中期要加强监管,积极处理在投放使用过程中的问题,不断改进,赢得口碑宣传;着手广告的合作,多考虑用户利益;获得更多的政策支持。后期应提高核心竞争力,此阶段已养成用户习惯,对产品进行优化的同时,进一步渗透大数据分析和广告合作。

三、国家和地方相关政策

1. 国家层面

早在2015年,国家发改委陆续出台了《关于加强城市停车设施建设的指导意见》《城市停车场建设专项债券发行指引》《加快城市停车场建设近期工作要点和任务分工》等多份文件。

上述文件明确了未来停车场的升级改造方向,提出各地加强停车管理系统信息互通、共享,鼓励出行前查询、预定车位,自动计费,提高车位利用效率,减少找停车位诱发的需求;还出台了金融指导意见,鼓励企业发债建设停车场。

2. 地方层面

在广州、北京、上海和成都等各大城市停车管理条例或规定中,政府也均开始出台政策提出鼓励发展"共享停车"模式。例如,2016年9月,上海市发布了《关于促进本市停车资源共享利用的指导意见》,计划当年建50个"共享停车"示范点。2017年4月,广州人大常委会审议《广州市停车场建设和管理规定(草案)》,鼓励住宅、单位将停车位逐步向社会开放,通过委托给管理者或服务企业,供他人错峰停车。2018年3月,北京人大常委会审议《北京市机动车停车管理条例(草案)》,建议利用行政手段和经济手段,推动机关、企事业单位共享车位,错时开放;为贯彻落实上述条例,北京市交通综合治理领导小组2019年11月发布了《关于推进本市停车设施有偿错时共享的指导意见》,明确了实施过程的各项要求,指明有偿错时共享优先用于居住停车,在满足居住小区需求下,可向社会开放。2018年2月,成都市政府发布《关于鼓励和支持停车资源共享利用工作的实施意见》,提出打造停车共享行业发展生态的具体要求,以及开展共享停车电子发票试点和推广、建立共享停车行为信用约束机制、推出共享停车保险产品等5条政策措施，努力为共享停车发展创造有利条件。目前成都市在政策上对共享停车行业的意见建议如下：

(1)提升停车设施信息化水平。停车设施信息化是共享停车发展的前提条件。此条政策针对成都停车场所信息化程度低等问题，提出制定标准、升级改造、资金支持、网络覆盖等解决办法。

(2)建设市级公共停车基础信息平台。基础信息数据是共享停车发展的有力支撑。此条政策针对当前数据开放程度低等问题，提出建设基础信息平台、鼓励企业开发App、鼓励各类停车场所共享停车资源等解决办法。

(3)开展共享停车电子发票试点和推广。电子发票是共享经济普遍存在的政策瓶颈问题。此条政策提出开展试点、联通接口，推进电子发票等便利化举措。

(4)建立共享停车行为信用约束机制。为推动共享停车市场有序发展，此条政策提出建立信用约束机制、制定规范守则、加强互通共享等具体措施。

(5)推出共享停车保险产品。针对共享车位涉及社会公众利益的特点，此条提出推出相应险种、建设风险分担机制、开展保险试点等具体措施。

(6)优化市场环境。为拓展共享车位资源，《关于鼓励和支持停车资源共享利用工作的实施意见》从推进区(市)县国有产权车位资源率先共享利用、调动其他产权停车资源拥有方积极性、调动物业服务机构积极性等方面提出具体政策措施，降低交易成本，释放资源供给，激发消费需求。

(7)调动停车资源拥有方积极性。为充分调动各方资源拥有方积极性，此条政策提出创优评优、积分奖励等方式，激励各种停车位资源积极参与停车共享发展。

(8)调动物业服务机构积极性。针对物业服务机构在停车共享发展行业的不可替代性，此条政策专门针对物业服务机构提出管理创优、评优评选、精神表彰等鼓励政策。

(9)促进行业发展。为推进共享停车行业迅速发展壮大，《关于鼓励和支持停车资源共享利用工作的实施意见》从支持共享停车服务企业发展、加大金融扶持力度、制定共享停车服务行业标准规范等方面提出具体政策措施，营造共享停车行业发展环境。

(10)支持共享停车服务企业发展。针对共享经济类企业初创期投入大等特点,此条政策从税收优惠、整合资源、资金支持等方面提出具体政策措施,降低共享停车企业发展成本。

(11)加大金融扶持力度。针对共享企业融资难等问题,此条政策提出鼓励国有投资平台先行先试、搭建基金对接平台、鼓励开发针对性金融产品等方面具体措施,拓展共享停车企业融资渠道。

(12)制定共享停车服务行业标准规范。此条政策提出制定行业标准规范、建立联动协调机制等方面具体措施,规范企业经营行为,保护消费者合法权益。

四、存在的问题

通过对现有共享停车场的调研,目前共享停车策略在实施过程中存在诸多阻碍,共享停车场实施效果不佳。主要存在以下几个问题:

1.安全方面

一般来说,物业通常采用传统管理模式对居民小区进行管理,即通过直接买断或包月包年等方式来供给业主,并需业主办理停车卡或电子钥匙以方便管理。若开放、共享小区的停车位闲置,则意味着外来车辆可在使用停车位的同时随便进出小区,用户的人身及财产安全无法得到保障。

同时,机关事业单位的停车位协调存在很大问题。据北京某街道办事处相关人士表示,该区域内具备停车资源的单位,大多数是国企总部和市级单位,出于安全考虑,向社会开放共享停车资源,存在为难情绪,协调难度较大。

2.管理方面

实行共享停车的前提是对现有停车管理系统进行改造升级,将车位信息接入云端,并通过各类 App 接触消费者。据介绍,包括闸机、收费系统等软硬件在内,一个停车场的改造费用从几万元到几十万元不等。

同时还要增加其建设成本与管理投入,加强对小区公共财产的管理与维护。虽然共享停车可能会得到一定的收益,但是无法确定共享收益能否抵消或超过建设投入。

另外,现在少数开放共享停车位的区域,在很多方面容易引发矛盾。例如,有些车主故意遮挡车牌以达到逃避缴费的目的,降低了小区居民的信任度;在小区停车位资源紧张的情况下,外来车辆不按规定,故意长时间占据车位,影响小区内居民的正常停车。这些现象都增加了共享停车的阻力。

因此,许多物业管理部门对共享停车一直持观望或反对态度。

3. 运营方面

车位资源共享的背后,涉及出租汽车位的业主、物业管理、企事业单位、租用方、城市管理与第三方运营平台等多方利益。例如,停车位的租赁时间、计费方式、租金标准等多方面都存在争议,各方很难达成一致。因此,建设与收益分配不均导致其无法快速推广,降低参与者实施泊位共享的积极性。可见,“共享停车”模式虽然看上去很美,但涉及利益方多,经营模式复杂,想要获得成功,并非易事。

4. 资金方面

在欧洲,共享停车已经发展了 5—10 年。比如欧洲的 Q-Park 就是一个典型,它的业务范畴除包括共享停车、自助缴费、智能找车、停车辅助外,还涉及餐厅、金融、车辆维护等服务。但要做到这么大的规模,Q-Park 的模式需要很大的资本投入,另外一方面,在欧洲,停车位并不稀缺,而是闲置资源。数据显示,发达国家的小汽车与停车位的比例约为 1:1.3,当前国内玩家要复制 Q-Park 的模式少了资金与天时地利的优势。而当前国内共享停车平台背后鲜有财团、巨头与资本来推动,这是导致许多主打共享停车位的企业放弃了共享停车的主要原因。

5. 软件方面

“停车难”现象出现的原因,一方面是由于停车场资源紧缺,另一方面是因资源信息共享滞后,使停车场资源得不到充分利用。因此,应通过停车 App 和微信小程序等方式直接了解到各地各空闲车位的信息。但目前市场上可供使用的共享停车位软件数量少,功能单一,不能通过数据合理分析停车热门地点和热门时间段,不能很好地为城市停车管理提供规划方案。同时,现在有些共享停车的软件仅供少数停车场使用,适用范围小,导致众多 App 信息无法集中分享,App 功能无法发挥最大效益。

因此,为落实共享停车,应在安全、管理、运营、资金和软件等多方面做出努力。同时应结合居民意愿,确定合理选择范围,优先选择目前已开放或有过对外开放意愿的公用建筑企业。根据片区出行特性、居民和企业意愿确定停放时间。居民共享车辆不应影响商业、办公等公用建筑的正常活动。综合考虑公用建筑收费价格、小区收费价格,共享价格应与小区收费价格持平,同时不应与公用建筑现有收费价格差距过大。确定以共享企业、社区或街道为主的共享停车管理工作。

第四节　关 键 技 术

基于智能车位锁的共享停车位管理系统,使用智能车位锁实施停车位的管理,实现停车位信息和使用权的共享。智能车位锁应用于私人停车位领域,实现私人停车位在空闲时间对外出租,这样不仅能在一定程度上缓解停车难问题,而且也给车位业主带来经济收益,实现闲余资源共享与优化。智能车位锁应用于路边停车位的管理,将实现路边停车位管理信息化、智能化,一方面方便车主利用现代化信息技术搜寻停车位,另一方面能够杜绝路边停车乱收费现象。

共享停车位管理系统由五部分组成:智能车位锁、云服务器、第三方支付服务器、停车用户和车位业主。系统以智能车位锁为基础,以云服务器为核心,通过网络连接在一起,实现共享停车位的管理,其结构如图 7-1 所示。

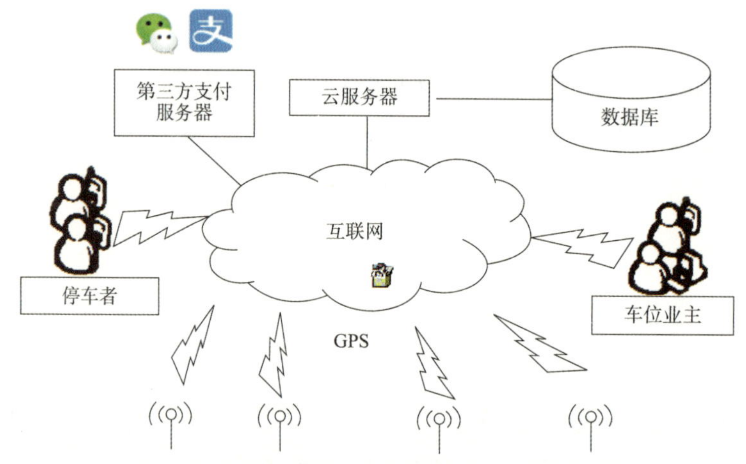

图 7-1　基于智能车位锁的共享停车位管理系统结构图

基于智能车位锁的共享停车位管理系统以云服务器为管理中心,通过 GPRS 通信方式远程集中管理智能车位锁,除控制车位锁开关外,云服务器还负责连接第三方支付服务器、连接数据库,以及管理车位业主信息等。智能车位锁作为整个系统的执行机构,实现车位锁的开关,以及车辆检测功能。车位业主可在车位业主端灵活设置车位的对外出租时间、价格等信息。第三方网络支付服务器包含支付宝、微信等支付平台,云服务器通过支付网络平台提供的 API 接口获取订单和支付信息。所有业主数据、用户数据、智能车位锁数据、第三方支付平台数据经云服务器处理后都保存在数据库中。

智能车位锁首先会根据车位业主设定的可出租时间检测当前是否允许他人

停车。当允许他人停车时,停车用户使用第三方支付 App 扫描二维码,预支付一定金额的停车费(如 20 元),订单支付成功后,云服务器获得支付成功信息,并通过 GPRS 发送开锁命令打开相应车位锁,用户把车停在车位上,系统开始计时。智能车位锁上的车辆检测传感器循环检测车辆是否离开,当确认车辆离开后,向云服务器发送汽车已离开信息,云服务器核算出该停车用户停车费,然后将预付费余款退回原支付账户,然后车位锁自动升起,此次交易结束。当不允许他人停车时,车位业主可以通过遥控器或车位业主端的管理软件自由控制车位锁。

一、智能车位锁

在共享停车位管理系统中,智能车位锁的作用是接收云服务器发送来的指令、控制车位锁开关、检测车辆是否驶离、向云服务器发送消息。智能车位锁控制系统需要满足以下几个方面的功能要求:

1. 与云服务器进行实时通信

智能车位锁与云服务器的通信为全双工实时通信,智能车位锁不仅能够实时接收云服务器发送的命令,而且能定时向云服务器传送车位锁的状态参数。

2. 控制车位锁开关

车位锁开关的实现:通过控制直流电机正反转带动车位锁锁臂升降,并使用两对光电传感器检测车位锁锁臂是否升降到合适位置。

3. 检测车辆驶离状态

采用光电传感器进行车辆状态检测,当检测到停放的车辆驶离后,向云服务器发送"车已驶离"消息。

4. 检查车位锁自身状态,并实现故障信息报警

为确保系统的正常运行,车位锁主控制器需要检测其自身的运行状态,包括蓄电池的电量是否充足、车位锁控制器与云服务器间的 GPRS 通信是否正常。当蓄电池的电量不足时,向云服务器发送信息,提醒服务人员及时对蓄电池充电。若车位锁控制器与云服务器的 GPRS 通信中断,则重新建立 GPRS 连接。

5. 车位锁控制系统的低功耗运行

车位锁使用蓄电池供电,低功耗运行能使同样的电池应用更长的时间。控制

系统在满足控制性能要求的情况下,以最低功耗运行。

二、云服务器

云服务器作为共享停车位管理系统的核心,需要实现以下3个方面的功能:

(1)控制停车位的使用。通过发送GPRS形式的命令,控制智能车位锁开关,从而控制停车位的使用,并记录停车位使用时间。当车辆驶离后,接收智能车位锁发送来的"车已驶离"消息,将停车位状态由"正在使用"更新为"空闲"。

(2)连接第三方支付服务器,负责生成支付二维码,管理停车位对应的付费信息。当车辆离开时,计算停车费用,将剩余的费用退回到原支付账户。

(3)数据库管理。使用数据库记录停车位的相关信息,包括停车位的编号、车位锁的编号、车位业主的信息、停车位对外共享时间段、停车位使用者信息、停车位的使用情况。

三、共享停车位管理

共享停车位管理系统关键技术包括车位锁联网方式、第三方支付方式、车位锁机械结构、嵌入式控制器、停车位检测技术方案、车位锁开关控制方案。

1. 车位锁联网方式、支付方式与机械结构

1)车位锁联网方式

物联网通信方式可分为有线通信、无线通信,其中无线通信又包括Zigbee、NRF24L01、蓝牙、GPRS、Wi-Fi等。智能车位锁在室外使用,具有分布分散的特点,因此在该系统中选择GPRS的方式进行通信。GPRS是移动通信技术的一种,提供通用分组无线业务,是2.5代移动通信技术。尽管当前第四代移动通信技术已被推广商用,但GSM/GPRS网络仍是当前全球应用最广、用户数量最大的移动通信网络,移动通信运营商仍需一张具有可靠性高、成本低、覆盖面广的中低速数据通信网络,以满足中低速数据通信业务的需求。另外,GPRS覆盖范围广,完全兼容TCP/IP协议,不易掉线,按流量收费。在嵌入式系统开发中,使用GPRS数据通信具有很高的性价比。智能车位锁通过GPRS与云服务器通信结构如图7-2示。智能车位锁控制器通过GPRS连接到GPRS基站,基站连接互联网,从而实现与云服务器间的数据通信。

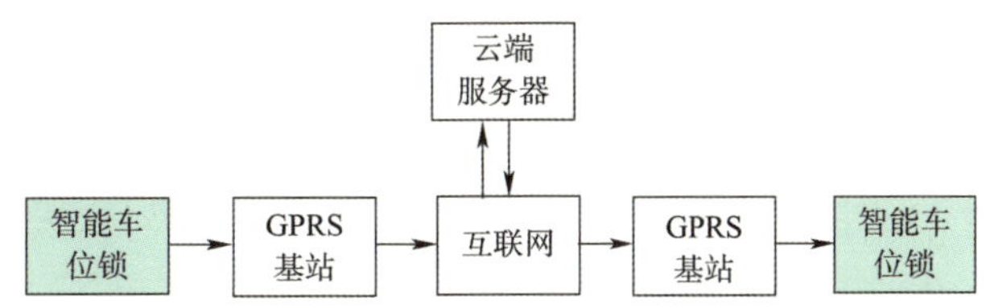

图 7-2　智能车位锁通过 GPRS 与云服务器通信结构图

2) 支付方式

共享停车位被用户使用时,采用第三方支付的方式支付停车费,而舍弃传统的投币支付方式。在共享停车位管理系统中,申请了支付宝开放平台当面付权限,并建立扫码支付应用,云服务器支付功能程序在验证数字签名成功后,即可接入支付宝开放平台 API 接口。

支付宝扫码支付提供了扫码支付接口 1:3(alipay. trade. precreate)、查询订单接口(alipay. trade. query)、撤销订单接口(lipay. trade. cancel)、申请退款接口(alipay. trade. refund)、查询账单金额接口(alipay. data. dataservice. bill. downloadurl. query)。通过支付宝提供的接口权限就可实现付款二维码的生成和支付信息的查询等操作。用户扫码支付的操作流程包括以下步骤:①用户打开支付宝钱包,点击"付款";②选择"扫码付",付款确认;③支付成功。

3) 车位锁机械结构

当前市场上遥控型车位锁,依形状划分可分为 D 型车位锁、K 型车位锁、O 型车位锁、T 型车位锁、u 型车位锁和 x 型车位锁等。不同形状的车位锁在产品外观、机械结构、产品性能、生产工艺、市场价格、操作方便性、使用环境等方面,各具自身特点。在遥控车位锁中,D 型车位锁的应用最广泛,其机械结构简单、外形美观大方、安装方便、防水防撞、性价比较高,属于较高端产品。

车位锁包含箱体、锁臂、控制器硬件、电动机、检测装置、供电电源等模块。直流电机的正反转带动车位锁锁臂升降,实现车位锁的开关。车位锁锁臂传递轴上安装的两组对射式光电传感器用来检测车位锁锁臂升降的位置。

2. 控制器

当前嵌入式控制器主要包括 3 种类型:嵌入式微处理器(MPU,Microprocessor Unit)、微控制器(MCU,Micro Control Unit)和数字信号处理器(DSP,Digital Signal Processor)。MPU 是以通用计算机的处理器为基础,应用时将微处理器外接存储器、总线、外设,安装在专业设计的 PCB 上,又称单板机。微控制器又名单片机,一般由某种微处理器作为核心，芯片内部集成 RAM、ROM、I/O 接口等各种必要功能，芯片上的外设资源丰富，适用于控制系统。数字信号处理器设计了特殊的系统结构与指令，适合 DSP 算法的执行，指令执行的速度快，大量应用在数字滤波、频谱分析。MPU、MCU 和 DSP 的比较见表 7-1。

MPU、MCU 和 DSP 比较 表 7-1

名称	MPU	MCU	DSP
定义	由控制器、运算器和寄存器构成的可编程特殊集成电路	将微处理器和外设接口集成到一块芯片中	用于数字信号处理，在指令算法及系统结构上做了专门设计
优点	存储区保护较好；支持实时多任务；具有可扩展能力	单片化、体积小、成本低、功耗低、可靠性高	在信号处理方面有独特的竞争优势
缺点	需配备随机储存器、只读储存器、总线接口、外接接口	运行速度有限，处理一些复杂的应用有困难	是运算密集处理器，主要用于快速执行算法，为实现较高执行效率，不适合运行操作系统；核心代码使用汇编语言
代表	AM186/88、PowerPC	MCS-51、STM32 微控制器	TI 的 TMS320 系列和 Motorola 的 DSP5600 系列

3. 停车位检测技术方案

依据检测方式的不同，常见停车位检测方案可分为基于地感线圈的停车位检测、基于地磁传感器的停车位检测、基于超声波的停车位检测、基于视频的停车位检测、基于光电传感器的停车位检测。下面对各种检测方式的优缺点进行分析对比。

1）基于地感线圈的停车位检测

“地感线圈”实质是一个振荡电路。它是这样构成的，在地面上先造一个圆形或方形的槽沟，然后在此槽沟中埋入 2 ~ 4 匝导线，这样就制成了一个嵌入地表内的电感线圈。这个线圈为振荡电路的一部分，由其和电容构成一个 LC 振荡电路，其原理是振荡电路稳定可靠。该振荡信号经过信号变换传送到微控制器组成的频率测量电路，微控制器就可以测量该振荡器的频率。当有汽车停留或经过时，空间介质发生改变引发振荡频率改变（金属物体的存在会引起振荡频率增高），此变化可作为车辆对“地感线圈”影响的确认信号。地感线圈具有技术方案成熟，检测准确，价格低廉等优点。但其缺点也显而易见：安装时需要对路面进行切割，不仅施工工作量大，而且对路面有破坏，同时地感线圈相对于其他类型车辆传感器的响应速度较慢。

2)基于地磁传感器的停车位检测

地磁传感器是一种检测和测量磁场的小规模微机电(MEMS)装置,其通过洛伦兹力效应来检测磁场变化,并以电压或其他形式表示出来,从而能够用电子的方式进行测量。基于 MEMS 的磁场传感器的尺寸较小,可以靠近测量位置放置,从而实现更高的空间辨识率。另外,构造 MEMS 磁场传感器不涉及磁性材料的微加工,可以大大降低传感器的成本。地磁检测传感器利用铁磁物体对地球磁场强度的影响来检测车辆的有无,免受气候变化的影响。在停车位地面上放置地磁传感器,当有车辆靠近时,地磁传感器检测到磁场的变化,进而可以判断是否有车辆在停车位。

地磁检测传感器相比于地磁线圈检测传感器,有很多优点。线圈会跟随路面变形(裂缝、搓移、沉降等),因此使用寿命及效果受路面质量影响很大,一般寿命仅为 2 年。地磁传感器体积小,抵抗外界干扰能力高于地磁线圈,并且输出数字信号,无须外接模拟信号的处理电路,信号处理方便。另外,地磁传感器安装方便,无须封闭车道,对路面破坏较小,维修时只需检查地磁传感器即可。

3)基于超声波传感器的停车位检测

在室内停车位检测中广泛应用超声波传感器。超声波传感器实质上是一种双向可逆的换能器。一方面,它将电能通过压电晶体转换成机械形式的振荡,产生超声波;另一方面,它又将接收的超声波信号经压电晶体转变成电信号。超声波检测车位状态的基本原理是通过判断传感器与物体间的距离判断停车位是否为空。

超声波传感器价格比较低廉,体积小,安装方便,主要安装在地下车库、室内车库、立体车库的顶部,不适合应用在小区地面停车位及路边停车位。

4)基于视频的停车位检测

随着计算机视觉、图像处理、模式识别等科学技术的发展,计算机视频处理技术的应用范围不断扩宽。基于视频的停车位状态监测是指在停车场内各个方位安装摄像头,对停车场内的车辆停放状态进行监测。通过摄像头对停车场的图像进行采集,然后使用计算机图像处理、模式识别、深度学习等技术识别停车位的状态,并将识别的结果传输给计算机,以便用于停车场的管理。其优点是设备结构简单,安装方便;缺点是研发成本较高,计算机图像处理复杂并且识别准确率还不够高。目前仍处于研究试验阶段。

5)基于光电传感器的停车位检测

光电传感器又称光电检测器,它利用一个光电发射器和一个光电接收器来检测物体是否存在。光电传感器主要有3种类型:对射型、反射型和漫反射型。光电传感器能检测全部反光或遮光的物体。光电传感器把电流或电压的变化通过光线的方式发送出去,进而实现电信号—光信号—电信号的变换。

光电传感器具有技术成熟、结构简单、运行稳定、体积小、便于集成到设备中去的优点。但在使用过程中需要保证光电传感器上方不能有泥水等杂物遮挡,否则将会使检测不准确。

4.车位锁开关控制方案的选择

车位锁控制系统用电动机作为动力源带动车位锁锁臂升降,实现车位锁的开关。此处设计的智能车位锁主要用于路边停车位或者小区停车位,使用蓄电池供电,因此驱动电机可以选用小型步进电机或者直流电动机。直流电动机调速范围广、起动性能优良、容易控制、可靠性高,故在电气传动系统中,尤其是对起动或调速性能要求较高的场合有着广泛应用。当前市面上的直流电动机主要有无刷和有刷两种。有刷电动机使用电刷和机械的换向器,成本不高,要求的控制技术也不高。无刷电动机使用电子换向代替机械换向,因此其运动性能和效率高于有刷电动机,同时成本也高于有刷电动机。

步进电机也称脉冲电机,其动作原理是依靠气隙磁导的变化来产生电磁转矩,其直线位移或角位移由数字脉冲信号控制。步进电机的优点是可以控制脉冲个数来控制电机转过的角度,改变脉冲的频率可调节转速,实现快速启停,控制正反转。步进电机属于特种电机,需要使用专门的步进电机驱动器才能正常工作。因此,其成本要比有刷的直流电动机高出多倍。

分析智能车位锁锁臂的运动性能需求,智能车位锁锁臂升降只需到合适位置就可以,无须关注旋转过程中转角的大小。在满足性能的前提下,根据成本最小化原则,更多选择有刷直流电动机作为动力单元。

第五节 运营模式

“共享停车”模式的最直接实现方式为“错峰停车”。利用不同业态停车高峰时间分布的不同轮流使用停车位,以平衡各业态停车需求,达到降低各业态单独提供的停车位总量的目的。

从广义上讲,停车场设施服务于多个业态,这些业态处于一定空间距离范围内,它们之间一般通过订立停车共享协议达到共同开发或者共同使用停车设施的目的,体现出一种区域资源协调优化。

目前共享停车主要运营模式主要有 3 种:一种直接面向零散的终端私家车位业主,做 C2B2C;另一种则面向大型停车场,专做 B2C;第三种则是基于云端管理的 B2B2C。

一、C2B2C 模式

C2B2C(Customer to Business to Customer)电子商务模式是顾客通过企业电子商务平台,实现顾客与企业之间、顾客与顾客之间的信息交流,即在掌握停车场进出口控制权的前提下,收集并获得愿意分享的车位所有者的车位信息(夜间共享、临时共享、长期共享),将这些车位资源作为平台资源沉淀下来,利用平台策略进行车位的分配。对于共享停车,具体步骤为:个人或商业物业将车位闲置时间挂上平台,其他车主出门前用 App 预订停车位,即到即停、即时计费,离场自动结算,费用从手机扣除。即车位所有人分享闲置车位,公司和物业在线上分发信息,线下指引车辆,消费者预约消费。在该模式下,平台作为资源的分配方更深度地介入到了车位共享模式之中,并非传统意义上的提供资源交互平台的第三方租赁平台。这一模式需要平台和停车场管理方及车位业主之间的深度联系。

这种模式主要与社区物业、商业地产合作。订单结算后的金额,一半归分享车位的所有人,另外一半则由平台和停车场协商分成。通常来说,物业公司占 10% ~20% 。

二、B2C 模式

B2C(Business-to-Customer)电子商务模式直接面向消费者销售产品和服务商业零售模式。

大部分用户常用停车位也就是 2 ~3 个,即单位、家还有常去的场所,出行半径较为固定。因此,仅需在大型商业综合体、写字楼、中高端社区、大型公交枢纽、机场等区域布局大型停车场。这种方式以智慧停车系统为基础,在共享停车入驻物业前,需要安装智能车牌识别系统、进出口道闸,做到无人值守车辆进出,还需要服务器、交换机将停车位数据、用户结算信息上传到云端,软件、硬件都不可或缺。

三、B2B2C 模式

以 SaaS 智慧停车管理系统为代表的“互联网 + 停车”B2B2C 模式,是一种云端管理的服务模式,使用该平台可突破网络及地域的限制,实现远程故障排除及移动端管理。同时,它也提供在线支付停车费,获取远程车位数量及预订车位等功能。B2B2C 的商业管理方式,先将停车场数据信息化,并为街道、物业、业委会等(B 端)做好服务,从而进一步开发内容和应用程序服务(C 端)。通过停车管理平台覆盖,全面动态采集车位动态信息,以网络为依托,整合零星分散的停车位资源,实现停车位数据的采集发布,打通停车资源与车主之间的信息壁垒。鼓励社区与社区、社区与商业、社区与学校、医院等建立错峰机制,有效盘活空闲资源,服务周边居民,从客观上为公众创造更多的“停车泊位”,缓解停车问题,在做好停车服务的同时,了解居民其他消费需求,借助分享经济理论,开拓其他配套服务,开发内容和应用程序以更好地服务 C 端。

由此可见,在未来“共享”的发展趋势下,应充分发挥各种模式的优点,并在现有模式的基础上探索更适合社会发展和相关方认可和接受的新模式。

第六节　典型案例分析

一、上海

1. 车位共享形式

随着机动车数量的爆发式增长,停车难问题日渐突出,尤其是老旧小区夜间停车难问题日益凸显。上海市夜间居住区停车供需缺口为 84.9 万个。于是,在现有条件下,错峰停车,大家来共享周边空余的停车资源,是被公认的最有效、直接、经济的缓解停车难的方法。根据上海出台的《关于促进本市停车资源共享利用的指导意见》,小区周边符合条件的道路,可在夜间开放停车,商务办公楼、政府机关、国有企业闲置的停车资源,可以提供错时共享。

对于停车矛盾突出的住宅小区,如果周边道路具备夜间停车条件的,由街镇牵头协调交通、居委会、小区业主委员等相关方面落实停放管理制度，在审核程序申报批准后可按照上海市道路停车场包月停放管理的相关规定实施。目前，上海共享停车收费一般实行包月、包季或包年等固定期限收费方式，面向居民的停车收费价格应与相关住宅小区内停车收费水平相衔接。

2. 共享车位规模及方案

“上海停车”App 主要为上海市公共停车信息管理平台的信息输出端，由上海公交卡股份有限公司运营。该 App 可实现每 10s 的信息更新与推送，时间精确到分，中心城区内的车辆到站实时信息预报准确度达到 96% 以上。目前，该 App 已实现 2187 个公共停车场库、825 个道路停车点、30000 多个道路泊位的地址、价格、服务时间等信息查询。

上海市 100 多个公共停车场的数据分析结果显示，25% 的存量停车位被包月用户占据。其中，工作日 75% 的包月车位使用时间小于 6h，其中 25% 的包月车位小于 4h；周末及节假日，80% 以上的包月车位几乎空置。显然，上海可用于共享的停车资源非常可观。

上海市 2017 年在徐汇区、静安区、杨浦区、长宁区、浦东新区、普陀区、黄浦区、虹口区等重点区域开展超过 120 个停车场的共享停车试点工作，通过互联网共享了 500 个车位用于夜间错峰停车。车主通过 App 预约包月停车，获得 18:00—次日 8:00 期间的车位使用权。根据平台订单数据统计，错峰停车位的出租率在半年时间内从 30% 上升到了 80%。

3. 发展计划

“上海停车”App 将逐步拓展“共享停车”及“电子支付”等功能。以“共享停车”功能为例，用户将通过 App 中的“共享车位”模块，实时搜索附近可进行包月的停车场及相关地址、价格、时间等详细信息，并通过微信、支付宝等方式进行电子支付及预订。

同时，App 将用户的停车起始时间、结束时间、停车费、停车库总车位情况、车位占用情况等信息接入上海市交通委的停车信息平台中进行统一监管。上海计划将道路停车场和全市 2500 个公共停车场（库）电子收费系统进行改造后，将全部接入“上海停车”App，扩展停车信息覆盖率，促进全市的停车资源信息化、实时化，切实提高停车位的使用效率。

二、杭州

1. 平台概况

杭州市于2018年1月建立并启动名为“共停”的共享泊位、网约停车平台。“共停”为市级共享泊位平台，采用“政府牵头+社会参与+市场化运作”模式，在现有的社会资源下，将闲置车位整合起来、实现闲置资源的有偿利用。“共停”项目由杭州市城管部门牵头，杭州市钱江新城投资集团有限公司下属杭停股份具体推进。运营过程中，由蚂蚁金服提供实名认证、信用、支付、线上运营能力等输出和支持。杭州是国内首个由政府主导搭建城市级停车泊位共享平台的，先进的平台信息技术加上完善的用户信用系统，较好地促进了停车泊位共享。

2. 车位共享形式

“共停”的目标停车资源主要是杭州市内公共停车场以外的各类停车场库，即不对外开放的停车泊位。平台将分散的停车需求信息和不同时段闲置的政府机关、企事业单位和楼盘小区、个人私家车位等车位资源统筹起来，实现车位业主、物业、平台各方利益共享。

杭州市政府及相关部门、事业单位、市属国企率先示范，将相关停车泊位拿出来与市民和游客共享。杭州市城管委、杭州市文明办等联合发出倡议，鼓励商务楼宇、物业单位、广大市民积极投入到共享停车工作中，通过加大宣传力度让大众了解到提供共享车位既是停车共享参与者也是受益者，倡议市民和相关单位将自有的“闲时”泊位通过“共停”平台让大众有偿共享，为杭州缓解停车难出份力。

3. 共享车位需求与供给

据统计，杭州市现有机动车127万辆、停车泊位70万个，其中对外开放的约18万个，配建等不对外开放泊位约52万个，泊位缺口巨大。同时，杭州停车泊位的利用率和周转率都非常低，即便在市中心等停车需求非常高的地区，一些地下停车库泊位在晚上等时段也处于闲置状态，没有得到充分利用。目前，已启动的共享泊位平台，约有7000个停车泊位供预约停放，预计未来共享泊位将增加至1万个。

4. 应用方案和安全保障

“共停”平台主要是利用互联网技术和信用大数据，通过诚信交易、规范服务，整合并盘活存量泊位资源,释放泊位空闲时段,为车主提供适配、精准、定制化的服务。用户通过支付宝的"城市服务"进入"杭州共享停车",即可预约停车或发布停车泊位信息,平台会根据车位所在小区周边停车场库的收费标准进行确定。同时,平台会在特定开放模式下,引入具备良好信用基础的泊位提供及需求两方,并对双方用户进行全过程行为监管。

安全保障方面,"共停"要求平台用户全部采用实名认证,引入芝麻信用评价,并根据不同开放需求设置不同共享级别。针对可能出现的"恶意欠费"等情况,蚂蚁金服会把相关信息记入个人信用记录,并将对恶意拖欠停车费等行为进行信用惩戒。按规划,今后所有的共享泊位都可以实现无感支付,车主在离开泊位时由支付宝自动扣除相关费用。

三、英国伦敦

在英国伦敦,利用网站或者手机应用提前安排停车已经成为大多数人的出行习惯。"共享车位"的模式让停车位的资源提供和停车需求之间得到了共享和信息对称,有效地盘活了存量停车资源。

拥有固定私家车位的业主,可将其车位的位置和可用于短租时间发布到网上,通过闲置的停车位资源共享获得额外收益。同时,车主只需轻点手指,通过网络支付,即可按时段、按日、按月,或是按过夜不过夜等多种组合,预约到机场、车站以及指定地点附近的车位使用权。

伦敦有十分严格、细致的法律条文明确对停车场及停车行为的管理规定。《交通和停车的一体化管理细则》是指导伦敦市停车场建设和停车管理的主要法规,除了可以参考一直沿用且不断更新升级的管理条文之外,还有街道停车、非街道公共区域停车等多种管理条例。

停车场以及停车位的规划和建设也有严格的设计和建设标准。比如,对于公共停车、残疾人车位,宾馆和娱乐场所,办公区域、应急停车、货物装卸、超市配送等均有指导性的车位面积和人均车位数的设计标准。在城市交通管理以及街道设计的过程中,也都有精细的交通渠化、临时停车港湾的设计和建设指导性建议。

四、日本

日本近20年来停车产业的发展经历了由无序到有序的过程。作为一个人口众多面积狭小的岛国，日本从十多年前的停车场不足，道路两侧违章停车频发，发展到现在停车场随处可见，利用互联网和手机可查询、预定停车位，停车产业良性发展，道路通畅。

日本东京的路侧停车采用"咪表"收费，"咪表"上装有车辆探测器，自动感应车辆，每个车位安装一个，每次停车时间限定 1h 以内。收费价格不高，但是限时很严格，车位紧张，部分车位注明是货车卸货用，客车不得停放。有民间监督员随时检查超时停车，处理违章停放。

路外停车场一般按照停车场的用途和位置，分为公共停车场、大厦配套停车场两类。路外停车场的管理模式和路侧相反，鼓励长时间停放，避免车辆频繁进出，减少交通流量。

日本的公共停车场遍布大街小巷，密度很高，城市中基本上几十米之内就能见到停车场，大部分停车场都是因地制宜，规模不大，一般是 6 ~ 20 个车位，最小的停车场只有两个车位。在郊区、工业区也有大型的停车楼，有几百个车位。大厦的自有停车场大多数都是自动立体车库，出入口位于大厦的首层临街位置，由于空间紧张，车辆难于转弯和掉头，都设有转盘。停车场的出入口都设有明显的诱导标志、警告标志、价格标识等。郊区的大型超市一般都在超市的楼顶设立多层的停车楼，免费使用。

大街上都有醒目的停车诱导标志，自动显示停车场的"空""满"状态、价格信息等，大部分停车场上传空满状态到停车网站、手机终端、车载 GPS 导航设备等，驾车者在网上、手机、车载 GPS 上随时可以查看就近停车场的空满、价格等信息。

日本的 GPS 导航普及率几乎达到 100%，包括货车、出租汽车、大型巴士等，能实现动态信息显示的约占 30%，动态信息包括实时路况显示、停车场的空满状态等。

日本东京市中心的部分停车场的包月服务，按全时停放、白天停放、工作日白天停放不同定价收费。部分停车场的地理位置位于办公和住宅混杂区，白天晚上车流量比较平均，则白天和夜间封顶价格相同，夜间针对每小时的单价有响应优惠政策。这样的错时停车不光有商业需求，同时也解决了周边车辆停车难的问题。

日本的停车场 90% 以上都盈利，亏损者政府不提供补助，政府只是帮助停车场进行宣传和车辆引导，以吸引客户停车。

五、芝加哥

美国芝加哥的 ParqEx 共享停车企业于 2014 年成立，是一个私人车位有偿分享平台，将停车位利用率低的人群与寻找停车位的人群有效联系在一起，提高车位使用率、降低用户出行时间，减少环境中的碳排放。在停车需求高、车位稀缺或停车费较高的城市区域，通过共享闲置私人车位、增加停车位供给来解决城市停车紧张问题，也为社区及车位拥有人提供额外收入。ParqEx 平台确保车位共享过程当中的预定、停车、付款等环节的安全性和合规性，用户可通过计算机端和手机端进入平台。

ParqEx 的车位资源主要来自商业建筑（如工厂、办公楼、商场等）、居住小区和私人住宅等公用和私有车位。车位拥有者通过平台发布闲置车位的使用时间和租用价格，出行者按照行程需求通过平台搜索目的地附近的可用车位并支付预定，平台依据预定的车位类型给用户发送车位使用规则、车位或车库密码和停车证等必要信息，并设立执法部门监督和管理车位使用期间的车位所有人和停车用户行为的合规性。

ParqEx 为建筑物开发商、物业经理、社区居民、公寓用户、私人住宅、办公楼及商场老板及停车用户等各类群体制定了不同类型的全套解决方案，并开发了停车管理技术、简化式车位访问、数字车库开门器、停车证临时转让协议、实时执法工具、无纸化票务系统、实时云数据在线管理等工具，极大地促进了共享停车使用的高效和安全。车位拥有者根据市场行情和自身实际情况制定车位的小时、全天、整周和整月的收费标准，平台不额外收取任何费用。

目前，ParqEx 主要服务包括芝加哥、波士顿、华盛顿特区、洛杉矶、旧金山、迈阿密、费城等共 12 个城市及地区的共享停车需求。ParqEx 给车位所有人带来了可观的额外收入，同时在有限的停车资源形势下提供了更多的可用车位。其中，ParqEx 的共享停车方案给埃文斯顿地铁中心商业办公楼的物业管理部门每月增加 3500 美元的额外停车收入，并提供了 1500 多个安全共享停车位。北五月街 112 号公寓通过应用 ParqEx 共享停车方案，提供了 26 个共享车位，三年增加了 7.2 万美元的额外收入。谢里登广场大型住宅区通过应用共享停车方案，不仅提高了停车安全性、减少了管理工作，提供 20 个临时车位共享，每年额外增加了 2.1 万美元的停车收入。

本章参考文献

[1] Mary S S. Shared Parking[J]. Urban Land Institute,1984.

[2] Felson M,Spaeth J L. Community Structure and Collaborative Consumption:A Routine Activity Approach[J]. American Behavioral Scientist,1978,21(4):23.

[3] Iman M,Hamid B. Applying Shared Parking Turn-times (SPATT) model and geographic information system in the supply and demand analysis of parking space [J]. Malaysian Journal of Real Estate,2006,1(2):57-76.

[4] Lalani N. Evaluating Shared Parking For New Developments [J]. Public Works, 1984(2),115.

[5] Chen Z,Yin Y,He F,et al. Parking Reservation for Managing Downtown Curbside Parking[J]. Transportation Research Record Journal of the Transportation Research Board,2015,2498:12-18.

[6] Xu S X,Cheng M,Kong X T R,et al. Private parking slot sharing[J]. Transportation Research Part B Methodological,2016(93):596-617.

[7] 秦焕美,关宏志,孙文亮,等. 城市混合用地停车共享需求模型——以北京市华贸中心为例[J]. 北京工业大学学报,2011,37(8):1184-1189.

[8] 李全. 城市多功能建筑共享式停车需求预测分析[J]. 交通经济与科技,2011,13(6):61-63.

[9] 秦延平,刘灿齐,黄鸣. 泊位共享在解决区域交通拥堵中的应用[J]. 城市公用事业,2008:51-53.

[10] 李菲,滕少洁,肖辉. 共享视角下新型城市停车供给模式探讨——以大连市为例[J]. 城市建设理论研究(电子版),2012(8).

[11] 何寰,程传伟,胡晓伟. “互联网+”下共享停车管理的思考[J]. 交通科技,2016(4):145-148.

[12] 徐昀彤. 共享经济背景下停车泊位需求现状分析[J]. 公共管理,2018:48-49.

[13] 陈恺. 城市中心区典型行政办公配建泊位共享时间窗口划分研究[D]. 南京:东南大学,2016.

[14] 段满珍,杨兆升,张林,等. 居住区泊位对外共享能力评估模型[J]. 交通运输

系统工程与信息,2015,15(4):106-117.

[15] 陈峻,谢凯.中心城区高校停车泊位共享的动态分配模型及效果评价[J].中国公路学报,2015,28(11):104-111.

[16] 李想,黄兆飞,冉亮,等.共享车位市场现状分析及发展策略研究[J].成都工业学院学报,2018,21(1):89-92.

[17] 冯树民,王彪.基于泊位共享的停车需求预测方法研究[J].山西建筑,2015,41(32):1-3.

[18] 赖旭.基于泊位共享的混合用地停车配建指标研究[D].成都:西南交通大学,2015.

[19] 姚村社."共享停车"前景可期[N].西安日报,2017-07-16(15).

[20] 王新喜.投入高、资本关注少,真正需要"共享"的共享停车始终没能火起来[EB/OL].网易财经,2017-09-05.http://money.163.com/17/0905/11/CTILPE80002580S6.html.

[21] 张瑞增.基于智能车位锁的共享停车位管理系统研究与设计[D].济南:山东大学,2017.

[22] 刘远举.共享停车位:前景很美好,难题也不少[EB/OL].澎湃新闻,2017-8-11.http://news.sina.com.cn/pl/2017-08-11/doc-ifyixiar9573444.shtml.

[23] 张冰,李敏吉.杭州搭建市级共享泊位平台 共享车位缓解停车难[EB/OL].央广新闻,2018-01-23.http://zj.cnr.cn/hzbb/20180123/t20180123_524108905.shtml.

[24] 张轮.停车"一位难求",伦敦用"共享"破题[EB/OL].上观新闻,2017-05-22.https://www.jfdaily.com/news/detail?id=53750.

[25] 国际智能化停车发展现状——日本[EB/OL].搜狐新闻,2017-12-25.https://www.sohu.com/a/212695829_99918328.

[26] Smart Paking Solution[EB/OL].ParqEx.https://www.parqex.com/.

第八章　技术展望

十年前如果有人说“没有一个房间也可以开酒店，没有停车位也可以开停车场，没有一辆车也可以开租车公司，没有一件商品也可以开商场”，相信没有人会相信，而当下，共享经济的理念将其变为现实，并已经成为最流行的营销模式。《中国共享经济发展年度报告（2019）》显示，2018 年我国共享经济市场交易额约为 29420 亿元，比上年增长 41.6%。参与其中的人数达到 7.6 亿，较之 2018 年增加了 6000 万人左右。共享经济已经渗透到了中国人生活的方方面面，“共享”的理念正改变着人们的生活方式：出门骑共享单车，远足乘共享汽车，下雨借共享雨伞，手机没电用共享充电宝，运动有共享篮球，洗衣服选择共享洗衣机，学习看共享图书，大学出现了共享宿舍，夏天找共享电冰箱，累了坐共享马扎，困了睡共享睡眠舱，甚至出现了“共享男友”，社会仿佛进入了“万物可共享”的时代。然而共享绝不仅仅是营销的噱头，未来共享出行的发展也远不止此。

随着技术的提升和出行理念的变化，畅想未来共享出行的发展不再是一件简单的事情，需要一定的想象力和发散的思维能力。一些以往限于技术而难以实现的出行方式将可能成为现实，而技术的提升可能会催生新的共享出行模式，技术和出行需求的相互促进将会带来重大的出行变革。出行也不再仅仅限交通部门一家的事，互联网、大数据、人工智能等技术都存在与出行相结合的潜在可能，这也是当下大量互联网企业参与共享单车、顺风车等共享出行行业的原因之一。

随着参与共享出行的群体规模逐渐扩大，需求更加多样化，共享出行在制度和模式上也将不断创新，相互适应，相互促进并在更加深远的层面产生积极影响。

当前,总的来说,对于互联网租赁自行车、网约车等新生出行方式,政府和相关管理部门仍处于管理探索、适应的阶段,而共享出行企业对于运营和出行模式也处于探索阶段,成功者有摩拜、滴滴,而大量企业尚未实现自身的可持续发展,对于出行模式的探索和被接受的程度也需要时间的检验。未来无论在政府层面还是企业层面安全、高效势必会以促进共享出行。

未来在社会经济层面将会诞生一批具有共享经济属性的行业独角兽,并快速成长,更加促进共享出行的发展:一是扩大服务范围,将共享出行从一二线城市普惠至三四线城市乃至偏远地区,共享出行将会深入到千家万户的日常生活中改变个人出行习惯。二是提升出行质量,通过创新运行模式和技术的引进,满足居民日渐多样化的刚性出行需求和出行效率,共享出行将提高乘客出行体验。三是共享出行也是资源高效利用的出行方式,大城市摇号、限行的需求管理措施带来的出行不便均可通过共享出行的方式得到化解,而那些停在车库、小区吃灰的闲置私家车也可以通过共享出行盘活。此外,缓解交通拥堵,节能减排等一系列环境友好的效果将会随着共享出行群体的增长而显现。共享出行将从宏观、中观和微观 3 个角度契合国家、社会和个体的需求对环境、资源、出行的要求。

因此,未来的共享出行势必不会没落,而是随着技术模式的创新和迎来一波又一波的高潮。

第一节　一站式出行服务

一、定义与内涵

“一站式服务”是指客户只要有需求,一旦进入某个服务站点,所有的问题都可以解决,不需要再找第二家服务站点。其本质上就是系统服务、集成与整合。原为欧洲和美国的商业概念,即商家为赢得消费者,不断扩大经营规模和商品种类,尽最大努力满足消费者的需求而不需东奔西走。随着云计算、大数据和互联网的兴起,在各个行业中出现了林林总总的“某某即服务”,其中包括基础设施即服务(Infrastructure as a Service,IaaS)、平台即服务(Platform as a Service,PaaS)、软件即服务(Software as a Service,SaaS),改变了大家对很多相关领域的认识。近年来,出行即服务(Mobility as a Service,MaaS)出现在了交通研究人员的视野中。如果将出行看作一项服务内容,那么整合出行中的所有交通方式,提供点对点的服务和规划将会大大提升出行者乃至全社会的效率。

传统的个体出行方式虽多但相对较为独立,虽然城市公交、出租汽车、共享单车、航空、铁路、长途班线等各种交通方式已日趋成熟,但是各种交通方式之间没有形成有效的接驳,出行者需要自己制定出行计划,按照时间、价格等因素的需求安排自己的行程,并分别购买预定所需出行方式的票。另外,如果遇到火车晚点、航班取消等不可抗力,可能会对接下来的出行链产生影响,直接导致出行难以成形造成不必要的经济损失和时间损失。

鉴于以上的现实问题,出行即服务(Mobility as a Service/Transport as a Service)的概念在 2014 年芬兰赫尔辛基召开的欧盟 ITS(Intelligent Transport Systems)大会上被提出,并在 2015 年世界 ITS(法国波尔多)大会上开始逐渐成为全球智能交通领域的热门议题。在维基百科上,一站式出行服务的定义为:变个体出行方式为消费性的出行解决方案。它是通过将公共交通和私人交通提供的运输服务由统一平台进行组合而实现的,用户可以通过账户统一支付出行费用。其背后的关键理念是根据出行需求提供出行者移动的解决方案,例如,一个出行者可以通过选择班线和火车换乘的方式从某市到另一个城市,在这个过程中,出行者的选择可以是基于出行费用、出行时间或方便程度的,在出行需求确定的同时,沿途各交通方式的预定工作已经开展,包括但不限于出租汽车、火车车票、长途汽车等,而这些预定工作是作为一个出行整体而开展的。用户可以在任何城市、地点和时间使用某一软件或平台进行操作。最早对一站式出行服务给出的定义是由 Hiteanen 于 2014 年提出的:一站式出行服务是一种出行分配模式,它通过服务提供商的单一接口来传递用户的运输需求。它整合了不同的交通模式,并提供了定制的移动服务。伦敦大学 Maria 和 Melinda 在文章 *The Business Ecosystem of Mobility-as-a-Service* 中对一站式出行服务给出的定义是:一站式出行服务是以出行者为中心的智能出行分配模式,所有出行服务提供者的订单来源于单一的出行服务提供者,一站式出行服务通过一个单一的数字平台提供相应服务。以上给出的所有的定义都将一站式出行服务定义为出行的分配,并通过单一的平台将多种交通方式整合并提供给出行者的方式,因此总结一站式出行服务是:通过深刻理解公众的出行需求,将各种交通模式全部整合在统一的服务体系与平台中,从而充分利用大数据决策,调配最优资源,满足出行需求的大交通生态,并以统一的平台来对客户提供服务,如图 8-1 所示。

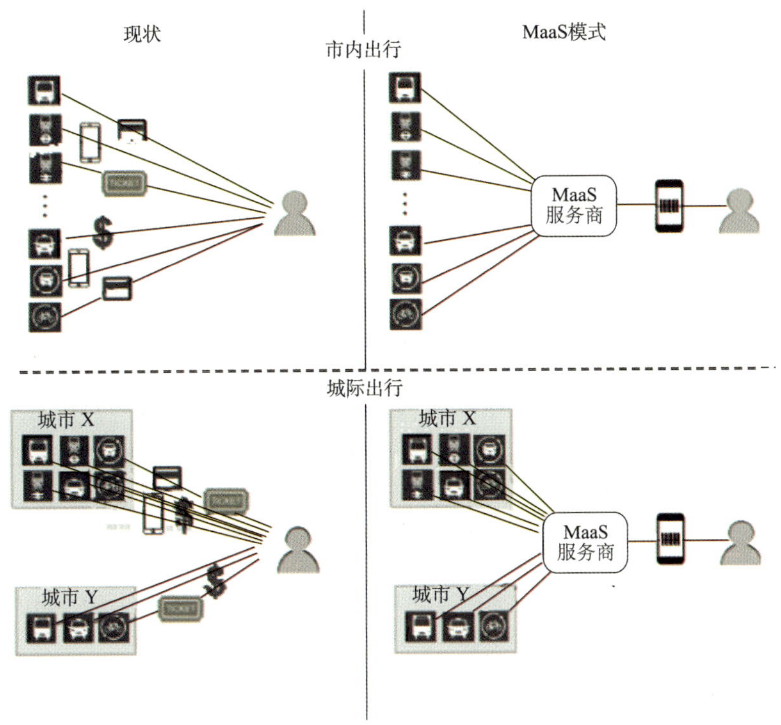

图 8-1 当前出行模式和一站式出行服务对比

通过对各种定义的归纳总结,一站式出行服务应当具备以下特征,见表 8-1。

一站式出行服务的部分核心特征 表 8-1

核心特征	出行服务描述
1. 综合交通方式	一站式出行服务鼓励公共交通的使用,将多种交通方式结合在一起并允许用户方便地选择在不同交通方式间换乘。其交通方式可包括公共交通、出租汽车、汽车共享、乘坐共享、自行车共享、租车、按需巴士服务。跨城交通可包括长途公共汽车和火车、航班和渡轮
2. 票价选择	一站式出行服务平台有两种票价选择:套票(mobility package)和现收现付计费(pay-as-you-go)。套票提供一揽子运输方式的,包括一定数量的公里/分钟等,可以按月支付。现收现付按服务的有效使用向用户收费
3. 统一的平台	一站式出行服务依赖于一个数字平台(移动应用程序或网页),最终用户可以通过该平台访问其旅行所需的所有服务:旅行计划、预订、票务、支付和实时信息。用户还可以访问其他有用的服务,如天气预报、与个人活动日历同步、旅行历史报告、发票和反馈
4. 多重群体	一站式出行服务基于不同群体通过数字平台进行交互,例如出行需求者(包括私人客户或商业客户)、运输服务供应商(公共或私人)和平台所有者(第三方、公共交通供应商、权威机构)。其他行动者也可以进行合作,使服务能够运作并提高其效率,例如地方当局、支付结算、电信和数据管理公司

续上表

核心特征	出行服务描述
5. 技术的使用	多种新技术的整合形成一站式出行服务,其中设备例如计算机、智能手机;相关网络技术(例如3G、4G、Wi-Fi),GPS,电子车票,移动支付,大数据和智能基础设施(物联网)等
6. 需求导向	一站式出行服务是以用户为中心的范例,它试图提供一种出行解决方案,从客户的出行意愿和特征入手,多种交通方式无缝衔接地提供出行方案,其中也包括需求响应服务
7. 注册	终端用户需要加入平台才能接受服务。个人或一个家庭可以注册一个账户预定出行计划。订阅功能不仅有助于服务的使用,而且使服务具备个性化
8. 个性化信息	个性化的实现是通过考虑每个客户的独特性,确保最终用户的需求和期望得到更有效的满足。该系统根据她/他的个人资料、表达的偏好和过去的行为(旅行历史)向出行者提供具体的建议和定制的解决方案。此外,他们可以将他们的社交网络概况与一站式出行服务户联系起来
9. 定制服务	定制使最终用户能够根据他们的偏好修改提供的服务选项。这可以增加一站式出行服务在旅客和顾客的满意度和忠诚度之间的吸引力。他们可以自由地组成一个特定的链式旅行,或者用不同数量的使用某些运输模式来构建他们的移动包,以更好地实现他们首选的旅行体验

二、现状特征

一站式出行服务的出现得益于多项先进技术和模式在交通领域的推广和应用,例如相关信息化技术、小汽车合乘、出租汽车电召、共享单车以及需求响应型公交等交通服务模式和技术的出现。另一方面,反对私家车过度使用的环保理念和私人小汽车拥有者对于养车和需求响应型出行服务的经济成本对比将进一步催生一站式出行服务的市场。虽然一站式出行服务的概念是在欧盟提出的,但目前在我国一站式出行服务大有生根发芽、茁壮成长之势,正在受到各大网络运营平台的重视。这主要得益于我国发达的移动互联网基础以及巨大的潜在市场和居民强大的消费能力:目前全国互联网普及率虽然只有53%,但是手机网民的比例非常高,占到了95%,而全球平均水平仅为68%。

目前一站式出行服务呈现如下五大特征:

第一是共享化。一站式出行服务的共享化概念体现在注重交通服务的提供,而不是车辆的拥有;另外,乘客不只是交通服务的享受者,同时也是交通数据的提供者与分享者,可以通过这些数据来改变和优化整个出行服务。

第二是一体化。所谓一体化,就是把各种交通出行模式进行高度的整合,使得不同交通方式间实现无缝衔接,并同时实现支付体系的一体化,将出行链中各种交通方式的支出通过一次性支付来完成。

第三是人本化。即以人为本。一站式出行服务的本质是为了更好地提供出行服务,其中包括无缝衔接、安全便捷、多样化的出行选择和舒适的出行。

第四是低碳化。即节能减排。因为一站式出行服务提供的多为集约式的出行方式,同时可推广绿色交通工具,减少了私人机动化的出行,因此一站式出行服务在带来出行效率提升的同时,也会带来低碳的出行效果。

第五是智能化。一站式出行服务完全基于信息化、智能化平台,往往采用GPS、大数据等手段实现各种交通方式间的衔接。

三、典型案例

在一站式出行服务的概念出现前,就有部分平台开始尝试整合各种交通方式。在2012年以后,国外已经出现或试点部分一站式出行服务平台,但多数限于单一城市层面,Transit App实现了跨区域,在美国、英国、加拿大、澳大利亚等国家均可使用,My Cicero和Moovel在意大利和德国境内可以使用。其次,各类一站式出行服务平台均基于手机App,提供包括公共交通、出租汽车、公共自行车、共享汽车、共享停车位、轮渡甚至区间火车等出行方式。在服务方面,多数平台可以提供实时信息、出行规划、订票、支付、服务信息提示、出发提醒、到站通知等服务,而各项功能的实现主要基于GPS、大数据和移动支付。所有的平台均需要用户注册,为了能够实现购票,也方便有针对性地提供个性化的出行服务,有些平台甚至能够和社交媒体整合。在支付方面,平台多数支持按次支付、月票和季票等服务方式。国外一站式出行服务平台对比详见表8-2、表8-3。

四、关键技术

MaaS的出现与近年来的一些影响交通系统的技术密切相关,包括动态出行的规划、支付技术、信息技术等。

1. 动态出行规划

动态出行规划可以提供多式联运的出行方式,出行者的出行规划可能是公共汽电车、地铁、出租汽车、私人小汽车等的一项或几项出行方式的结合。而基于实时信息的出行规划已经开始成为最新的流行特征,规划可以根据实施交通特点安排合理的方式和接驳,并给出替代选择。例如,出行路径中避免交通拥堵的路段,交通方式中给予价格、时间的选择。

表 8-2

国外一站式出行服务平台对比(一)

名称	Transit App（美国、英国、加拿大、澳大利亚）	Optymod（法国里昂）	Mobility 2.0 Services（西班牙帕尔马）	SHIFT-Project 100（美国拉斯维加斯）	UbiGO（瑞典哥德堡）	Mobility Shop（德国汉诺威）
状态(年份)	运营中(2012—)	运营中(2012—)	试点(2013—)	(2013—2015)	试点(2013—2014)	运营中(2014—)
方式和相关服务	公共交通(包括轮渡)、公共自行车、共享汽车、小汽车合乘、叫车服务	公共交通、公共自行车、区间火车、停车位	公共交通、公共自行车、出租汽车	公共自信车、共享汽车、出租汽车、定制共享班线(shared shuttle)	公共交通、公共自行车、出租汽车、共享汽车、租车	公共交通、共享汽车、出租汽车、区间火车
收费标准	按次收费	—	按次收费	月票	月票	固定费率、包月打折
平台类型	App/网页	App	App/网页	App	App	App
现有功能	实时信息、出行规划、订票(各交通方式/出租汽车)、支付(公共自行车)服务信息提示、出发提醒、到站通知	实时信息、拥堵预测、出行规划、订票(各交通方式/出租汽车)、服务信息提示、航班到达、起飞信息	实时信息、出行规划服务、道路实时拥堵监控	出行规划、订票、支付	出行规划、订票、支付、24h 电话在线服务、发票	实时信息、订票、支付、服务提醒、发票
平台参与者	公共和私人、第三方	公共和地方政府	公共和私人、地方政府	私人和第三方	公共和私人、第三方	公共和私人、公共交通运营方
涉及技术	GPS/移动支付(仅限于公共自行车)	GPS	GPS	GPS/ePay	GPS/信用卡	GPS/信用卡/移动支付
需求导向	是	是	是	是	是	是
注册要求	是，为方便注册及提供定制化服务	是，提供定制化服务	是，注册后方可使用并能够提供定制化服务	—	是，注册后方可使用并能够提供定制化服务	是，注册后方可使用并能够提供定制化服务

续上表

名称	Transit App（美国、英国、加拿大、澳大利亚）	Optymod（法国里昂）	Mobility 2.0 Services（西班牙帕尔马）	SHIFT-Project 100（美国拉斯维加斯）	UbiGO（瑞典哥德堡）	Mobility Shop（德国汉诺威）
个性化服务	记录出行规律和偏好、路线和地点	输入个人住址、优选模式和个人自行车拥有情况	记录个人最佳出行	自动优化最佳路线	—	记录最佳出行和历史出行记录
定制服务	提供最短步行距离、特定服务和交通方式等出行选择	选择新闻订阅服务	使特定地图选择和可访问性映射特殊需要的人	根据是否选择绿色出行提供额外津贴补助	根据是否选择绿色出行提供额外津贴补助，并可充值、累积到下一记账周期	提供创建个体混合交通方式的预订、取消和支付

国外一站式出行服务平台对比（二） 表 8-3

名称	Smile（奥地利维也纳）	Tuup（芬兰图尔库地区）	My Cicero（意大利）	Moovel（德国）	Whim（芬兰赫尔辛基）	WienMobil Lab（奥地利维也纳）
状态（年份）	试点（2014—2015）	运营中（2015—）	运营中（2015—）	运营中（2016—）	运营中（2016—）	基于 Smile 发展（2015—2016）
方式和相关服务	公共交通、电动公共自行车、电动共享小汽车、停车场、收费站、区间火车、轮渡	公共交通、公共自行车、共享小汽车、小汽车租赁、P2P 小汽车租赁、出租汽车及共享、停车位共享、物流服务*	公共交通、出租汽车*、城市停车位批准、拥堵、收费区收费、区间火车、公共汽车	公共交通、公共自行车、共享小汽车、出租汽车、轮渡、区间火车	公共交通、小汽车租赁、出租汽车、区间火车、共享小汽车*、公共自行车*	公共交通、公共自行车、共享小汽车、出租汽车、停车场
收费标准	按次收费	按次收费	按次收费	按次收费	按次收费和季票（每三个月）结合使用	按次收费
平台类型	App	App	App	App	App	App

续上表

名称	Smile（奥地利维也纳）	Tuup（芬兰图尔库地区）	My Cicero（意大利）	Moovel（德国）	Whim（芬兰赫尔辛基）	WienMobil Lab（奥地利维也纳）
现有功能	实时信息、交通规划、订票（共享交通方式、出租汽车、区间火车等）、支付、发票、出行提醒	实时信息、交通规划、订票、支付（公共交通、出租汽车、出租汽车合乘）	实时信息、交通规划、订票、支付、发票、城市服务	实时信息、交通规划、订票、支付、发票	实时信息、交通规划、订票、支付、发票	实时信息、交通规划、订票、支付、发票
平台参与者	公共和私人、公共交通提供者	公共和私人、第三方	公共和私人、第三方	公共和私人、第三方	公共和私人、第三方	公共和私人、公共交通提供者
涉及技术	GPS/移动支付	GPS/移动支付	GPS/移动支付/电子钱包	GPS/移动支付	GPS/移动支付	GPS/移动支付
需求导向	是	是	是	是	是	是
注册要求	是，注册后方可使用并能够提供定制化服务	是，为方便注册及提供定制化服务	是，为方便注册及提供定制化服务	是，为方便注册及提供定制化服务	是，为方便注册及提供定制化服务	是，为方便（票务）预定及提供定制化服务
个性化服务	优化使用者的出行规划（年票、订阅和会员服务）	基于使用者的日程安排，规划出行路线	多种类型的票证记录存储和行程共享	存储常用路径、提供个性化提醒和推送	基于日期的个人信息和社交互动的同步	存储使用者出行偏好、存储小汽车和自行车共享登记会员信息
定制服务	实现基于价格、时间、碳足迹的出行选择	通过交通方式的选择实现基于价格和碳足迹的出行选择	交通方式和费用选择	与社交媒体账户相关联、票务的预订和取消业务	取消额外的订阅收费	实现基于价格、时间、碳足迹的出行选择

注：* 为计划开展的服务。

2. 支付技术

目前,因为移动支付技术的广泛应用,出行者可以通过智能手机,采用信用卡、电子钱包等支付出行费用。针对多种方式联运的一站式出行服务中,组合售票是体特征,即采用一次支付完成出行所有费用而非根据出行方式分别支付。这样可向用户提供一个简化的旅程体验,同时可以让客户在出行费用的比较上有直观的判断。

3. 信息技术

信息技术在一站式出行服务中体现为大数据、云计算的使用,一方面可以对交通状态进行感知,另一方面,高速互联网(4G 和 5G)和广泛的地理互联网覆盖是一站式出行服务的关键推动者。

五、运营模式

MaaS 主要有 4 个利益相关方:出行者(用户)、交通运营者、数据供应商、服务供应商。四类群体相互协作形成一站式出行服务运营模式。

1. 服务供应商

服务供应商可以由两类群体构成,分别为交通管理部门和私营公司。两类主体在运营中都存在各自的优势和不足:

在由交通管理部门提供一站式出行服务的情况下,城市中所有的交通方式都可以整合进入一站式出行服务的服务内容中,基于国外部分案例,交通管理局是负责授权(或采购)所有其他运输经营商(即出租汽车、汽车共享等)的机构,因此更容易确保它们参与并提供一站式出行服务。此外,公共交通当局也经常是交通监管者,因此可以用较少的时间来监管各项服务内容及过程以实现一站式出行服务的质量。然而,以交通管理部门为主体的一站式出行服务供应商因其非营利性,因而没有激励约束,从而较难实现服务的创新。此外,城市交通管理部门往往局限于单一城市层面,因而在跨城市互联互通中存在一定难度。

在由私营公司提供一站式出行服务的情况下,因为公司逐利的特性,扩展公司规模和服务范围将是其主要目的。因受到利益最大化的驱使,私营企业将会对开发独特的功能和专门技术,并对致力于设计提供先进和个性化体验的服务产生兴趣。此外,相关研究发现,基于私人公司的一站式出行服务商对调度私人交通工具共享模式开展服务更感兴趣,例如顺风车等方式,因为一站式出行服务和私人机动化共享将会相互促进。此外,私营公司运营的一站式出行服务能够很好地打破地域限制,在不同城市间采用相同的 App 和操作界面,一方面提升客户体验,不必因为所采城市的变化而重新熟悉不同的界面,另一方面,因为私营企业逐利的特性,希望将服务扩展到更多的城市,覆盖更多的出行群体。而这种模式的缺点是较难整合公共交通、铁路等以政府为主运营的公共交通方式。

此外,还存在由交通管理部门采用政府购买公共服务的形式、委托私营公司提供一站式出行服务的模式等,在未来可能存在更多的服务主体和模式。

2. 交通服务提供者

交通服务提供者是一站式出行服务的主要服务供应者,它们向一站式出行服务服务的直接供应着提供交通服务,并通过 App 接口,使其能够对数据进行访问。通过服务提供商的平台,交通服务提供者能够接触到客户,此外,可通过平台了解交通出行需求和容量来优化配置交通供给,包括需求地点、时间、需求量等信息。当某些运输运营商满负荷运行,MaaS 供应商可以将其需求重定向到其他运输运营商,并避免乘客不满时,这在交通高峰期尤其有价值。交通服务提供者还为参与运输运营商之间的竞争创造了潜力,从而提高了移动服务的水平。

3. 数据供应商

在国外一站式出行服务中,数据供应商是服务中的另一个重要角色,它们处理和分析出行数据,为运营商提供决策。数据来源于服务供应商、客户电话、社交媒体等。通过移动设备捕获数据,并进行检索,用于指导交通服务提供者和服务供应商有针对性地向客户提供出行服务。

4. 出行者

一站式出行服务被定义为以客户为中心的出行规划模式,基于不同的出行主体和服务提供者(B2C、B2B、B2C 和 B2B),客户可以是个人、公司或两者。另一方面,供应商不仅可以为乘客提供服务,还可以为货运提供服务。

除了上述相关方以外,保险公司、投资方、政策制定者、基础设施建设规划者、网络技术供应商等均为一站式出行服务提供保障。

目前,在我国一站式出行服务不存在技术上的困难和基础设施上的短板,制约其发展的主要原因是如何打破行业间的壁垒,整合公共交通、地铁等城市层面的公共交通和铁路、航空等国家层面的长途交通方式以及私人小汽车、出租汽车等个体交通方式，使其成为出行整体上潜在的一环。

第二节　人工智能

一、定义与内涵

人工智能技术在交通领域的兴起让共享出行产生更多的可能，使驾驶员从共享车辆驾驶过程中解脱出来。人工智能简称 AI(Artificial Intelligence)，也被称为“机器智能”，是指机器表现出来的智能，与人类和其他动物表现出来的自然智能形成对比。人工智能是研究、开发用于模拟、延伸和扩展人的智能的理论、方法、技术及应用系统的一门新的技术科学。其他相关研究给出了不同角度的定义。

达特茅斯会议：1956 年的达特茅斯会议首次提出人工智能的定义，即使一部机器的反应方式像一个人在行动时所依据的智能。

Nils J. Nilsson(斯坦福大学)：人工智能是关于知识的学科—怎样表示知识以及怎样获得知识并使用知识的学科。

PatrickWinston(麻省理工学院)：人工智能就是研究如何使计算机去做过去只有人才能做的智能工作。

人们对于人工智能的探索，经历了以下几个阶段。

萌芽期：1943 年，人工神经网络和数学模型建立，人工神经网络研究时代开启；1950 年，计算机与人工智能之父图灵发表《机器能思考吗?》，提出“图灵测试”。

启动期：1956 年，达特茅斯会议召开，标志着人工智能的诞生；期间，国际学术界人工智能研究潮流兴起，罗素《数学原理》被算法全部证明，学术交流频繁。

消沉期：1969 年，作为主要流派的连接主义与符合主义进入消沉，四大预言遥遥无期，在计算能力的限制下，国家及公众信心持续减弱。

突破期：1975 年，BP 算法开始研究，第五代计算机开始研制，专家系统的研究和应用艰难前行，半导体技术发展，计算机成本和计算能力逐步提高，人工智能逐渐开始突破。

发展期：1986 年，BP 网络实现，神经网络得到广泛认知，基于人工神经网络的算法研究突飞猛进；计算机硬件能力快速提升；互联网构建，分布式网络降低了人工智能的计算成本。

高速发展期:2006 年,深度学习被提出,人工智能再次突破性发展;2010 年,移动互联网发展,人工智能应用场景开始增多;2012 年,深度学习算法在语音和视觉识别上实现突破,同时,融资规模开始快速增长,人工智能商业化高速发展。

学者们根据不同的维度,将人工智能进行不同的定义,顶部的定义关注思维过程与推理,而底部的定义强调行为。见表 8-4。

四类人工智能的若干定义 表 8-4

像人一样的思考	合理的思考
“使计算机思考的令人激动的新成就,……按完整的字面意思就是:有头脑的机器。”(Haugeland,1985) “与人类思维相关的活动,诸如决策、问题求解、学习活动的(自动化)。”(Bellman,1978)	“通过实用计算机模型来研究智力。”(Charniak、McDermott,1985) “使感知、推理和行动成为可能的计算的研究。”(Winston,1992)
像人一样的行动	**合理的行动**
“创造能执行一些功能的机器的技术,当由人来执行这些功能时需要智能。”(Kurzweil,1990) “研究如何使计算机能做那些目前人类比计算机更擅长的事情。”(Rich 和 Knight,1991)	“计算智能研究智能 Agent 的设计。”(Poole 等,1998) “AI……关心人工制造产品的智能行为。”(Nilsson,1998)

表 8-4 中左侧根据与人类表现的逼真程度来衡量是否成功,右侧定义依靠及其判断的“合理性”来衡量,一个系统若能基于已知条件做正确的事情,则称为是合理的。历史上这 4 种人工智能的途径都有人研究过。

1. 像人一样行动(Acting humanly):图灵测试的途径

如果人类询问者提出问题,而不能够从书面的回答中看出是来自人类还是计算机的答案,则计算机通过图灵测试。这一过程需要计算机具备六大能力,即:

(1)自然语言处理(Natural language processing),是指能够用英文交流。

(2)知识表示(Knowledge presentation),以存储及其知道的或听到的信息。

(3)自动推理(Automated reasoning),运用存储的信息来回答问题并推出新结论。

(4)机器学习(Machine leaning),以适应新的情况并检测和预测模式。

(5)计算机视觉(Computer vision),以感知物体。

(6)机器人学(Robotics),以操纵和移动对象。

这六大领域基本构成了 AI 的大部分功能。

2. 像人类一样思考(Thinking humanly):认知建模的途径

让机器像人一样思考需要三种途径来完成这个任务:①通过内省——捕获人类自身的思维过程;②通过心理实验——观察工作中的人;③通过脑成像——研究工作中的大脑。当具备人脑工作的理论,人类才能够将这样的理论用计算机程序表述出来。如果程序输入输出行为与人类相应的行为相匹配,可以理解为程序的某些机制在人脑中同样得到运行。

3. 合理的思考(Thinking rationally):思维法则途径

合理思维即基于逻辑思考的领域,19 世纪逻辑学家为关于世界上各种对象的关系的陈述制定了一种精确的表示法。1965 年,一种程序原则上可以求解用逻辑表示法表述的任何问题,但首先,用逻辑符号所需要的正式术语陈述非正式的信息,尤其当信息不是 100% 确定时。其次,"原则上可求解"距离生活中实际解决问题存在巨大差别。

4. 合理的行动(Action rationally):合理 Agent 的途径

Agent 的概念由 Minsky 在其 1986 年出版的《思维的社会》一书中提出。Minsky 认为社会中的某些个体经过协商之后可求得问题的解,这些个体就是 Agent,即"能够行动的某种东西"。他还认为 Agent 应具有社会交互性和智能性。

一个合理的 Agent 做的事情就是在当前环境下要达到最好结果,或者存在不确定性时,要达到最好的期望结果。做正确的推理就是一个"合理的 Agent"的一部分,因为有一种合理的行动的方法是逻辑推理出一个结论,然后执行这个结论。另一方面,正确的推理并不是合理的,在有些情形下,是没有正确的事情可做的,但又必须要做一些事情。还有一些事情,是合理的,但是不需要推理,比如人从火炉边缩开,是一个条件反射,根本没有推理的过程。

合理的 Agent 有两个优点:①它比"思考的法则"更普遍,因为正确的推理只是达到"合理的"方式之一;②科学地开发比基于人类的行为和思考的方式更经得起考验。

综上所述,AI 是综合哲学(Philosophy)、数学(Mathematics)、经济学(Economics)、神经学(Neuroscience)、心理学(Psychology)、计算机工程学(Computer engineering)、控制理论(Control theory and cybernetics)、语言学(Linguistics)等多种学科的技术,从另一角度讲,上述学科是 AI 的基础。

在交通领域,2017 年 7 月中国人工智能学会出版《中国人工职能系列白皮书——智能交通 2017》,其中认为人工智能在交通领域的运用即智能交通系统(Intelligent Transportation System,ITS),是将先进的计算机处理技术、信息技术、数据通信传输技术、电子传感技术、电子控制技术等有效地集成运用于整个地面交通管理系统而建立的一种在大范围内、全方位发挥作用的,实时、准确、高效的综合交通运输管理系统。

智能交通系统有较为广泛的研究内容,通常将其归类以下 7 个部分。

1. 先进出行信息系统(Advanced Traveler Information System,ATIS)

公众出行交通信息服务系统依托公路信息资源整合系统和客运场站管理信息系统的资源,通过互联网、交通广播、车载视频、移动终端等设备为出行者提供完善的服务,为驾驶员提供突发事件、施工、气象、等信息,使出行更安全、更便捷、更可靠。

2. 先进交通管理系统(Advanced Traveler Management System,ATMS)

ATMS 用于信息的采集、处理和传输,主要为交通管理者提供便捷的拥堵监测控制和公路交通管理手段,在道路、车辆和驾驶员之间提供通信联系。依靠车联监测技术、计算机信息处理技术,获得交通状况的信息,并根据收集到的信息对交通进行控制,如信号灯、发布诱导信息、道路管制、事故处理与救援等。

3. 先进公共交通系统(Advanced Public Transport System, APTS)

APTS 的主要目的是采用各种智能技术促进公共运输业的发展,使公交系统实现安全便捷、经济、运量大的目标,如通过个人计算机、闭路电视等,向公众就出行方式和时间、路线及车次选择等提供咨询,在公交车站通过显示器向候车者提供车辆的实时运行信息。在公交车辆管理中心,可以根据车辆的实时状态合理安排发车、首车计划,提高工作效率和服务质量。

4. 先进车辆控制系统(Advanced Vehicle Control and Safety System, AVCSS)

AVCSS 的目的是开发帮助驾驶员实行本车辆控制的各种技术,从而使汽车行驶安全、高效。AVCSS 为驾驶员提供各种形式的碰撞和安全保障措施,改善了驾驶员对行车环境的感应和控制能力,通常分为两个层次:

(1)车辆辅助安全驾驶系统。该系统包括车载传感器、车载计算机和控制执行等,行驶中的车辆通过车载传感器测定出周围车辆、道路设施及周边环境,由车载计算机实时计算,在紧急情况下,做出各类安全保障措施。

(2)车辆自动驾驶系统。在车辆上装备各类传感器、计算单元和线控执行机构,在行驶过程中做到自动导向、自动检测和障碍物回避,在智能交通环境中,能够与车周围环境形成优先沟通,从而实现自动驾驶。

5. 商用货运管理系统(Commercial Vehicle Operations,CVO)

以高速道路网和信息管理系统为基础,利用物流理论进行管理的智能化物流管理系统。综合利用卫星定位、地理信息系统、物流信息及网络技术有效组织货物运输,提高货运效率。

6. 电子收费系统(Electronic Toll Collection System,ETC)

通过安装在车辆上的车载器,与 ETC 车道上的微波天线之间的微波专用短程通信,利用计算机联网技术与银行进行后台结算处理,从而达到车辆通过路桥收费站不需要停车而能缴纳路桥费的目的,且缴纳的费用经过后台处理后清分给相关收益业主。

7. 紧急救援系统(Emergency Management System,EMS)

EMS 是一个特殊的系统,它的基础是 ATIS、ATMS 和有关的救援机构和设施,通过 ATIS 和 ATMS 将交通控制中心与救援机构连成有机的整体,为道路使用者提供车辆故障现场紧急处置、拖车、现场救护、排除事故车辆等服务。

二、现状特征

2017 年 7 月,国务院出台《新一代人工智能发展规划》,其中提到人工智能的五大特点,即:一是从人工知识表达到大数据驱动的知识学习技术。二是从分类型处理的多媒体数据转向跨媒体的认知、学习、推理,这里讲的“媒体”不是新闻媒体,而是界面或者环境。三是从追求智能机器到高水平的人机、脑机相互协同和融合。四是从聚焦个体智能到基于互联网和大数据的群体智能,它可以把很多人的智能集聚融合起来变成群体智能。五是从拟人化的机器人转向更加广阔的智能自主系统,如智能工厂、智能无人机系统等。

根据应用范围的不同,人工智能又可以分为专用人工智能、通用人工智能和超级人工智能,同时,这三个类别也代表人工智能三个不同的发展层次。其中专用人工智能是指人工智能能够以一个或多个专门的领域和功能为主,如计算机视觉、语音识别等功能。通用人工智能即指机器与人类一样,拥有进行所有工作的能力,关键在于自动的认识和拓展。超级人工智能是指具有自我意识,包括独立自主的价值观、世界观等,不仅限于技术的发展,超级人工智能的基础更需要人类对生命科学全面深入的理解。

目前人工智能的主要结构分为三部分,包括基础支撑、关键技术和应用场景,其详细结构如图 8-2 所示。

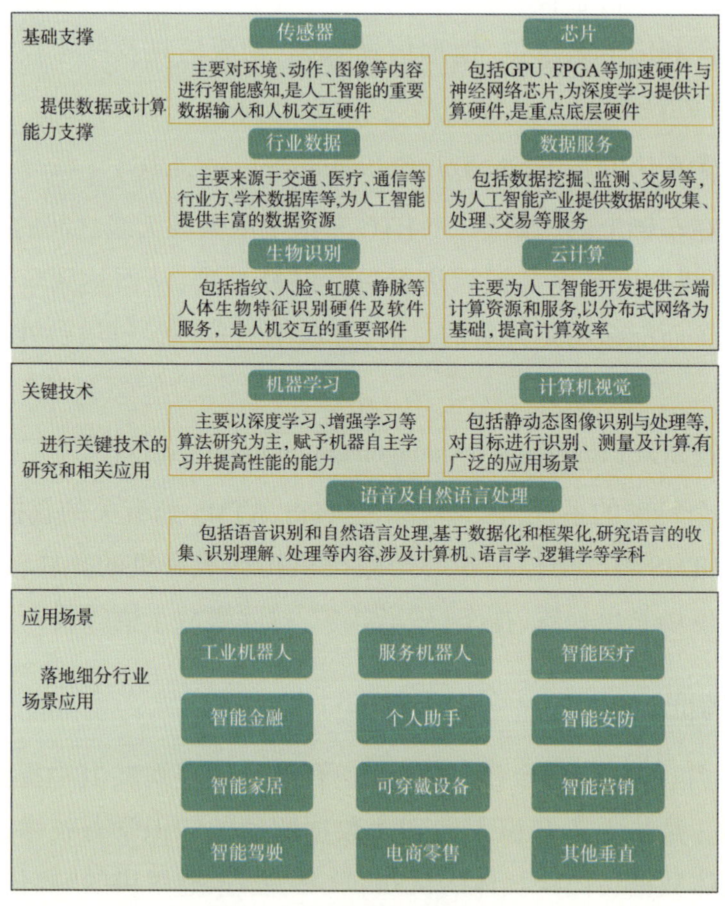

图 8-2 人工智能产业链结构图

当前的人工智能发展仍处于专用人工智能阶段,主要是源于 2006 年深度学习算法的提出,在数据量和计算能力的基础上实现大规模计算,属于技术性突破。属于超级人工智能的,关于意识起源、人脑机理等方面的基础理论研究仍有待突破。

人工智能在交通及相关领域较早得到运用,如无人驾驶汽车、物流规划等方面,并逐渐深入到出行的方方面面。根据《中国人工职能系列白皮书——智能交通 2017》总结,智能交通当前的特点主要体现在:①跨行业特点。智能交通系统建设涉及众多行业领域，是社会广泛参与的复杂巨型系统工程，从而造成复杂的行业间协调问题。②技术领域特点。智能交通系统综合了交通工程、人工智能、信息工程、控制工程、通信技术、大数据、云计算等众多科学领域的成果，需要众多领域的技术人员共同协作。③政府、企业、科研单位及高等院校共同参与，恰当的角色定位和任务分担是系统有效展开的重要前提条件。④智能交通系统主要由人工智能、移动通信、宽带网、RFID、传感器、云计算等新一代信息技术作支撑，将更多的创新技术融合，更符合人的应用需求，使可信任程度提高并变得“无处不在”。

ITS 的主要具体作用为可以有效地利用现有交通设施、减少交通负荷和环境污染、缓解交通拥堵、保证交通安全、提高运输效率，因而，日益受到各国的重视。

三、典型案例

人工智能技术在交通工具上的应用中，前景最为广泛的是自动驾驶技术。自动驾驶技术到目前已经经历了两大阶段。第一阶段从 1925 年第一辆自动驾驶汽车出现开始至 21 世纪初。在这一阶段，各企业和研究机构以提出一些概念和进行一些封闭实验为主，其中包括：1925 年第一台无线电控制的自动驾驶汽车（图 8-3）；1956 年通用汽车推出的 Firebird Ⅱ 智能汽车；1977 年日本筑波工程研究实验室开发的使用摄像头监测路况的智能驾驶车辆；1986 年美国卡内基梅隆大学为车辆加入便携式计算机；1998 年，意大利帕尔玛大学 VisLab 实验室进行了 ARGO 项目，利用硬件和成像系统实现车辆简单路况下 94% 里程下的无人驾驶；2004 年，DARPA 使用摄像头、奔腾处理器、GPS、激光测距仪等设备成功使无人驾驶汽车穿越沙漠；2014 年，Google 无人汽车正式发布，并于第二年 6 月完成公路测试。

图 8-3 第一台无线电控制的自动驾驶汽车（1925 年）

在第二阶段，随着车辆自动驾驶技术的相对成熟，自动驾驶车辆逐步进入市场，应用领域也趋于多样化，除了对车辆技术本身的提升，车联网等技术模式也在不断发展，同时暴露出一些隐患：2016 年 4 月，采用深度学习技术的 Drive AI 获准在加利福尼亚上路测试无人汽车。5 月，一位特斯拉 Model S 的驾驶员在自动驾驶状态中出车祸身亡。2016 年 8 月，新加坡 NuTonomy 公司开始试运营无人驾驶出租汽车。12 月，Google 开始与厂商合作研发智能驾驶汽车（图 8-4）。2017 年 7 月，李彦宏乘坐百度无人驾驶汽车在北京五环行驶，随后受到处罚。12 月，北京市交通委在官方网站宣布出台相关法规，规范智能驾驶汽车的测试、上路和维护等要求。

图 8-4　Google 自动驾驶测试汽车（Lexus RX450h）

2014 年 4 月，国际自动机工程师协会（SAE）发布 J3016（TM）《标准道路机动车驾驶自动化系统分类与定义》标准，按照自动驾驶对于汽车操纵的接管程度和驾驶区域评出了 L0 ~ L5 共六级的评级。2016 年 9 月，美国交通运输部发布了关于自动化车辆的测试与部署政策指引，明确将该标准确立为定义自动化/自动驾驶车辆的全球行业参照标准，用以评定自动驾驶技术。随后，许多汽车相关企业也都纷纷采用该标准对产品进行定义。2018 年 6 月，SAE 发布了最新修订版的 J3016，增加了一些新的条例和定义，修正了第一版的一些错误，对一些经常被误解的概念做了进一步的解释说明。其中确定的内容包括：明确在自动驾驶系统参与下人类驾驶员的作用。对制定自动驾驶相关法律、政策、法规和标准时出现的一些问题提供解答。为自动驾驶的规格和技术要求提供一个有效的框架说明。为人们谈论自动驾驶话题提供一个明确、清晰的标准，也提供了一个快速查询手册，以节省查询时间和精力。修订后的自动驾驶分级见表 8-5。

自动驾驶分级　　表8-5

<table>
<tr><th rowspan="2">SAE 分级</th><th rowspan="2">命　　名</th><th rowspan="2">详细定义</th><th colspan="2">动态驾驶任务(DDT)</th><th>动态驾驶任务应急措施</th><th rowspan="2">设计应用区域(ODD)</th></tr>
<tr><th>车辆纵向和横向运动的持续性控制</th><th>目标及事件检测与响应(OEDR)</th><th></th></tr>
<tr><td colspan="7">驾驶员承担部分或全部动态驾驶任务</td></tr>
<tr><td>0</td><td>非自动驾驶</td><td>由驾驶员承担全部的动态驾驶任务,安全系统可以起到提示作用</td><td>驾驶员</td><td>驾驶员</td><td>驾驶员</td><td>N/A</td></tr>
<tr><td>1(DA)</td><td>辅助驾驶</td><td>自动驾驶系统对动态驾驶任务中的车辆的纵向或横向控制子任务的其中一个进行持续的、在特殊应用场景下的操控,其余的动态驾驶任务由驾驶员承担</td><td>驾驶员和系统</td><td>驾驶员</td><td>驾驶员</td><td>限制</td></tr>
<tr><td>2(PA)</td><td>部分自动驾驶</td><td>自动驾驶系统对动态驾驶任务中的车辆的纵向和横向控制子任务进行持续的、在特殊应用场景下的操控,驾驶员完成环境监控和驾驶系统的监管任务</td><td>系统</td><td>驾驶员</td><td>驾驶员</td><td>限制</td></tr>
<tr><td colspan="7">自动驾驶系统(ADS)承担全部动态驾驶任务(当系统使用时)</td></tr>
<tr><td>3(CA)</td><td>有条件自动驾驶</td><td>自动驾驶系统在特殊应用场景下承担全部动态驾驶任务(持续地),用户(实时准备好应急接管)应在接收自动驾驶系统发出的干预请求,以及在车辆系统中有关DDT性能故障时,进行恰当的接管操作</td><td>系统</td><td>系统</td><td>用户(进入应急状态时为驾驶员)</td><td>限制</td></tr>
<tr><td>4(HA)</td><td>高度自动驾驶</td><td>自动驾驶系统在特殊应用场景下承担全部动态驾驶任务(持续地)和采取应急措施,用户不需要进行任何干涉</td><td>系统</td><td>系统</td><td>系统</td><td>限制</td></tr>
<tr><td>5(FA)</td><td>完全自动驾驶</td><td>全工况下自动驾驶系统承担全部的动态驾驶任务(持续地)和采取应急措施,用户不需要进行任何干涉</td><td>系统</td><td>系统</td><td>系统</td><td>无限制</td></tr>
</table>

注:SAE J3016(TM) 2018年6月修订。

其中,第一级为辅助驾驶,目的是为驾驶员提供协助,包括提供重要或有益的驾驶相关信息,以及在形势开始变得危急的时候发出明确而简洁的警告,如车道偏离警告(LDW)、自适应巡航、车道保持系统等。目前多数私人小汽车的绝大多数车型均具备此项功能。

第二级为部分自动驾驶,在驾驶员收到警告却未能及时采取相应行动时能够自动进行干预的系统,如自动紧急制动(AEB)系统、应急车道辅助(ELA)、全自动泊车、变道辅助系统等,目前包括部分私人小汽车以及 VOLVO F16 等载货汽车和客车均具备此项功能。

第三级和第四级为有条件自动驾驶,能够在或长或短的时间段内代替驾驶员承担操控车辆的职责,但是仍需驾驶员对驾驶活动进行监控的系统。第三级和第四级的区别是第三级需要驾驶员在出现故障或部分状态下进行人工干预并接管车辆,第四级则不需要人工干涉,但仍保留转向盘。相关功能包括交叉口通行辅助等。

第五级为完全自动驾驶,可无人驾驶车辆、允许车内所有乘员从事其他活动且无须进行监控的系统。这种自动化水平允许乘员从事计算机工作、休息和睡眠以及其他娱乐等活动,并且不再保留转向盘、制动等操作部件。相关功能有车路协同、市区自动驾驶等。

《智能网联汽车技术路线图》已经明确了我国自动驾驶相关技术的发展路径:2018—2019 年实现车道内自动驾驶、换道辅助;2020 年实现高速公路自动校时和城郊公路自动驾驶;2025 年以后可实现到车路协同控制、市区自动驾驶和无人驾驶功能。网联化、智能化车辆发展路径图如图 8-5 所示。

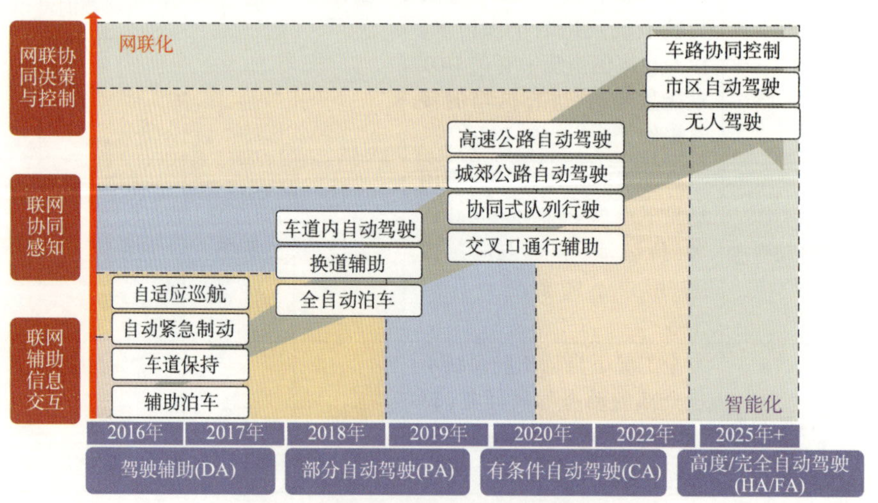

图 8-5 网联化、智能化车辆发展路径图

四、关键技术

当前人工智能的实现是通过环境感知、行为决策及运动控制系统完成的,以无人驾驶汽车为例,自动驾驶汽车通过摄像机、激光雷达、毫米波雷达、超声波等车载传感器来感知周围的环境,依据所获取的信息来进行决策判断,由适当的工作模型来制定相应的策略,如预测本车与其他车辆、行人等在未来一段时间内的运动状态,并进行避碰路径规划。在规划好路径之后,接下来需要控制车辆沿着期望的轨迹行驶。车辆控制系统包括横向控制(转向)与纵向控制(速度)。当然,上述的动作都是基于传感器实时获取环境信息所做的局部路径规划。

1. 环境感知

1)车联网

车联网是指通过在车辆仪表台安装车载终端设备,实现对车辆所有工作情况和静、动态信息的采集、存储并发送。系统分为三大部分:车载终端、云计算处理平台和数据分析平台,根据不同行业对车辆的不同的功能需求实现对车辆有效监控管理。车辆的运行往往涉及多项开关量、传感器模拟量、CAN信号数据等,驾驶员在操作车辆运行过程中,产生的车辆数据不断回发到后台数据库,形成海量数据,由云计算平台实现对海量数据的“过滤清洗”,数据分析平台对数据进行报表式处理,供管理人员查看。完整的车辆网应包括基础设施信号,如信号相位、停车位信息等,以及车辆信息,如车辆经纬度、速度、制动状态、转向状态、车长、车重等信息。如图8-6所示。

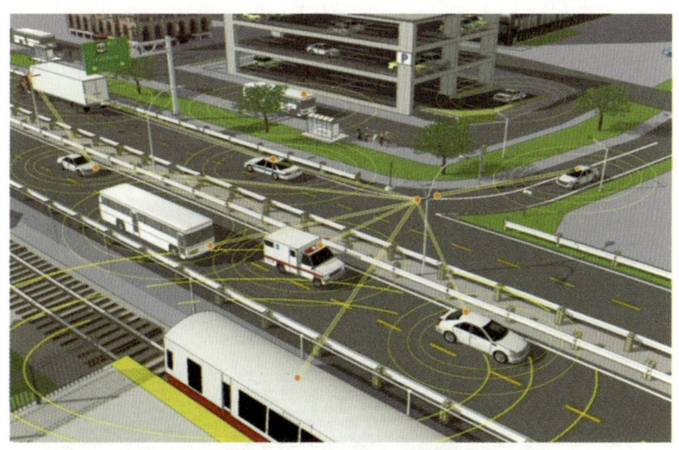

图8-6 车联网示意图

资料来源:美国交通运输部(U.S. DOT)

2)超声波、毫米波雷达

超声波传感器是利用超声波的特性研制而成的,工作在机械波波段,工作频率在20kHz以上。超声波雷达的数据处理简单、快速,检测距离较短,多用于近距离障碍物检测。超声波具有频率高、波长短、绕射现象小、方向性好、能够成为射线而定向传播等优点。超声波雷达的不足在于距离信息不精准,一般用于精度要求不高的地方,如倒车雷达等。

毫米波雷达是指工作在毫米波波段、频率在30Hz～300GHz之间的雷达。根据测量原理的不同,毫米波雷达可分为脉冲方式毫米波雷达和调频连续波方式毫米波雷达两种。

脉冲方式毫米波雷达,其基本原理与激光雷达相似,它在硬件结构上比较复杂、成本较高,很少用于自动驾驶汽车,目前大多数车载毫米波雷达都采用调频连续波方式。

调频连续波方式毫米波雷达,结构简单,体积小,成本低廉,容易实现近距离探测。

毫米波雷达具有全天候、探测距离远、价格便宜、质量轻、体积小等优点,能够较精确得到目标的相对距离和相对速度。不足之处是分辨率低,在很多场合易受干扰。

3)激光雷达

激光雷达是以发射激光束来探测目标空间位置的主动测量设备。根据探测原理,激光雷达分为单线(二维)激光雷达和多线(三维)激光雷达。单线激光雷达,通过发出一束激光扫描线对区域进行旋转扫描,并根据区域内各个点与激光雷达的相对空间距离与方位,返回测量值(图8-7)。多线激光雷达,通过发出两束或两束以上的激光扫描线对区域进行旋转扫描。多线激光雷达能够检测目标的空间距离与方位,并可以通过点云来描述三维环境模型,可以提供目标的激光反射强度信息,提供被检测目标的详细形状描述。

图8-7　二维激光雷达成像

4)视觉

自动驾驶汽车中配置的视觉传感器主要是工业摄像机,它是最接近于人眼获取周围环境信息的传感器。摄像机可以识别车辆行驶环境中的车辆、行人、车道线、路标、交通标志、交通信号灯等。它具有较高的图像稳定性、抗干扰能力和传输能力等特点。

2.精确定位

1)惯性导航

惯性导航系统由陀螺仪和加速度计构成,通过测量运动载体的线加速度和角速率数据,并将这些数据对时间进行积分运算,从而得到速度、位置和姿态。惯性导航系统以牛顿力学定律为基础,工作原理是根据陀螺仪的输出建立导航坐标系并给出姿态角,再根据加速度计的输出解算出运动载体的速度和位置,实现惯性参考系到导航坐标系的转换。惯导属于推算导航方式,即在已知基准点位置的前提下根据连续观测推算出下一点的位置,因而可连续测出运动载体的当前位置。

2)轨迹推算

轨迹推算(Simultaneous Localization and MApping,SLAM)即在一个静态的未知环境中,通过一个机器人的运动和测量,来学习环境地图,并且同时确定车辆在地图中的位置。

SLAM 通过轮速编码器推算出自动驾驶汽车的位置。通常轮速编码器安装在汽车的前轮,分别记录左轮与右轮的总转数。通过分析每个时间段里左右轮的转数,可以推算出车辆向前走了多远,向左右转了多少度等。由于在不同地面材质(如冰面与水泥地)上转数对距离转换存在偏差,随着时间的推进,测量偏差会越来越大,因此单靠轮测距器并不能精准估计自动驾驶汽车的位置。例如,在图 8-8 中虚线点代表机器人真实运动的路线。实心椭圆代表机器人每次运动后,对自己位置的判断(高斯分布)。8 个小点代表 8 个位置未知的探测点。它们周围的空心椭圆代表对它们位置的估计。在图 8-8a)~c)中,机器人位置估计的不确定性越来越大,探测点位置估计的不确定性也越来越大。因此,行驶越远,车辆行驶轨迹越分散,最终的路径就接近右侧图中的线路,其中线条越粗,代表不确定性越大。

目前主流有两种 SLAM 策略对其进行修正。第一种是基于激光雷达的 SLAM,以 Google 汽车为例。车辆携带有 GPS,通过 GPS 对位置进行判断,并以激光雷达 SLAM 点云图像与高精度地图进行坐标配准,匹配后确认自身位姿。

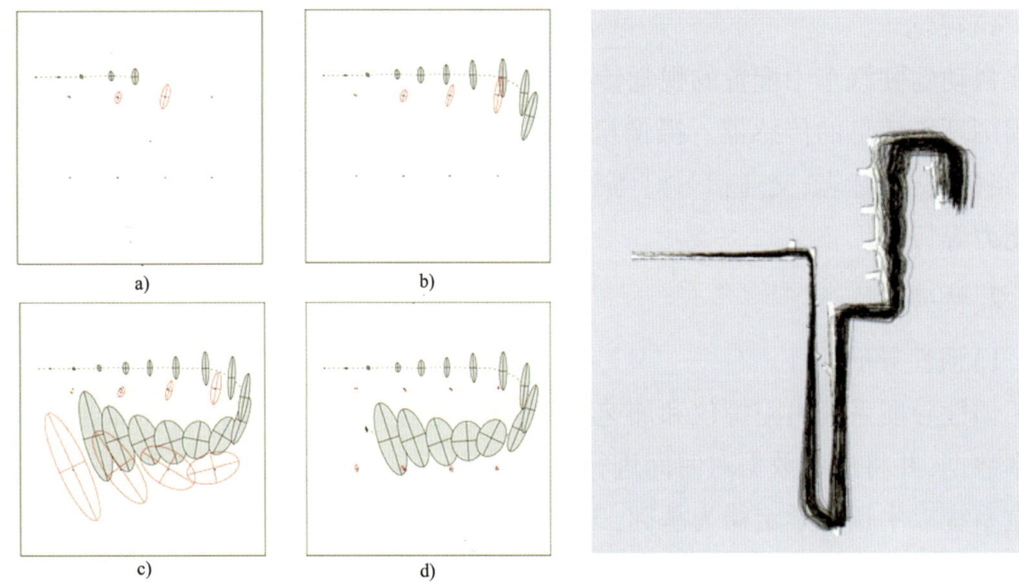

图 8-8 轨迹推算中的不确定性举例

资料来源:https://blog.csdn.net/myboyliu2007/article/details/52638496

第二种是基于视觉的 SLAM,以 Mobileye 为例。Mobileye 提出一种 SLAM 的变种定位方法——REM。车辆通过采集包括信号灯、指示牌等标识,得到了一个简单的三维坐标数据,再通过视觉识别车道线等信息,获取一个一维数据。摄像机中的图像与 REM 地图进行配准,即可完成定位。

3)卫星导航

卫星导航有美国 GPS、俄罗斯格林纳斯和中国北斗系统,卫星定位的基本原理是测量出已知位置的卫星到用户接收机之间的距离,然后综合多颗卫星的数据就可知道接收机的具体位置。全球定位系统的工作原理如图 8-9 所示。

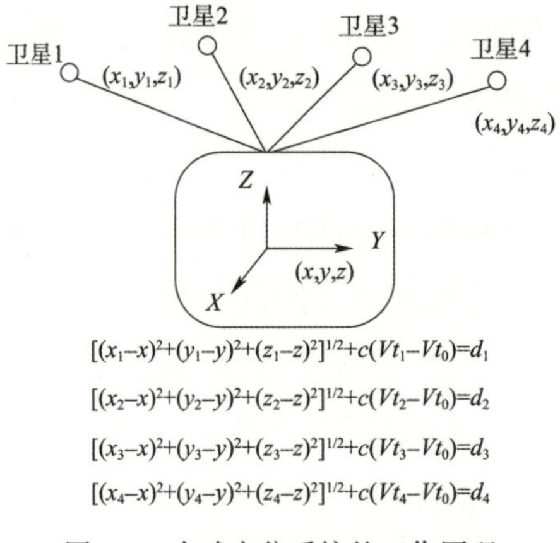

图 8-9 全球定位系统的工作原理

3. 控制决策

自动驾驶汽车的行为决策与路径规划是指依据环境感知和导航子系统输出信息,通过一些特定的约束条件如无碰撞、安全到达终点等,规划出给定起止点之间多条可选安全路径,并在这些路径中选取一条最优的路径作为车辆行驶轨迹。

通常情况下,自动驾驶汽车的决策与规划系统主要包含以下两点内容。

(1)路径规划:即在路径局部规划时,自动驾驶车辆中的路径规划算法会在行驶任务设定之后将完成任务的最佳路径选取出来,避免碰撞和保持安全距离。在此过程中,会对路径的曲率和弧长等进行综合考量,从而实现路径选择的最优化。

(2)驾驶任务规划:即全局路径规划,主要的规划内容是指行驶路径范围的规划。当自动驾驶汽车上路行驶时,驾驶任务规划会为汽车的自主驾驶提供方向引导方面的行为决策方案,通过 GPS 技术进行即将需要前进行驶的路段和途径区域的规划与顺序排列。

目前,自动驾驶汽车主要使用的行为决策算法有以下 3 种。

(1)基于神经网络:自动驾驶汽车的决策系统主要采用神经网络确定具体的场景并做出适当的行为决策。

(2)基于规则:工程师想出所有可能的"if-then 规则"的组合,然后用基于规则的技术路线对汽车的决策系统进行编程。

(3)混合路线:结合了以上两种决策方式,通过集中性神经网络优化,通过"if-then 规则"完善。混合路线是最流行的技术路线。

感知与决策技术的核心是人工智能算法与芯片。人工智能算法的实现需要强大的计算能力做支撑,特别是深度学习算法的大规模使用,对计算能力提出了更高的要求。随着人工智能业界对于计算能力要求的快速提升,进入 2015 年后,业界开始研发针对人工智能的专用芯片,通过更好的硬件和芯片架构,在计算效率上进一步带来大幅的提升。

4. 控制执行

自动驾驶汽车的车辆控制系统是自动驾驶汽车行驶的基础,包括车辆的纵向控制和横向控制。纵向控制,即车辆的驱动与制动控制,是指通过对加速和制动进行综合协调,实现对期望车速的精确跟随。横向控制,即通过转向盘角度的调整以及轮胎力的控制,实现自动驾驶汽车的路径跟踪。

1)纵向控制

自动驾驶汽车采用加速和制动综合控制的方法来实现对预定车速的跟踪,各种电机—发动机—传动模型、汽车运行模型和制动过程模型与不同的控制算法相结合,构成了各种各样的纵向控制模式。

2)横向控制

车辆横向控制主要有两种基本设计方法:基于驾驶员模拟的方法和基于车辆动力学模型的控制方法。

基于驾驶员模拟的方法:一种是使用较简单的动力学模型和驾驶员操纵规则设计控制器;另一种是用驾驶员操纵过程的数据训练控制器获取控制算法。

基于车辆动力学模型的方法:需要建立较精确的汽车横向运动模型。典型模型如单轨模型,该模型认为汽车左右两侧特性相同。

3)车辆控制平台

车辆控制平台是无人车的核心部件,控制着车辆的各种控制系统,主要包括电子控制单元(ECU)和通信总线两部分。ECU 主要用来实现控制算法,通信总线主要用来实现 ECU 与机械部件间的通信功能。

(1)ECU:又称"行车电脑""车载电脑"等,从用途上讲则是汽车专用微机控制器,也叫汽车专用单片机。它与普通的单片机一样,由微处理器(CPU)、存储器(ROM、RAM)、输入/输出接口(I/O)、模数转换器(A/D)以及整形、驱动等大规模集成电路组成。发动机在运行时,它采集各传感器的信号进行运算,并将运算的结果转变为控制信号,控制被控对象的工作。它还实行对存储器(ROM、RAM)、输入/输出接口(I/O)和其他外部电路的控制;存储器 ROM 中存放的程序以经过精确计算和大量实验获取的数据为基础,这个固有程序在发动机工作时,不断地与采集来的各传感器的信号进行比较和计算,把比较和计算的结果用来控制发动机的点火、空燃比、怠速、废气再循环等多项参数。它还有故障自诊断和保护功能。RAM 也会不停地记录行驶中的数据,成为 ECU 的学习程序,为适应驾驶员的习惯提供最佳的控制状态,这个程序也叫自适应程序。

(2)通信总线:目前,车用总线技术被 SAE 下的汽车网络委员会按照协议特性分为 A、B、C、D 共 4 类,A 类总线面向传感器或执行器管理的低速网络,它的位传输速率通常小于 20kb/s,以 LIN 规范为代表;B 类总线面向独立控制模块间信息共享的中速网络,位传输速率一般在 10~125kb/s,以 CAN 为代表;C 类总线面向闭环实时控制的多路传输高速网络,位传输速率一般在 125kb/s ~1Mb/s;D 类总线面向多媒体设备、高速数据流传输的高性能网络,位传输速率一般在 2Mb/s 以上。

五、运营模式

麦肯锡、罗兰贝格等咨询公司对汽车未来发展的方向都有一致性的结论,其中两个最主要的方向就是:无人驾驶和汽车共享。届时,通过道路交通综合信息服务平台、公共交通信息服务系统和交通综合管理系统等交通大数据接入云计算平台,综合分析个人出行的目的出行需求,智能交通云服务平台提供社会化运营的自动驾驶车辆出行服务,实现了汽车共享的最高阶段。

自动驾驶车辆出行服务具备的特征包括以下 3 个方面。

(1)全程无人驾驶:在 2030 年左右,智能网联汽车已经实现完全自动驾驶,具备车与其他交通参与者的网联系统控制能力,实现高速公路、城郊公路和市区道路的自动驾驶,实现全路况条件下的无人驾驶。

(2)随时上次:借助道路交通综合信息服务平台、公共交通信息服务系统和交通综合管理系统等城市交通出行相关系统,无人驾驶车辆能够根据智能交通平台的出行服务需求,自动前往具有出行需求的目的地,或根据实际出行服务需求,自动寻找具有出行需求的个人进行动态实时匹配服务。

(3)随时还车:得益于无人驾驶技术,在还车后,无人驾驶车辆会自动寻求下一次出行服务,或根据车况寻求维修维护,全程自动无须人为干预,极大地降低消费者的出行时间。

上述运营模式在技术上,以车辆智能化为硬件支撑,通过互联网、云平台和大数据实现交通要素的互联互通,系统分析社会的出行需求,依靠无人驾驶车辆共享提升出行效率。在消费层面,分离汽车拥有权和使用权,推行轻拥有重使用的汽车消费理念,节省成本便捷出行。在管理层面,管理方式上实现对共享设施的集中式控制、分布式营运和统一化维护,最大限度降低对设施的控制,提升社会资源的集约化使用。

第三节　新能源车辆

一、定义与内涵

新能源车辆具有节能环保、降低碳排放等优点,未来的共享出行中车辆作为重要载体，将会越来越多地采用新能源车辆。新能源汽车是指采用非常规车用燃料为主要或次要动力来源，如纯电动汽车、油电混合动力汽车、增程式电动汽车；或使用常规的车用燃料，但采用新型车载动力装置，如燃料电池汽车等。

2009 年 7 月 1 日正式实施的《新能源汽车生产企业及产品准入管理规则》明确指出：新能源汽车是指采用非常规的车用燃料作为动力来源（或使用常规的车用燃料，但采用新型车载动力装置），综合车辆的动力控制和驱动方面的先进技术，形成的技术原理先进、具有新技术和新结构的汽车。

按照汽车能量来源分类，可以分为内燃机汽车、油电混合动力汽车（HEV）、插电式混合动力汽车（Plug-in Hybrid Electric Vehicle，PHEV）、增程式电动汽车（Extended-Range Electric Vehicles，EREV）、充电式纯电动汽车（Battery Electric Vehicle ，BEV）、燃料电池汽车（Fuel Cell Electric Vehicles，FCEV）。其中认为插电式混合动力汽车、增程式电动汽车、充电式纯电动汽车和燃料电池汽车属于新能源汽车。

混合动力车辆，顾名思义，使用两种或以上能源的车辆，目前则主要以油电混合动力汽车为主。这种车型的动力电池一般容量较小，多数不提供充电接口，电池的能量源自发动机运行过程中产生的电能。该车型的电动机功率不大，只在起步、低速等情况下提供动力，这样充分发挥了电动机的低速大扭矩优势，同时兼顾发动机转速和负载的最佳工况，从而在汽车行驶过程中，整体能源效率得到提升。此外，得益于燃油提供能量，油电混合动力汽车没有里程焦虑。油电混合动力汽车能源、动力示意图如图 8-10 所示。

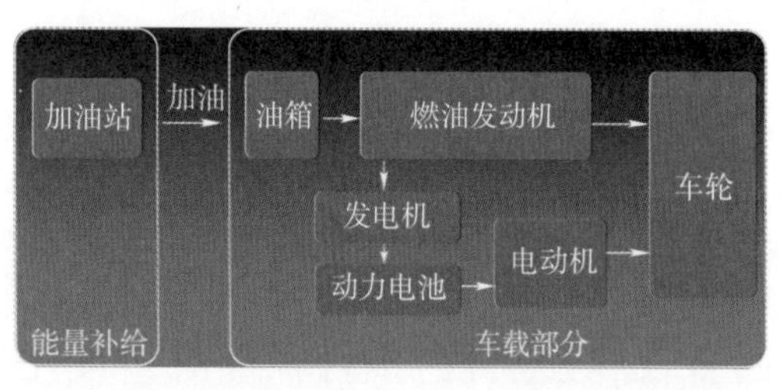

图 8-10 油电混合动力汽车能源、动力示意图

插电式混合动力汽车，其充电电池可以使用外部电源充电，而电池容量比电动车小，但大多大于普通油电混合动力汽车。插电式混合动力汽车可以通过电机、燃油机的形成多种驱动组合，如纯纯燃油机模式、电动模式、燃油机电机混合模式等。这样使得插电式混合动力汽车兼得——在充电方便、电量充足时，可以纯电动方式行驶，既节能减排又降低用车成本；在电量不足、充电不便时，可以作为纯燃油车使用。插电式混合动力汽车能源、动力示意图如图 8-11 所示。

增程式电动汽车，其原理是燃油发电给电池充电，利用电动机驱动汽车行驶。

由于利用燃油发电,不必考虑纯电动汽车的里程限制。增程式电动汽车能源、动力示意图如图 8-12 所示。

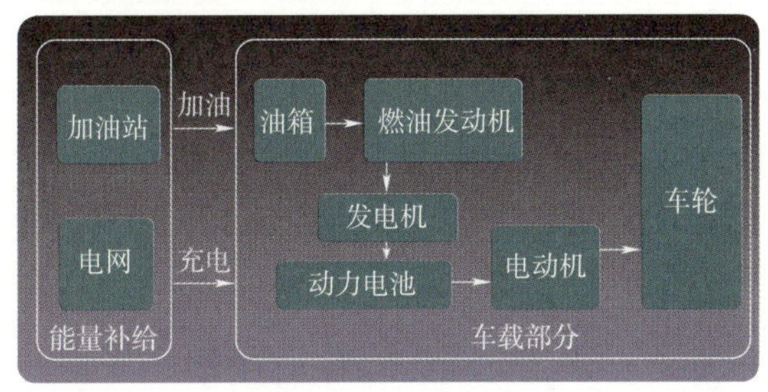

图 8-11　插电式混合动力汽车能源、动力示意图

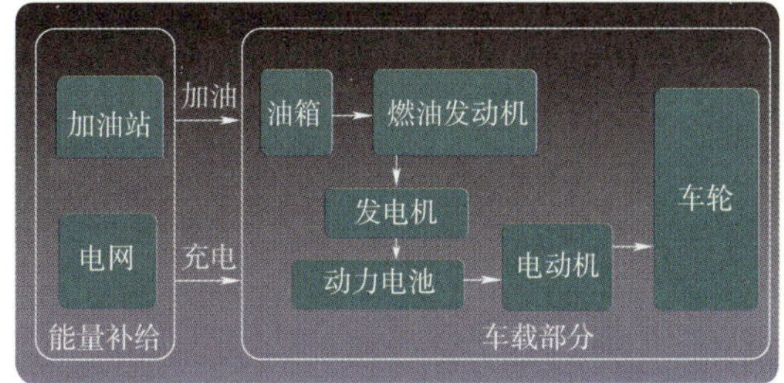

图 8-12　增程式电动汽车能源、动力示意图

广义的纯电动汽车指使用电动机或牵引电动机推动而在路面上行驶的车辆,若不考虑直接从外部电站供电(如有轨电车),而只考虑电池动力则是充电式纯电动汽车。纯电动汽车一般配置较大容量的电池,如三元里电池、磷酸铁锂电池等,并提供交流慢充和直流快充两种充电接口。因为这类车型只能依靠电池提供能量,基于目前电池性能和充电基础设施的现状,纯电动车型行驶里程成为车主最大的担忧。纯电动汽车能源、动力示意图如图 8-13 所示。

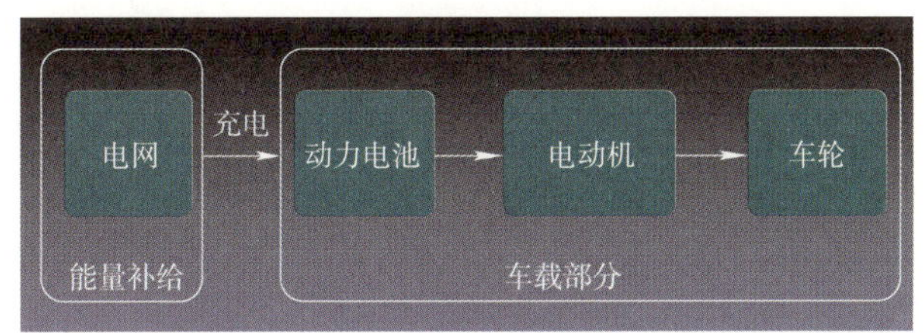

图 8-13　纯电动汽车能源、动力示意图

燃料电池汽车是由电动机或牵引电动机推动而在路面上行驶的车辆,但电力能源并非储能电池,是通过氢气和氧气的化学作用,而不是经过燃烧,直接变成电能的。料电池的化学反应过程不会产生有害产物,因此燃料电池车辆是无污染汽车,燃料电池的能量转换效率比内燃机要高 2 ~ 3 倍,因此从能源的利用和环境保护方面,燃料电池汽车是一种理想的车辆。燃料电池汽车能源、动力示意图如图 8-14 所示。

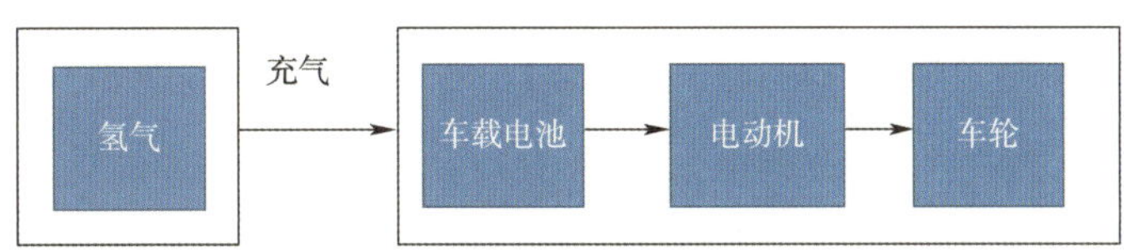

图 8-14　燃料电池汽车能源、动力示意图

汽车动力能量来源分类见表8-6。

汽车动力能量来源分类 表8-6

类　型	代表车型	定　义	动力来源		能 量 来 源		
			内燃机	电动机	化石燃料	插电	燃料电池
内燃机汽车	高尔夫	只用内燃机驱动汽车	1		1		
油电混合动力汽车（HEV）	丰田普锐斯	使用内燃机或/和电动机驱动汽车，以能量回收方式为电池充电	1	2	1		
插电式混合动力汽车（PHEV）	比亚迪秦	使用内燃机或/和电动机驱动汽车，以插电方式为电池充电	1	1	1	1	
增程式电动汽车（EREV）	宝马i3	只用电动机驱动汽车，以内燃机和插电方式为电池充电		1	1	1	
充电式纯电动汽车（BEV）	特斯拉	只用电动机驱动汽车，以插电方式为电池充电		1		1	
燃料电池汽车（FCEV）	丰田MIRAI	只用电动机驱动汽车，以氢燃料经反应产生的电能为动力源		1		2	1

注：1. 阴影部分为电动车，1为主要，2为次要。

2. 资料来源：麦肯锡。

采用电力驱动的汽车诞生的时间并不短，法国物理学家Gaston Plante在1859年发明了铅酸电池，即现在电动自行车常用的启动电瓶。铅酸电池是二次电池，即可实现充放电，因此人类使用能源，尤其是使用电能的方式有了质的突破。而在此基础上，1881年，法国的G. Trouve就用Plante发明的铅酸电池发明了第一辆可充电的电动汽车（图8-15），这个车型是三轮车，用了两个西门子的马达，车重160kg，时速可以达到12km。而在1882年，英国的William Ayrton发明了性能更优的由铅酸电池驱动的电动汽车，最大续航里程达到40km。在接下来的几年里，比利时、美国等国都开始开发电动汽车，但性能都差不多，时速仅20km左右，续航里程也较短。但是这些电动车有照明能力，并且车型也逐渐有了现代汽车的雏形，具备各种其他功能等。而且电动汽车也开始在实际市场中有了应用，比如出租汽车。

1885年，德国工程师卡尔·本茨发明了第一辆以汽油内燃机为引擎的三轮汽车。在内燃机汽车诞生之初，因为性能的制约和技术的不成熟，其平顺性很差，噪声、排放、颠簸都是大问题,而电池驱动的电动汽车则因其先天平顺性好、噪声小受到欢迎。此外,电动汽车技术发展迅速,1899 年, Jenatzy 让自己的电动车时速提升到了 98km。在 1900 年,美国汽车市场上,电动汽车数目比燃油汽车、蒸汽机驱动的机车都要多。

图 8-15 铅酸电池动力汽车结构图

随着内燃机汽车技术的不断进步,其竞争优势逐渐显现。燃油汽车安装了自动启动器、消音器等设备,提高了燃油汽车的舒适度。与此同时,油电混合车型(WOODS GASOLINE ELECTRIC,1916)问世。

由于内燃机汽车续航里程的优势和舒适性的改善,内燃机汽车成为车辆的主导。但是随着石油价格的提升、环境污染问题的突显,现代性能更具优势的电动汽车重新回到人们的视野。第一辆燃料电池现代汽车是一辆 Allis-Chalmers 农场拖拉机,其由 15kW 的燃料电池驱动。1966 年,GM 则推出了第一辆上路的燃料电池汽车 Chevrolet Electrovan,用的是质子交换膜燃料电池(PEMFC),续航里程有 120 英里(约合 192km)。目前制约电动汽车发展的瓶颈是电池的能量密度,燃料电池汽车能够避免长时间充电、续航里程限制的短板,而成为电动汽车的发展方向。经过不断的研究,进入 21 世纪后,储氢技术取得明显进步;燃料电池的技术也不断提升,贵金属用量方面有了下降。在这样的背景下,燃料电池汽车开始取得了商用化的进展。如本田的 FCX Clarity 概念车(2008)、GM(GM HydroGen4)、现代(Hyundai ix35 FCEV)、戴姆勒(Mercedes-Benz F-Cell)也都推出了自己的燃料电池车。

二、现状特征

《中国制造2025》将节能与新能源汽车列为重点发展十大领域之一，标志着建设汽车强国正式上升为我国国家战略，并成为汽车行业必然承担的重大使命。随后，中国汽车工程学年会发布《节能与新能源汽车技术路线图》，明确了我国新能源汽车发展目标、技术路径、发展重点、优先项目四个方面的路径。在新能源车辆方面，《节能与新能源汽车技术路线图》对新能源汽车年销量与汽车年销总量占比、充电桩/站保有量、纯电动乘用车续航里程、插电式混合动力汽车混动模式油耗等提出3个阶段的目标。要求纯电动乘用车以中型及以下车型规模化发展，插电式混合动力乘用车以紧凑型及上车型规模化发展。

在发展趋势方面，得益于相关政策的实施落地，当前新能源车辆越来越普及并已经渗入共享出行领域。一是因为新能源汽车节能环保的先天优势使得其成为新宠；二是共享汽车主要承担市内短途出行，新能源汽车的里程焦虑很大程度上得到缓解；三是较为低廉的维护和使用成本降低了运维期间的投入。早在2017年，Gofun新能源分时租赁汽车就在北京上线运营了。

在技术路径上，纯电动汽车需要提高能量密度、实现底盘专用化、提升电驱动系统的效率；对插电式混合动力汽车要优化混合动力系统结构、动力集成设计、基于多信息的整车预测控制；充电基础设施方面发展目标是快速充电技术、提升充电便利性、充电系统的互联互通。

三、典型案例

1. 丰田——未来

丰田至今拥有普锐斯、油电混动凯美瑞、雷凌双擎和雷凌卡罗拉等油电混合动力车型。尽管这些新能源车型油耗可以达到4～6L/100km，且丰田继续在市场引入插电式、纯电续航里程超过120km的全新混动卡罗拉，但丰田的技术路线更看重发展燃料电池汽车，并已经生产出氢燃料电池汽车——“みらい”(MIRAI，未来)。

2014年12月15日，丰田FCV概念车“MIRAI”完成了技术验证，并在日本正式上市。2015年1月底，全球首辆量产氢燃料电池车丰田MIRAI在日本交货，售价为723.6万日元(含税)左右，享受政府补贴后仅500万日元(折合人民币26.5

万元左右)就可以购买。

丰田燃料电池的工作原理(图8-16)即电解水的逆反应,把氢和氧分别供给阴极和阳极,氢通过阴极向外扩散和电解质发生反应后,放出电子通过外部的负载到达阳极,从而产生出电能,反应后产生的水排出车外。

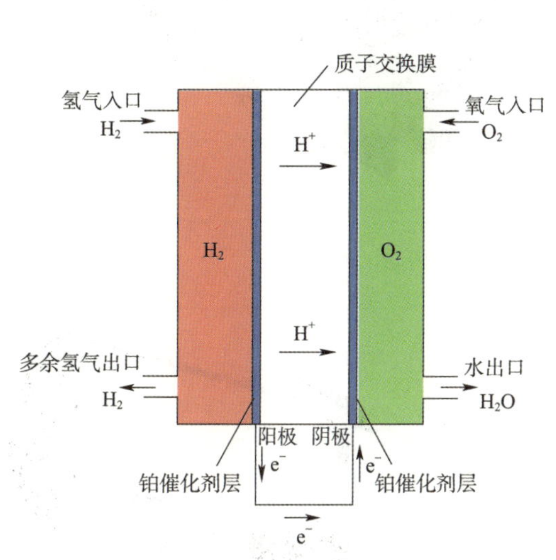

a)氢燃料电池原理图　　b)氢燃料电池工作原理图

图8-16 燃料电池的工作原理

资料来源:https://www.pcauto.com.cn/tech/1106/11063295.html

在汽车结构上,"MIRAI"的动力系统由驱动电机、燃料电池堆、储氢罐、储能电池和动力控制装置等部分组成,上述设备安装在底盘上,共同组成了TFCS(Toyota Fuel Cell System)燃料电池系统。位于车头发动机舱内的驱动电机可以为车辆提供113kW的最大功率,峰值扭矩达到了335N·m。

燃料电池位于前排座椅下方,由370个电芯组成,与之相配的升压系统能够将最终输出电压升至650V,满足驱动电机的能源需求。储氢罐的氢气通过管路和空气中的氧气在电池内发生反应并产生电能,电池的能量密度可以达到3.1kW/L。而驱动电机控制单元就像大脑,所有的动力均由驱动力控制单元计算后分配到各驱动轮上。"MIRAI"的驱动电机和控制单元如图8-17所示。

"MIRAI"有两个储氢罐,位于后排座椅下方和后方,容量分别为60L和62.4L,储氢罐采用碳纤维和凯夫拉制造,最大可承受70MPa的压力。为防止碰撞或颠簸导致氢气泄漏,氢气罐上装有止逆阀式的易熔塞泄压阀,在车辆着火的情况下,易熔塞会受热,并强制性地排出气体,在80km/h速度下发生追尾不会对氢罐造成任何损伤。"MIRAI"的氢罐如图8-18所示。

a)MIRAI的驱动电机

b)驱动电机控制单元

图 8-17 MIRAI 的驱动电机和控制单元

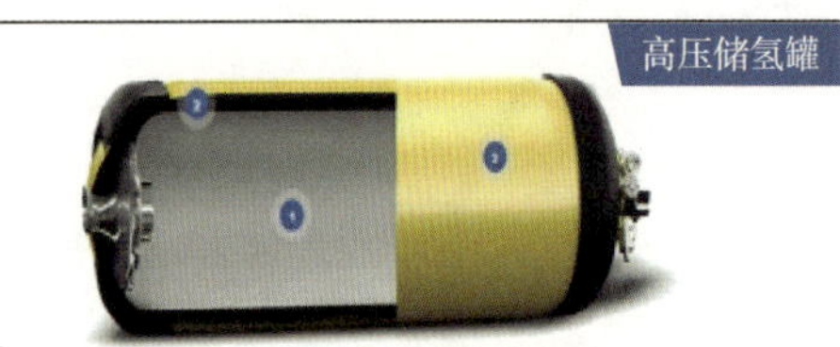

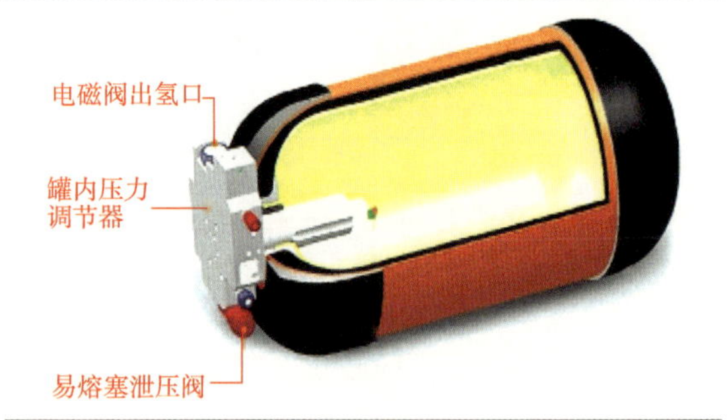

图 8-18 MIRAI 的氢罐

储能电池位于座椅后方,用于将燃料电池产生的剩余电能以及制动力回收的电能存储起来,供急加速和车载用电器使用。此外,电池还可以给家庭供电,借助交流电接口,“MIRAT”可以使各种家用电器维持一定时间的正常运行,供电量可达到60kW · h。“MIRAI”的储能电池如图 8-19 所示。

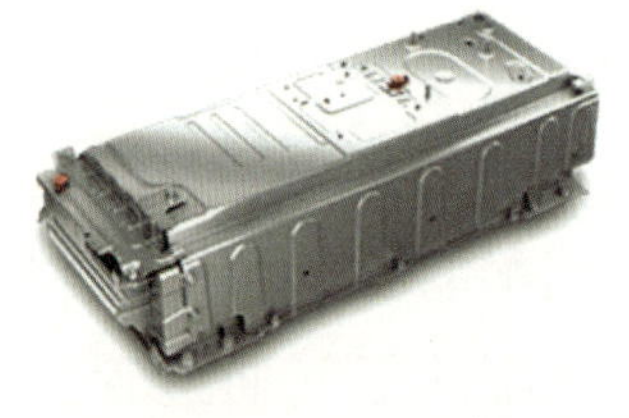

图 8-19 MIRAI 的储能电池

“MIRAI”汽车的结构和工作原理如图 8-20 所示。

2. 特斯拉——Model S

在特斯拉的数款车型中,Model S 是目前最受欢迎车型,同时也是当前世界上加速度最快的量产电动汽车之一。特斯拉 Model S 主要动力源由感应电机、逆变器和电池组三部分组成。特斯拉驱动系统构成如图 8-21所示。

1)感应电动机

特斯拉汽车由感应电动机驱动,特斯拉感应电机为交流感应电机,最大可提供 193kW 的功率,最大扭矩为 330N · m,最高转速可达到 18000r/min。与永磁同步电机相比,感应电机在成本、可靠性、稳态的效率等方面具有一定优势,因此被特斯拉选中作为动力电机。

1.驱动电机

位于车头的驱动电机最大功率113kW,峰值扭矩335N·m

2.燃料电池

位于前排座椅下方的燃料电池是整车的电力来源,在这里氢气与氧气发生反应产生电能。其能量密度达到了3.1kW/L

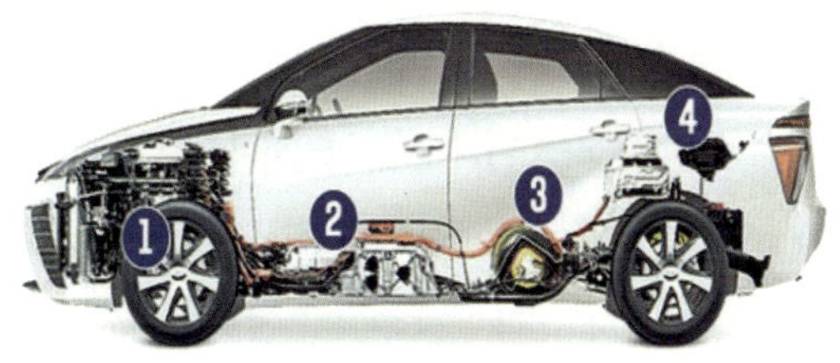

3.储氢罐

位于后排座椅下方的一对储氢罐采用碳纤维材质+凯夫拉(防弹衣面料)制造,最大可承受70MPa的压力

4.储能电池

位于座椅后方的储能电池能够把燃料电池堆产生的剩余电能以及制动动能回收产生的电能储存起来

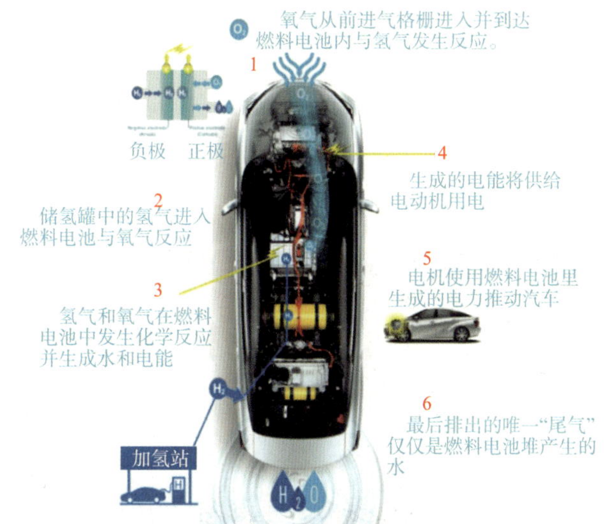

MIRAI的工作原理为:储氢罐中的氢气与车头吸入的氧气在燃料电池内发生反应,产生的电能驱动电机从而带动车辆;反应产生的剩余电能存入储能电池内

图 8-20 "MIRAI"汽车的结构和工作原理

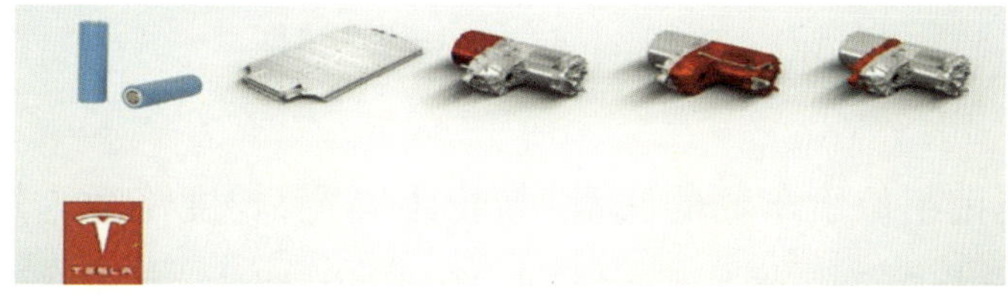

图 8-21 特斯拉驱动系统构成

资料来源:Tesla Model S 电池拆解报告

特斯拉 Model S 的感应电动机有两个主要的部件:定子和转子。转子由横着的多根导电杆、两端的导电圆盘,以及夹在导电圆盘之间的多个硅钢片组成。定子连接到三相交流电上,线圈中的三相交流电产生旋转的磁场,从而在电机中产生具有 4 个磁极的磁场,旋转的磁场在转子的导电杆中产生感应电流。因为导电杆中有电流,所以导电杆在磁场中转动。

在感应电动机中,转子的转速始终小于磁场的旋转速度,感应电动机中没有电刷和永磁体,但动力强劲。感应电动机的转速取决于交流电的频率,只要控制交流电的频率,就可以控制电机的转速,从而控制汽车驱动轮的转速。控制了驱动轮的转速,就控制了电动汽车的车速,这种控制方式简单、可靠。

电机具有变频驱动模块,用以控制电机的转速,电机的转速范围为0~18000r/min,这个转速指标大大优于采用汽油或柴油发动机的汽车。对于汽油和柴油发动机来说,扭矩符合要求时,转速不一定符合要求,因此,发动机不能直接连接到驱动轮上,发动机必须与变速器配合,才能使驱动轮达到所需要的转速。

感应电动机不仅可以直接产生旋转运动,而且可以均匀地输出动力,所以感应电动机可以省去发动机上的很多部件。因此,感应电动机质量比发动机轻,响应速度比发动机快,动力比发动机强,使得电动汽车具有超强的性能。特斯拉 Model S 感应电动机结构如图 8-22 所示。

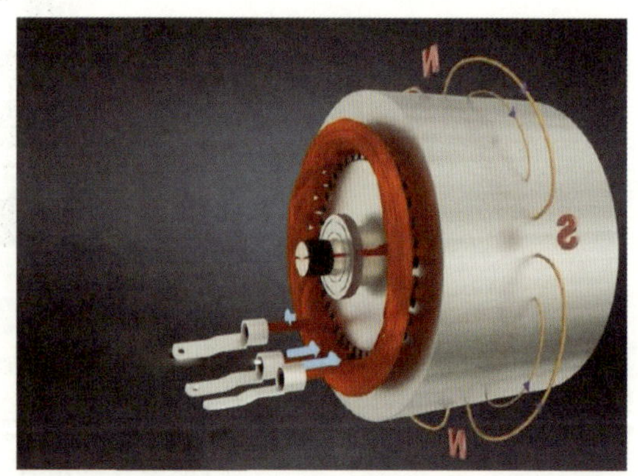

图 8-22 特斯拉 Model S 感应电动机结构

资料来源:Tesla Model S 视频资料

2)电池组

ModelS 的电池组位于车辆的底盘,与轮距同宽,长度略短于轴距。电池组的实际物理尺寸是:长 2.7m,宽 1.5m,厚度为 0.1~0.18m。其中 0.18m 较厚的部分是由于 2 个电池模块叠加造成的。电池包由 16 个完全相同的电池模块组成,总共7200只电芯。额定电压为355V,电压范围为270 ~ 403V,电池组总能量为85kW·h。

其模组为6串75并,容量为232.5Ah,额定电压为22V。模组中的电芯平铺成一层,间隔75只调整一次正负极放置方向,以便于模组内的串联并联连接。电池单体之间,每两排设置一层水冷散热器,使得每一只电芯均有一个侧面与散热器接触。图8-23中标示出了水冷液体的流动方向。优质的冷却系统,能够保证各个电芯在均匀一致的温度环境中工作,进而获得更好的使用性能、更为一致的老化速度、更长的使用寿命。

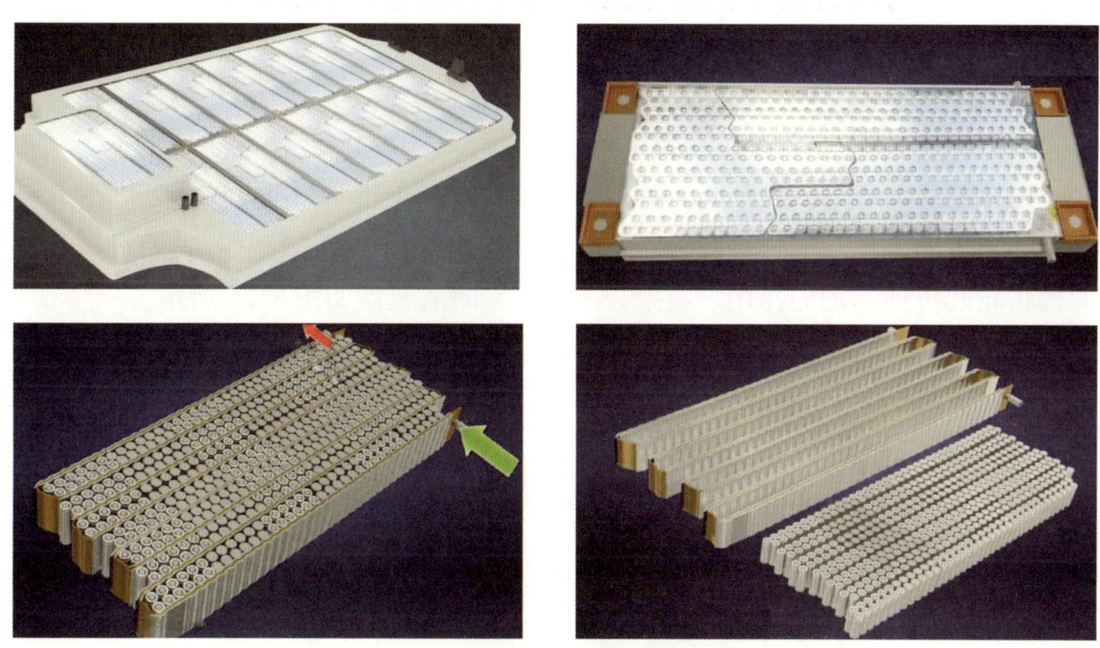

图8-23 特斯拉 Model S 电池组结构

资料来源:Tesla Model S 视频资料

此外,电池组采用密封设计,与空气隔绝,大部分用料为铝或铝合金。可以说,电池不仅是一个能源中心,同时也是 Model S 底盘的一部分,其坚固的外壳能对车辆起到很好的支撑作用。

3)逆变器

交流异步感应电机,需要的交流电能,而动力电池提供的是直流电能,中间,电能形式的转换由电机控制器来完成。电机控制器根据整车控制器发送来的整车扭矩需求,从电池包处获得对应功率的能量,进行逆变后,用三相交流调控电机输出转速和扭矩。特斯拉 Model S 逆变器如图8-24所示。

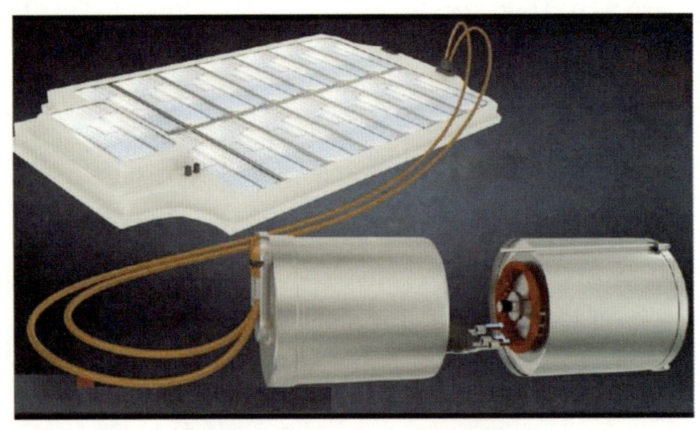

图 8-24　特斯拉 Model S 逆变器

资料来源：Tesla Model S 视频资料

4）传动系

电机输出的转动，需要通过减速机构传递到汽车主轴，电动汽车电机本身具有足够宽度的调速性能，因而特斯拉 Model S 减速器采用单级减速器，通过减速器间的齿轮起传递运动的作用。特斯拉 Model S 的减速器如图 8-25 所示。

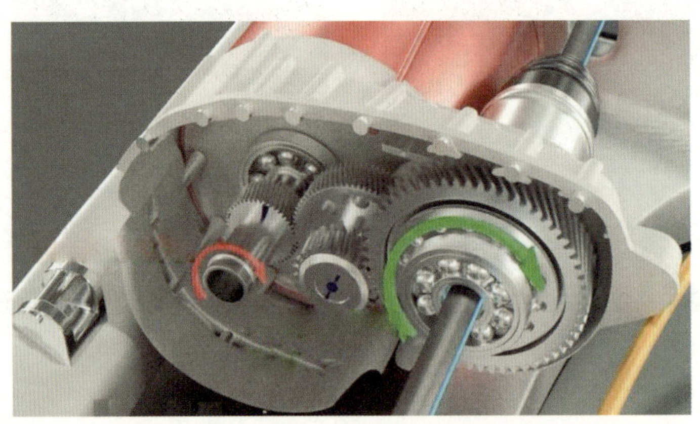

图 8-25　特斯拉 Model S 的减速器

资料来源：Tesla Model S 视频资料

转动从电机传递到汽车主轴以后，主轴两端的两只轮胎如果都与主轴完全同步转动，则汽车内外侧轮胎永远等速运动，汽车不能够实现过弯，采用差速器把主轴从中间断开，两节主轴通过差速器配合运动。

差速器主要通过两对锥形齿轮啮合实现功能，特斯拉特别采用了智能控制的差速器，以实现更为准确、高效的运动传递，实现驾驶员的操控意图。特斯拉 Model S 的差速结构如图 8-26 所示。

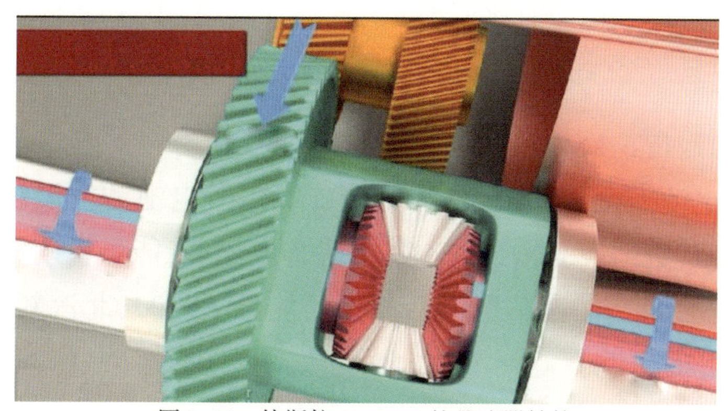

图 8-26 特斯拉 Model S 的差速器结构

资料来源:Tesla Model S 视频资料

四、关键技术——动力电池

新能源车辆的主要发展方向是提升电池技术,需要克服的困难包括电池的成本、储能技术、储能电池的能量密度、充放电衰减和低温衰减等技术。目前较成熟的新能源车动力电池有钴酸锂电池、锰酸锂电池、磷酸铁锂电池和三元里电池。

1. 钴酸锂电池

钴酸锂是第一代商品化的锂电池,正极材料相对成熟,结构稳定、容量比高、综合性能突出,但是其安全性差、成本非常高,主要用于中小型号电芯,广泛应用于笔记本电脑、手机等小型电子设备中,标称电压为3.7V。但是高温状态下,其稳定性相比镍钴锰酸锂电池、磷酸铁锂电池稍差。特斯拉 Model S 等车型采用的就是钴酸锂电池。

2. 锰酸锂电池

锰酸锂电池是指正极使用锰酸锂材料的电池,其标称电压在2.5～4.2V之间,锰酸锂电池以成本低、安全性好而被广泛使用。其优势是电压平台高、低温性好、倍率性好、综合性价比高,缺点是能量密度低、高温循环性和储存性较差。

3. 磷酸铁锂电池

酸磷铁锂电池,是用酸磷铁锂作为正极材料的锂离子电池。其稳定性是目前车用锂电池中最好的,但能量密度较三元锂电池、钴酸锂电池仍有不小的差距。此外,当温度低于－5℃的时候,充电效率有所降低。在温度过低的情况下,还会影响电池的电容。代表车型有比亚迪 e6、比亚迪秦、比亚迪唐等。

4. 三元锂电池

三元锂电池是指正极材料为锂镍钴锰三元正极材料的锂电池。相对于钴酸锂电池,三元锂电池安全性更高,更适合新能源汽车电池的发展趋势。因其低温时,电池更加稳定,更适合北方天气。其劣势是电压低,能量密度介于磷酸铁锂电池和钴酸锂电池之间。代表车型包括北汽新能源 EV200、北汽新能源 EU260、特斯拉 Model3 等。

不同类型电池比较见表 8-7。

不同类型电池比较　　表 8-7

<table>
<tr><th>正极材料</th><th colspan="2">相对优劣势</th><th>正常电压</th><th>比容量</th><th>理论质量比</th><th>循环寿命</th><th>代表车型</th></tr>
<tr><td rowspan="2">钴酸锂</td><td colspan="2">充放电稳定,工艺简单</td><td rowspan="2">4V</td><td rowspan="2">137</td><td rowspan="2">360</td><td rowspan="2">大于 1000</td><td rowspan="2">特斯拉 Model S</td></tr>
<tr><td colspan="2">价格高寿命短</td></tr>
<tr><td rowspan="2">锰酸锂</td><td colspan="2">安全性高,价格低</td><td rowspan="2">4.05V</td><td rowspan="2">120</td><td rowspan="2">148</td><td rowspan="2">大于 1000</td><td rowspan="2">日产 Leaf</td></tr>
<tr><td colspan="2">能量密度低,电解质相容性差</td></tr>
<tr><td rowspan="2">磷酸铁锂</td><td colspan="2">安全性高,寿命长</td><td rowspan="2">3.34V</td><td rowspan="2">155</td><td rowspan="2">160</td><td rowspan="2">大于 4000</td><td rowspan="2">比亚迪 e6</td></tr>
<tr><td colspan="2">低温稳定性差</td></tr>
<tr><td rowspan="4">三元锂</td><td rowspan="2">镍钴锰酸锂</td><td>循环性能好</td><td rowspan="4">3.85V</td><td rowspan="4">160 ~ 200</td><td rowspan="4">220 ~ 250</td><td rowspan="4">大于 2000</td><td>丰田 Prius</td></tr>
<tr><td>钴元素价格高</td><td rowspan="3">特斯拉 Model S</td></tr>
<tr><td rowspan="2">镍钴铝酸锂</td><td>能量密度高,低温性能好</td></tr>
<tr><td>高温性能差,安全性差,工艺复杂</td></tr>
</table>

未来我国电池的发展方向包括燃料电池、石墨稀电池等技术。

五、运营模式

近年来越来越多的新能源车辆已经用于共享汽车行业,奔驰 Car2go 公司与宝马 Drive Now 公司将开发的纯电动汽车用于汽车共享租赁项目,对电动汽车进行了推广,而在中国,以上海国际汽车城的电动汽车分时租赁项目为例,EVCARD 于 2015 年 1 月在上海嘉定区率先投入市场,是中国首个电动汽车分时租赁品牌。车辆采用荣威 E50,续航里程达到 120km,充满电时长约 6h。在费用方面,分时租赁就是按分钟计费,上海地区 0.5 元/min,其他地区 0.5 元/min,180 元封顶。

使用 EVCARD 首先需要下载手机 App,然后注册并经过资料审核,内容包括驾驶证、身份证、手持身份证照片,审核时间为两到三天不等,有出行需求的用户需要提前注册进行审核。

在押金方面,客户可以选择用信用卡,预授权 1000 元作为押金,如果没用信用卡,则需要实际支付 1000 元来作为押金,信用卡用户每次租车之前都要重新进行 1000 元的预授权。

在车辆使用前,需要在 App 上按照个人需求车型进行预约,然后会收到车辆牌照、位置等相关信息。根据相关信息找到车辆,首先要将车辆断开充电桩,把充电把手从车上取下,插回充电桩;其次检查车辆是否完好;最后通过 App 开车门,点击“开锁”就可以轻松打开车门了。

与普通汽车相近,把旋钮旋转至点火即可正常驾驶。当到达目的地后,将车辆归还至周边的网点,关好车窗和车灯,熄火,关车门,打开车辆的充电口,插入充电枪,然后在 App 点击“还车”,显示“还车成功”后,就可以离开了。最后是支付使用费用的过程。行程结束后,系统还会在后续进行违章查询。

新能源车辆共享一方面解决了北京、上海、广州、深圳等大城市限号的问题,另一方面价格在出租汽车、网约车等个性化出行方式中相对较低,而且新能源车辆节能环保。但在后续发展中,新能源汽车共享可能会面临一些挑战,例如:①车辆分布不均匀,如部分网点处于无车状态,而其他网点停满车辆,造成浪费。②责任划分不清,车辆刮擦可能会影响使用者押金的归还,而责任却较难界定。③车辆安全和事故处理问题,如车辆质量随使用下降,难以保证安全。

未来 EVCARD 的电动车共享模式具有很大的潜力并得到进一步推广,成为继公交、共享单车后的又一种被广泛接受的出行方式。

第四节　新一代支付体系

一、定义与内涵

区别于现金支付方式,新一代支付体系应该是基于电子支付和网上交易的移动支付方式,以移动终端设备为载体,通过移动通信网络实现的商业交易,产生货币支付和资金转移行为,从而实现移动支付功能。新一代支付体系应具有支付安全稳定、智能便捷、快速准确、普遍被接受、高度集成等特点。其支付方式,除了传统二维码支付、刷卡支付以外,还可以包括指纹支付、刷脸支付、虹膜支付等新兴免密支付方式。支付设备可以为穿戴式设备或与移动支付结合。

安全稳定是指支付过程中人脸识别、虹膜等生物特征身份认证方式更为广泛使用;通信中加密、点对点传输应用更加有效;交易过程中区块链分布式记账被更多地应用,使得交易在认证、信息传输、信息储存等方面的安全性得到提升。

智能便捷是指借助移动设备,移动支付可实现随身携带且操作简单。在无线互联网技术的支持下用户都可以不受时间、地点的限制快速完成转账、购物消费、发送红包、缴纳罚款等资金支出,并具备延迟付账、AA 付账、账户查询、个人消费分析、打白条和借贷等多种功能。

普遍被接受体现在基于移动支付和互联网技术创新的基础上,用户可以突破时间和地域的限制。不论银行和商场是否关门,不论人在国内国外还是农村城市,不论中大企业还是小摊位,都可以通过手机解决融资、消费各种业务,极大扩大了客户基础,不论个人、商户,不论时间、地点均可通过支付平台交易。

高度集成是指以手机、芯片等移动设备为载体,通过与终端读写器近距离识别进行的新型交互,运营商可将银行卡、公交卡等各类信息整合到以手机或其他设备为平台的载体中进行集成管理。

移动支付业务最早出现于 20 世纪 90 年代初的美国,随后在韩国和日本出现并迅速发展。2002 年以来,中国银联分别和中国移动、中国联通合作,在海南、广东、湖南等地开展了移动支付业务。2004 年,飞利浦、索尼、诺基亚共同发起了 NFC 论坛,开始推广 NFC 技术的商业应用。很快,在 2006 年,中国银联便推出一项基于金融 IC 卡芯片的移动支付方案。2009 年 4 月,中国联通推出内置 NFC 芯片定制刷卡手机。2011 年 6 月,央行下发第一批 27 张第三方支付牌照,银联、支付宝、银联商务、财付通、快钱等获得许可证。与此同时,二维码扫码支付开始出现,支付宝推出条码付业务。2012 年,打车软件出现,2014 年阿里和腾讯加入通过手机软件进行的支付。同年,苹果移动支付解决方案 Apple Pay,此后三星在 3

月推出 Samsung Pay,小米推出 Mi Pay,华为推出 Huawei Pay,纷纷加入移动端的支付入口。2016 年,支付清算协会向支付机构下发《条码支付业务规范(征求意见稿)》,其中明确指出支付机构开展条码业务需要遵循的安全标准,这是官方首次承认二维码的支付地位。2017 年,中国银联联合 40 余家商业银行正式推出银联云闪付二维码产品,京东金融、美团点评等非银机构也宣布加入其中,持卡人通过银行 App 可实现银联云闪付扫码支付。中国银联的二维码支付是基于卡组织、发卡机构、商户和收单机构的"四方模式",这是一个开放的标准,银联希望越来越多的机构介入进来。

二、现状特征

从 2013 年到 2017 年,中国第三方移动支付行业发展迅猛,年交易量 1.3 万亿元人民币已经增长至 109 万亿元人民币的规模。2017 年整体交易规模达到了 208% 的增长速度。按照季度细分,从 2016 年第四季度开始,移动支付市场交易规模增速已经保持在 20% 以上。居民消费习惯越加依赖支付终端交易,商业银行利益推动、较大的潜在特约商户规模以及支付终端机终端存量更换需求都推动着支付终端数量保持增长。2013 年至 2017 年,全国联网 POS 终端保有量保持持续增长,2017 年总量超过 3000 万台,增量同比超过 288%。

借助移动支付体系的广泛普及,社会进入了无现金时代,在城市交通领域更加促进了共享单车、停车缴费、ETC、顺风车等交通方式的发展,同时移动支付在公共交通上的普及使得公共交通等绿色出行比例更加提升。

许多城市在推进其城市信息化的时候,都推出了公交一卡通,这种方式方便了市民出行,不用再用现金买车票。这是最基本的应用,而更多的应用则体现在所有的小额支付领域。一卡通就是 NFC 技术的应用,而将 NFC 技术应用于手机,则是对 NFC 技术应用方式的又一延伸。NFC 手机支付在公共交通电子收费中的应用,简单来说,就是使用手机进行公交、地铁车票的费用支付。目前已有北京、上海、广州等城市公交采用 NFC 刷手机方式进站。

以支付宝等平台为代表的二维码无须另行发卡,不用专门充钱,手机兼容性最高。目前地铁扫码购票已经基本普及,更高效的离线二维码还能实现脱网验证,闸机相应速度快,扫码乘车之后,还支持实时和异步扣款。目前香港、武汉、杭州、合肥、西安、厦门、上海等城市地铁接入支付宝,除了支付宝扫码购票之外,有的城市已经正式支持扫码过闸，并且做到先乘车后付款。

三、典型案例——北京地铁的移动支付

截至目前，北京地铁支持 NFC 支付和网络支付两种方式，其中网络支付可下载“易通行”App，“易通行”支持持工商银行、支付宝、京东支付和微信支付四种支付渠道，乘客在“易通行”App 内开通并绑定微信免密支付后，只需在乘车前调取二维码，通过闸机时对准小黄框扫码即可通行，全程不到一秒钟。北京地铁“易通行”App 采用“先乘车后付费”的信用消费模式，即使在无网络信号的情况下，也可正常进出站。刷闸出站后车费将通过微信支付自动扣除相应费用，无须预先充值或缴纳押金。除了二维码乘车，乘客也可提前在“易通行”App 上在线购票和线路查询，提前规划灵活出行。易通行 App 扫码界面如图 8-27 所示。

图 8-27 “易通行”App 扫码界面

内置 NFC 芯片的手机只需要下载“北京一卡通”App 或者使用具备功能的手机（如苹果手机 Apple Pay）即可完成在线开卡。以“北京一卡通”App 为例，打开 App 点进“立即开通”，然后按照操作即可完成开卡。开卡可以选择将原公交卡绑定至电子公交卡，也可以重新充值开通电子卡，但需要支付 20 元退卡费。手机刷卡还可享受实体卡相同的打折优惠。但虽然实体卡的余额可以转入虚拟卡，但是优惠的累积则根据手机上的开卡时间重新计算。手机上使用一卡通的方式与实体卡相同，使用过程中无须接入互联网，且手机上的一卡通也可以转移到 Apple Watch 上使用，但设备必须处于开机状态。

“北京一卡通”和苹果 Apple Pay 界面如图 8-28 所示。

图 8-28　“北京一卡通”和苹果 Apple Pay 界面

目前北京公交和地铁均可采用互联网和 NFC 的方式完成刷卡乘车,同时保留传统的物理刷卡和单程购票,购票手段比较丰富。在全国,除了北京,还有成都、天津、东莞等城市使用上述方式实现刷卡乘车。

四、关键技术

1. 身份认证

身份认证是新一代支付体系中重要的一环,目前生活中最常见的网络身份验证方式是“账号 + 口令(密码) + 短信验证码”,这种方式容易受到木马拦截、网络钓鱼、电信诈骗、信道窃听等攻击,安全性比较低。随着苹果推出有指纹识别功能的 iPhone 5s,以指纹识别为首的生物特征识别(Biometric Identification Technology)方式受到业内越来越多的关注。

人的任何生理或者行为特征,只要满足普遍性、安全性、唯一性、稳定性、可采集性等条件,都可以作为生物特征用于身份鉴定。所谓普遍性,指每个人都具有具备的特征;所谓安全性,指此特征对于每个人是独特的,可用于个人身份证明;所谓唯一性,指任何两个人的该特征都是不相同的;所谓稳定性,指该特征不会随时间等条件的变化而变化,至少在一段时间内是不变的;所谓可采集性,指该特征要便于采集和定量测量。

生物特征认证技术安全性比较见表 8-8。

生物特征认证技术安全性比较(单位:百万美元)　　表 8-8

生物特征	广泛性	唯一性	稳定性	可采集性	准确性	可接受性	安全性
人脸	高	低	中	高	低	高	低
虹膜	高	高	高	中	高	低	高
指纹	中	高	高	中	高	中	高
掌形	中	中	中	高	中	中	中
签名	低	低	低	高	低	高	低
语音	中	低	低	中	低	高	低

生物特征识别技术包括用户注册和用户识别两个阶段。用户注册阶段,用户通过传感器采集对应生物信息,经预处理和特征提取后,将用户特征信息录入到注册用户信息数据库中,完成用户注册;用户识别阶段,用户通过传感器采集对应信息,并经预处理和特征提取后,与注册数据库中的注册用户特征进行比较,输出识别结果。生物特征识别技术流程图如图 8-29 所示。

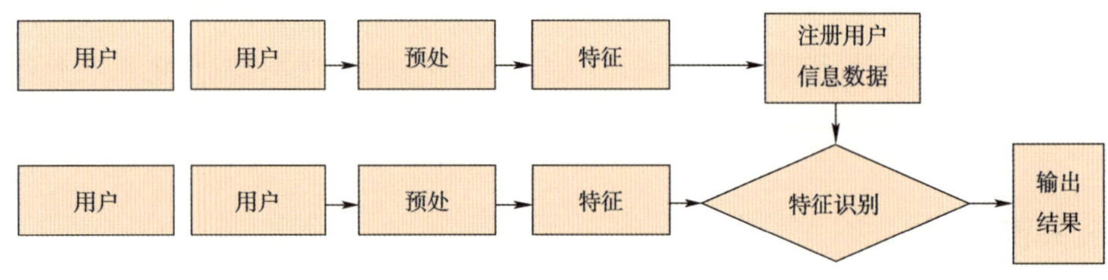

图 8-29　生物特征识别技术流程图

1)指纹支付

与生物特征识别技术流程一样,首先需采集用户指纹图像:将手指接触指纹仪传感器很快即可完成图像采集。其次,仪器判断细节特征类型,获取指纹特征,仪器对图像进行预处理,得到骨架图像,再采用编码逐像素跟踪法找到指纹特征点。然后,计算特征点的方向角度并记录特征点的相关信息,包括特征点类型、方向、坐标等内容。最后通过编程将指纹特征转换为 2 进制和 16 进制特征码。

当需要对指纹进行验证时,身份认证服务器首先根据特征码找到相应的特征点,然后采用细节特征指纹匹配的方法进行匹配,利用指纹纹线端点和纹线分叉点两种细节来进行指纹识别。指纹特征点是一个五维向量(X_i,Y_i,T_i,c,a)其中(X_i,Y_i)为特征点位置坐标,T_i 为特征点类型,c 是特征点相对中间点的方向向量,a 为特征点距离中间点的距离向量。通过对比用户指纹特征点集和服务器中指纹点集相对中间点的方向向量和距离向量得到指纹匹配参考点对,若两个特征点的距离向量之差和特征点方向向量分别小于阈值，则确定为指纹匹配参考点对。

对指纹匹配参考点进行校准。计算特征点相似性时，把相对于中间点方向和位置的指标合并为一个特性指标。若相对于中间点方向和位置的特征点与存储的多个特征点相似，则选取相似度最大的一对特征点作为参考匹配点。每找到一个参考点，就进行匹配。

指纹输入各特征点的位置存在误差，因此它们之间的匹配即先确定一对匹配参考点，将它作为极坐标原点，建立坐标系，利用参考点对之间的方向差，将各参考点进行校准对齐，进行匹配。当匹配成功后，即可激活转账、支付过程。

目前以支付宝为代表的指纹认证已经在顺风车车主认证、打车支付认证等方面开始应用。

2）虹膜支付

人眼睛的外观图由巩膜、虹膜、瞳孔三部分构成。巩膜即眼球外围的白色部分，约占总面积的30%；眼睛中心为瞳孔部分，约占5%；虹膜位于巩膜和瞳孔之间，包含了最丰富的纹理信息，占据65%。从外观上看，虹膜由许多腺窝、皱褶、色素斑等构成，是人体中最独特的结构之一。虹膜的形成由遗传基因决定，人体基因表达决定了虹膜的形态、生理、颜色和总的外观。

虹膜支付过程与指纹支付类似。首先使用特定的摄像器材对人的整个眼部进行拍摄，并将拍摄到的图像传输给虹膜识别系统的图像预处理软件。对获取到的虹膜图像进行处理，使其满足提取虹膜特征的需求。虹膜定位：确定内圆、外圆和二次曲线在图像中的位置。其中，内圆为虹膜与瞳孔的边界，外圆为虹膜与巩膜的边界，二次曲线为虹膜与上下眼皮的边界。虹膜图像归一化：将图像中的虹膜大小，调整到识别系统设置的固定尺寸。采用特定的算法从虹膜图像中提取出虹膜识别所需的特征点，并对其进行编码。

当需要进行身份认证时，将特征提取得到的特征编码与数据库中的虹膜图像特征编码逐一匹配，判断是否为相同虹膜，从而达到身份识别的目的。当身份识别认证成功后，即可激活转账、支付过程。

3）人脸识别支付

如要实现人脸识别，首先要做到人脸检测（Face detection），即判断摄像头中人脸的位置，人脸检测算法的原理，简单来说，是一个“扫描”加“判定”的过程。

即首先在整个图像范围内扫描,再逐个判定候选区域是否是人脸的过程。因此,人脸检测算法的计算速度会跟图像尺寸大小以及图像内容相关。

其次要实现人脸配准(Face alignment),即定位出人脸上五官关键点坐标。人脸配准算法的输入是“一张人脸图像”和“人脸坐标框”,输出是五官关键点的坐标序列。五官关键点的数量是预先设定好的一个固定数值,常见的有 5 点、68 点、90 点等。

第三是人脸属性识别(Face attribute)。人脸属性识别指识别出人脸的性别、年龄、姿态、表情等属性值的一项技术。这在有些相机 App 中有所应用,可以自动识别摄像头视野中人物的性别、年龄等特征并标注出来。

第四是人脸提特征(Face feature extraction),即将一张人脸图像转化为可以表征人脸特点的特征,具体表现形式为一串固定长度的数值。人脸提特征过程的输入是“一张人脸图”和“人脸五官关键点坐标”,输出是人脸相应的一个数值串(特征)。人脸提特征算法实现的过程为:首先将五官关键点坐标进行旋转、缩放等操作来实现人脸对齐,然后提取特征并计算出数值串。

第五是人脸比对(Face compare)。人脸比对算法的输入是两个人脸特征,人脸特征由前面的人脸提特征算法获得,输出是两个特征之间的相似度。

最后是人脸验证(Face verification),即判定两个人脸图是否为同一人的算法。当判定两个人脸为同一人时,即可激活转账、支付过程。

目前申请滴滴账户时,已经要求注册用户和车主进行人脸识别,用户和车主在首次出车前需要按系统提示完成点头、眨眼等动作。系统会将采集到的面部信息与车主上传的证件信息、身份证照片、证件照片进行比对;三种信息完全一致,才算认证成功,方可出车。但目前滴滴的人脸识别只是个人身份信息确认的手段,还没有用于支付手段。

2. 信息传输——近距离无线通信

近距离无线通信是一种短距离的高频无线通信技术,允许电子设备之间在一定范围内进行非接触式点对点数据传输,交换数据。这个技术由免接触式射频识别(RFID)演变而来,由飞利浦和索尼共同研制开发,其基础是 RFID 及互联技术。近场通信是一种短距高频的无线电技术,在 13.56MHz 频率运行于 20cm 距离内。其传输速度有 106 kbit/s、212 kbit/s 或 424 kbit/s 三种。

近场通信业务结合了近场通信技术和移动通信技术,实现了电子支付、身份认证、票务、数据交换、防伪等多种功能,是移动通信领域的一种新型业务。近场通信业务改变了用户使用移动电话的方式,使用户的消费行为逐步走向电子化,建立了一种新型的用户消费和业务模式。

NFC 信息通过频谱中无线频率部分的电磁感应耦合方式传递。启动 NFC 通信的设备,也称为 NFC 发起设备(主设备),在整个通信过程中提供射频场(RF-field)。它可以选择 106kbit/s、212kbit/s 或 424kbit/s 其中一种传输速度,将数据发送到另一台设备。另一台设备称为 NFC 目标设备(从设备),不必产生射频场,而使用负载调制(load modulation)技术,即可以相同的速度将数据传回发起设备。

城市交通是 NFC 应用最为基础的功能,通过 NFC 设备触碰闸机口的读卡区域,可以自动打开闸道,这是将城市交通卡的功能集成到 NFC 设备之上,通过智能手机模拟实现。

五、运营模式

未来的支付体系会更加深刻地影响城市交通,在 2015 年至 2018 年已有 3500 名瑞典人选择在体内植入基于 NFC 技术的芯片,占瑞典人口的 0.035%。它跟一粒米大小差不多,可以用来付火车票、刷门禁和贩卖机费用。芯片不仅成为“电子钱包”,还取代了健身房的通行卡、公司的门禁。在美国,甚至可以记录个人的就诊信息。

在日本,目前正在研发直接扫描手掌就能支付的方式,可谓是真正的支付“手”段。日本 JCB 公司目前正在研发的手掌扫描支付方法很简单,商家不需要安装专用的终端,直接使用智能手机摄像头扫描手掌即可完成本人确认和信用卡付款机制,从而让支付完全摆脱卡与手机。该公司主要是通过手相和手掌静脉分布图进行确认,以此提高认证精确度。目前这项技术在用于分辨用户与他人手掌时识别出错概率为一千亿分之一。

未来将会出现更多通过生物特征采集在城市交通支付的形式,例如人脸、声音、虹膜等。人们将个人生物特征信息输入到数据库中,当乘坐公交、地铁时,摄像头采集到乘客面部特征、声音或虹膜等生物信息,匹配后直接开启闸机,乘客即可通过。乘客下车时,同样会被采集信息,通过上下车距离后台自动与乘客绑定的账户相关联,实现结算功能。

第五节　区　块　链

一、定义与内涵

区块链的概念由“中本聪[1]”于2008年在文章《比特币:一种点对点的电子现金系统》中首次提出。区块链的本质是一个分布式存储数据库,信息加密后通过点对点的传输实现分布式存储,各节点通过对加密信息的验证和维护共同实现信息的存储。它涉及数学、密码学、互联网和计算机编程等很多科学技术问题,具有去中心化、不可篡改、全程留痕、可以追溯、集体维护、公开透明等特点。这些特点保证了区块链的“诚实”与“透明”,为区块链创造信任奠定基础。

区块链可分为私有链、联盟链和公共链。公有链对所有人开放,节点可以随意加入;私有链只对单独的实体进行开放,如公司内部;联盟链对一个特定的组织开放。无论哪种区块链,结构都由区块头和区块体组成。以比特币区块链为例,区块头可分为三组区块元数据。一组是引用上一个区块头(父区块头)的哈希值,称作父区块哈希,将上一个区块与下一个区块链接起来。一组是难度、时间戳(用以记录写入时间)和随机数,用以记录本区块产生的信息。另一组是默克尔根,用以对区块存储的信息进行验证。区块体则存储这个区块内的全部信息。比特币区块链结构如图8-30所示。

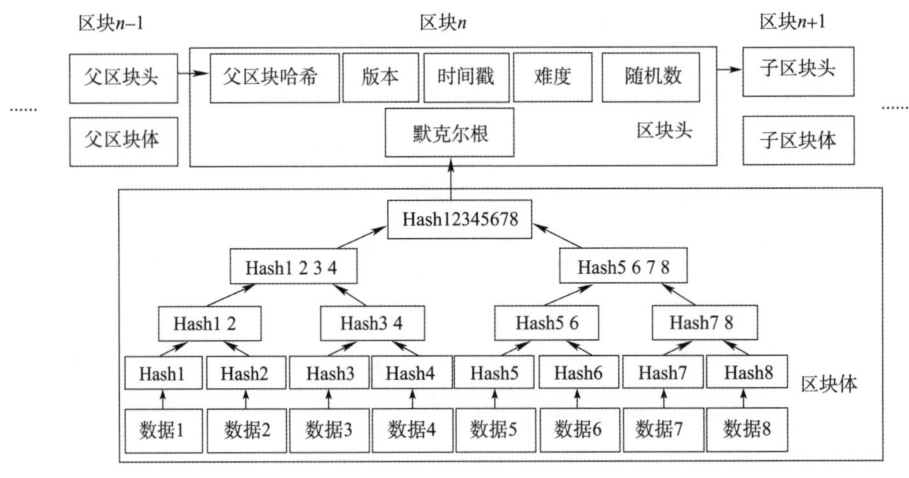

图8-30　比特币区块链结构

[1] 真实名称尚未被核实。

二、现状特征

区块链已经发展出三代：区块链首先在比特币中作为底层技术进行应用，称为区块链1.0。2014年，区块链技术进一步发展，以“以太坊”为代表的平台通过智能合约搭建更多应用。智能合约本身是一个可自动触发执行的编程代码，通过编码定义约定的承诺内容，参与方可以在上面执行这些合约承诺，称为区块链2.0。之后，区块链应用场景得到进一步拓展延伸，跳出数字货币和金融领域，可在社会治理、行业管理等更广泛的场景中执行更加复杂的逻辑应用，形成了区块链3.0。

当前区块链技术处于各行业创新的风口浪尖，其技术已经应用于物流、供应链和城市交通管理等多个领域，而且仍具更广泛的应用前景。习近平总书记在主持中共中央政治局第十八次集体学习时曾指出：“相关部门及其负责同志要注意区块链技术发展现状和趋势，提高运用和管理区块链技术能力”。

三、典型案例

区块链技术可以用于很多交通场景，在文章《区块链技术在交通运输行业的应用》中，作者就设想了很多应用案例，例如在交通基础设施建造与养管领域可应用于工程质量溯源方面、工程招投标与合同管理和行业“信用评价”管理；此外，还可以在交通大数据分析与应用领域、高速公路收费领域和物流领域开展应用。而在文章《基于区块链的城市停车共享之路》中，作者构建了一个基于区块链技术的停车位共享平台，并开展了应用分析。将硬件实体分为3个角色，分别是轻节点(用户移动终端)、全节点(停车场管理计算机)和边缘服务节点。在区块链的软件设计上分为两层，分别为区块链层和服务层。在区块链层引入了一种新的共识机制，由选举产生记账授权，然后开发了包括停车信息发布合约、停车预约合约、停车服务合约等多种智能合约。通过智能合约，这些服务可以以一种透明并且可信任的方式运行。在服务层上，通过开发分布式应用程序(DApp, Decentralized Application)来提供服务接口。

停车链软件的系统构架如图8-31所示。

停车链的工作原理如下。

1)交易提出

任何用户通过调用智能合约可以提出服务交易，在填写完智能合约预先设定的全部参数后，用户签署交易并发布到区块链网络中。

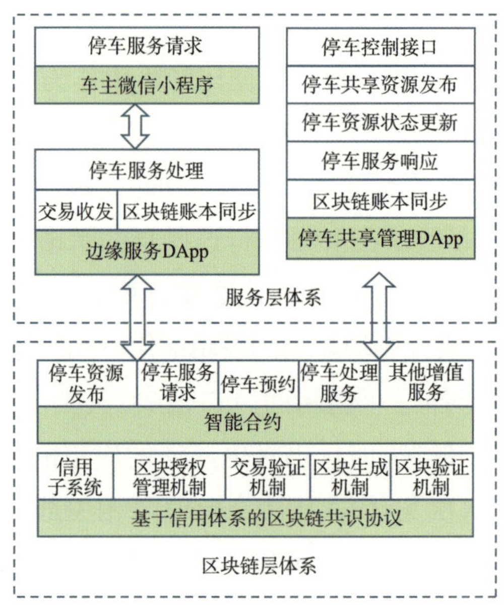

图 8-31 停车链软件的系统架构

2）交易验证

接收到交易请求的其他节点对交易进行验证，包括检查交易申请节点的签名、账户余额等信息，如果交易请求符合要求，就将交易传播给其他节点。

3）生成区块

停车链的创建设建立了一个特有的授权共识机制，授权的节点可以将未封装的交易打包到一个区块中，然后广播到其他节点。

4）区块验证

任何能够接收到的广播的节点可以对这笔交易进行验证，如果绝大多数节点认可这笔交易，就将该区块链接到区块链账本中，储存在本地服务器，然后开始下一区块交易。

四、关键技术

1. 哈希函数（Hash Function）

哈希函数包括 SHA-256、MD-4、MD-5 等，是一种散列函数，其特性如下。

（1）定长性：任意形式、大小、内容的文件通过哈希函数计算后可形成固定长度的哈希值。

（2）单向性：函数仅能够单向计算，掌握哈希函数值不能反推出原始输入数据的内容。

(3)定时性:不同形式、大小、内容的文件通过哈希函数运算的时间大致相同。

(4)随机性:输入文件的微小改变会使得哈希值完全不同。

(5)确定性:相同内容的文件经过哈希运算得到的哈希值是一样的。

md5(感谢大家阅读,32) = 374bc06144ba39e5487c88293760a0b7

md5(感谢大家阅读,16) = 44ba39e5487c8829

md5(欢迎大家阅读,32) = 7b629894c1f2efc296b523ebd55eee69

md5(欢迎大家阅读,16) = c1f2efc296b523eb

上面1、2两条信息表示“感谢大家阅读”这条信息在32位和16位的md5加密后的密文。其中16位实际上是从32位字符串中取中间的第9位到第24位得到的。3、4两条信息与1、2两条信息相比,虽然只有两个字的区别,但是md5的内容完全不同,可以很容易发现二者区别。

2. 非对称加密与数字签名

非对称加密是区别于对称加密的加密方式。区块链注册用户A可随机获得一个256位的二进制数作为私钥K_a,私钥不予公开。用户A的公钥由私钥通过椭圆曲线算法得出(ECC,Elliptic Curve Cryptography),椭圆曲线算法就是一组被$y^2=x^3+ax+b$定义的且满足$4a^3+27b^2\neq 0$的点集。$4a^3+27b^2\neq 0$这个限定条件是为了保证曲线不包含奇点。数字签名通过一个公开确定基准点G和私钥K_a获得公钥P_a,记作$K_a\times G=P_a$,公钥对外公开。其中椭圆曲线数字签名算法有如下特点:①为单向函数,即已知公钥P不能反推出私钥K;②已知私钥K可以验证公钥P的正确与否。若用户A将信息传输给用户B,则通过自己非公开的私钥和用户B公开的公钥进行加密,得到$\mathrm{Key}=K_a\times P_b$,而$P_b=K_b\times G$,则$\mathrm{Key}=K_a\times K_b\times G$。虽然用户A的私钥不公开,但用户B可知用户A的公钥,能够进行如下运算:$K_b\times P_a$,而$P_a=K_a\times G$,则得到$K_b\times K_a\times G=\mathrm{Key}$,即用户A的加密密码,从而能够在不掌握对方私钥的情况下安全地传输信息。椭圆曲线示例如图8-32所示。

而数字签名可以理解为面向公众的验证方式。若用户A要对文件m进行背书,则会对文件m通过私钥K_a进行加密得到N,即$m\times K_a=N$,N即签名数据,并将文件m、签名数据N公开。若用户B要对文件进行来源验证,则可通过公开的文件m和A的公钥P_a进行运算,即$m\times P_a$,而$P_a=K_a\times G$,则得到$m\times K_a\times G=N\times G$,

其中,N、G 都是公开的,即可以验证文件是否确实为用户 A 的背书签名。

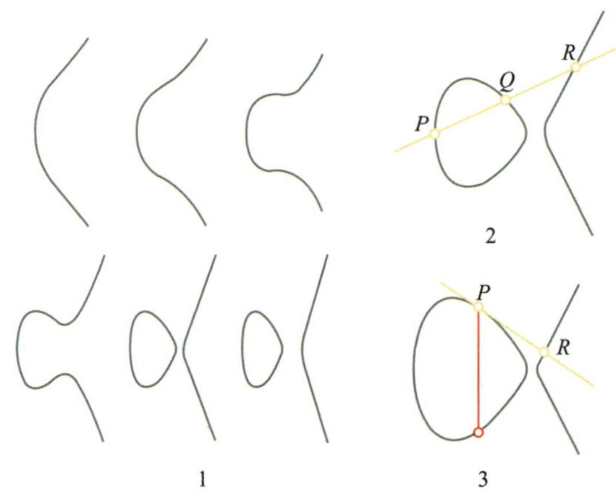

图 8-32 椭圆曲线示例

3. 数据存储——默克尔树(Merkle Tree)

数据传输和存储中的痛点包括:①源数据容易被篡改;②源数据验证成本高;③源数据内容索引困难。默克尔树作为信息储存方式能够解决以上痛点。默克尔树结构如图 8-33 所示,底层为数据块。分别对 1 ~ 8 号数据块内容进行哈希运算得到 Hash0-0-0 至 Hash1-1-1,然后对相邻哈希值合并后进一步进行哈希运算得到 Hash0-0 至 Hash1-1,以此类推,得到根哈希值。根据哈希函数单向性,知道根哈希值不能反推出数据内容,因而能保证信息安全;根据随机性,一旦数据块内容和排序确定,根哈希值就确定,通过对哈希值对比即可知道数据块内容是否更改。通过确定性可以快速检索数据内容:例如想要查验数据 3 是否存在于数据块中,只需要计算出数据 3 的哈希值 Hash0-1-0 并知道 Hash0-1-1、Hash0-0 和 Hash1,查看通过运算得出的根哈希值是否与已知的根哈希值一致从而进行数据检索,在保证其他数据安全的同时可以较少的成本实现检索。

4. 智能合约

智能合约是区别区块链 1.0 和 2.0 的重要内容,其本质是在区块链上一段等待执行的代码,在以太坊上通过虚拟机解释执行。一旦智能合约预先设定的条件被触发后,就会执行相应的动作。合约部署好之后任何人都无法修改,合约被触发后,其执行的动作也是强制的。由于区块链是去中心分布式的,所以智能合约的执行情况公开透明。支撑区块链网络的节点往往达到数百甚至上千,部分节点的失效并不会导致智能合约的停止。

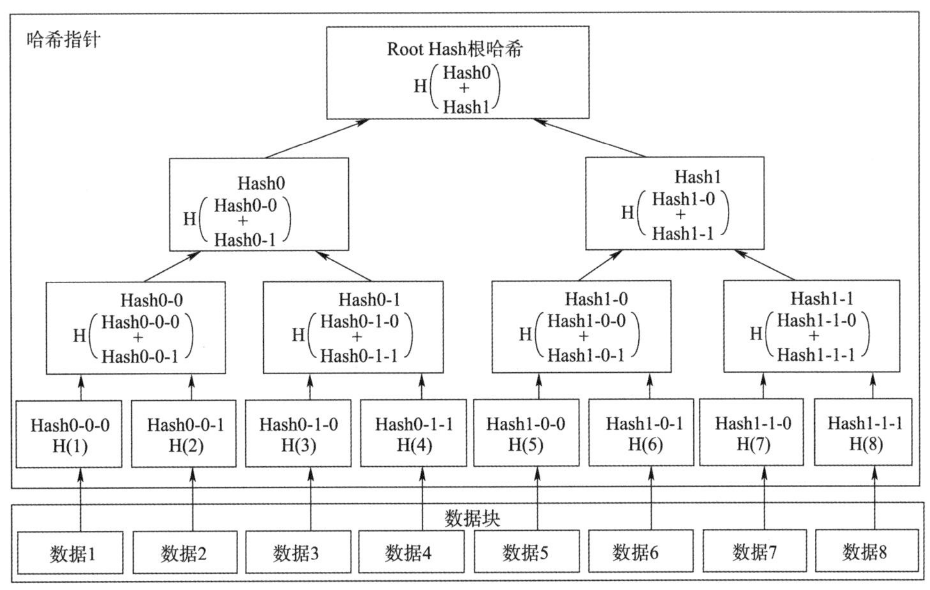

图 8-33 默克尔树结构

5. P2P 网络

P2P 网络是一种对等的网络，无中心服务器，是完全由用户群进行交换信息的互联网体系，与之相对应的是单中心或多中心网络，如图 8-34 所示。P2P 网络的每一个用户即是一个客户端和节点，同时也具备服务器的功能，使不同客户端之间能够不通过服务器直接进行信息分享。信息同步分散在各个节点，因此杜绝了传输、储存的信息因中心服务器故障或恶意篡改而导致信息丢失，同时方便节点的拓扑。此外，因为去中心化，无法定位广播初始节点，防止用户通信被监听，保护用户隐私。客户端分为轻节点和全节点，轻节点包括部分计算机和手机仅同步存储区块头代码和与自身交易相关的信息；全节点除区块头信息外还包括区块体等链上所有数据。

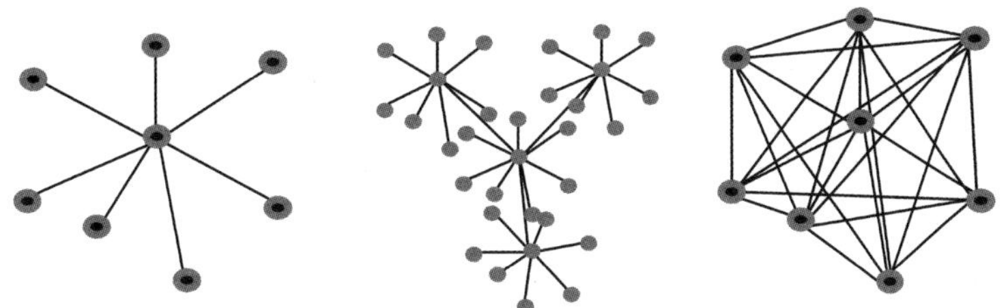
图 8-34 中央网络模式、多中心网络模式和 P2P 网络模式

6. 共识机制

在比特币区块链中的共识机制是“工作量证明”（Prove of work，POW），也是创

建区块的过程,被称作“挖矿”,参与“挖矿”的用户节点被称作“矿工”。“矿工”通过破解符合要求的SHA256难题竞争约10min一个区块的记账权,计算力最快的“矿工”便可以得到记账权和比特币作为奖励。经过全网“矿工”核对的区块,将该被链接到区块链的尾部,形成一个合法记账的区块单链。接着所有“矿工”转向下一个区块的创建,当前区块的哈希值也会被记录在下个区块。其他的共识机制还包括股份证明机制、实用拜占庭容错等。

五、运营模式

因为区块链可以作为底层技术在很广泛的领域进行应用,且目前绝大多数领域中的区块链技术都处于探索阶段,尚未大规模商业应用,因而难以总结出一个具有代表性的商业运营模式。但基于区块链技术的商业应用目前呈现出以下应用前景:

(1)区块链平台形式。

区块链是基于点对点的模式,以分布式运算作为动力,去中心化和智能合约为基础,因此,平台是区块链环境下最为普遍的商业模式。目前,以区块链技术为基础的平台已经得到广泛应用,为互联网金融、供应链、物流等行业平台提供底层技术,并构建生态系统,为大批用户提供服务。

(2)DApp应用的去中心化服务模式。

目前基于手机App应用的区块链商业应用呈现发展趋势,通过DApp可以定义所有的资产,并且创建各式各样的去中心化应用,其中涉及物联网、云计算、大数据、互联网、医疗、保险以及银行等。

(3)区块链在金融领域应用。

区块链技术除了在比特币等数字货币的金融领域应用外,还可以用于数字票据、支付、征信管理、权益证明和交易所证券交易、金融审计、交易等领域。

(4)区块链解决方案服务模式。

区块链是一系列技术的应用,它涉及的学科和知识非常广泛,有物联网、大数据、技术咨询和技术培训等领域,特别是以私有链为基础的企业,其重要的商业模式就是区块链解决方案服务模式。

(5)区块链数据服务模式。

区块链可以看作一个分布式账本,它可以记录每一个交通信息,从而能够实现部分大数据分析等应用。

本章参考文献

[1] Kamargianni M, Matyas M. The Business Ecosystem of Mobility-as-a-Service[C]// Transportation Research Board. 2017.

[2] Jittrapirom P, Caiati V, Feneri A, et, -al. Mobility as a Service: A Critical Review of Definitions, Assessments of Schemes, and Key Challenges[J]. Urban Planning, 2(2), 13-25.

[3] Stuart Russell. 人工智能——一种现代的方法[M]. 2 版. 北京:人民邮电出版社,2010.

[4] 佚名. 智能网联汽车技术路线图[J]. 汽车工艺师,2017(9):36-39.

[5] 陈祖爵,吴薇,刘小强. 指纹网络身份认证系统中关键技术的研究[J]. 移动通信,2013,037(006):73-76.

[6] 林飞龙,陈中育,郑忠龙,等. 基于区块链的城市停车共享之路[J]. 浙江师范大学学报(自然科学版),2019,42(3):254-260.

[7] 汤科. 区块链技术在航运交通行业的应用探讨[J]. 科学技术创新,2019(13): 140-141.

[8] 陈泠璇. 区块链技术下物流网络系统的构建[J]. 山西农经,2018(14):17-19.

[9] 闫卫喜. 浅谈区块链技术在交通运输行业的应用 [J]. 中国交通信息化,2020(2):132-134.

[10] 尹稚淳. 基于区块链技术的电子合同系统设计与实现[D]. 沈阳:沈阳师范大学,2018.

[11] 刘德林. 区块链智能合约技术在金融领域的研发应用现状、问题及建议[J]. 改革探索,2016(10):27-31.

[12] 田仪顺,赵光辉,沈凌云. 区块链交通:以货运物流及其市场治理为例[J]. 中国流通经济,2018(2):51-56.

[13] 李晓萍,王亚云. 基于区块链技术的物流服务供应链信息平台构建[J]. 供应链管理,2019(15):27-31.

[14] Yan Huang, Jing Wu. Drugledger: A Practical Blockchain System for Drug Traceability and Regulation[J]. 2018 IEEE Confs on Internet of Things, 2018.